Trentin

Marita Krauss
Die Frau der Zukunft

Marita Krauss

Die Frau der Zukunft

Dr. Hope Brigdes Adams Lehmann
1855 - 1916
Ärztin und Reformerin

2002
Buchendorfer Verlag

Die meisten im Buch abgebildeten Fotos entstammen einem Album des Monacensia Literaturarchivs; die Fotos auf S. 18, 53, 155 einem Album in Privatbesitz

© Buchendorfer Verlag, München 2002
Alle Rechte vorbehalten

Umschlag: Ursula Kühn, München
Satz + Repro: Satz & Bild München
Druck + Bindung: Gorenjski Tisk, Kranj

ISBN 3 - 934036 - 91 0

Inhalt

Einleitung	7
Nonkonformistischer englischer Familienhintergrund und deutsches akademisches Studium	13
Beruf: Ärztin, Weltanschauung: Sozialistin – Frankfurt am Main, Nordrach, München	37
Mann und Weib und Weib und Mann	64
Hopes München	83
Ein politisches Paar und seine Freunde	95
Krankenhaus und Schule von morgen	124
Medizinische Indikation: Die Untersuchung wegen »Verbrechen wider das Leben«	143
»Kriegsgegner in England« – die Friedensmission	165
Schluß	178
Danksagung	184
Bibliographie	186
Register	201

Einleitung

Dr. Hope Bridges Adams Lehmann (1855-1916) ist bisher weitgehend unbekannt.[1] Das ist erstaunlich: Ihre Lebensentwürfe und Reformvorschläge wirken noch heute höchst aktuell, sie brachen mit bislang gültigen gesellschaftlichen Normen und waren tief von sozialem Denken geprägt. Und sie formulierte zwar neue Wege für die Frauen, bezog sich jedoch zentral auf das Zusammenleben von Mann und Frau: Nach ihrer Ansicht gibt es keine Befreiung der Frau, die nicht den Mann mit einbezieht. Ganz Frau sein und berufstätig, Mutter und intellektuelle Partnerin des Mannes, das war ihr Programm. Und sie erlaubte es sich, Zukunft zu denken; ihre Modelle sind in mancher Hinsicht atemberaubend modern.[2] Ihr großer Zukunftsoptimismus ermöglichte es ihr, Vorstellungen zu entwickeln, die zwar in einer Zeit utopisch geklungen haben mögen, in der die Frauen nicht studieren, nicht ohne Erlaubnis ihrer Männer arbeiten, nicht über ihr eigenes Vermögen verfügen und nicht wählen durften, die aber viele tatsächlich eingetretene Entwicklungen vorwegnahmen. Denkbar wurde dies für sie durch die Vorstellung von einer zukünftigen ›idealen‹, das hieß für sie: sozialistischen, Gesellschaft. Sie betrachtete Erziehung, Ehe, Schule, medizinische Versorgung, die Institution Krankenhaus und vieles mehr unter diesen Aspekten. Dabei besaß sie keinen Respekt vor dem scheinbar Unmöglichen. So ist wohl auch zu erklären, daß es ihr gelang, als erste Frau in Deutschland 1880 in Leipzig ein medizinisches Staatsexamen abzulegen, das 1904 nachträglich anerkannt wurde. In vieler Hinsicht schrieb, lebte, plante sie so, als ob die ›ideale Gesellschaft‹ bereits eingetreten wäre und es nun gälte, sie zu gestalten. Den Rückzug hinter die bestehenden Zustände betrachtete sie als »Kleinmut« und Phantasielosigkeit. Besonders faszinierend werden ihre Ideen dadurch, daß sie sie selbst lebte: Als akademisch qualifizierte Ärztin mit großer Praxis, als berufstätige Mutter, als geschiedene und wiederverheiratete Ehefrau, als politisch handelnde Sozialdemokratin, als Referentin und Publizistin, als Schul- und Gesundheitsreformerin. Ihr Leben wäre selbst heute noch nicht ganz selbstverständlich. Vor hundert Jahren war es revolutionär.

Das allein ist zunächst einmal ein Grund, sich mit dieser Frau näher zu beschäftigen. Doch dies wird einem nicht leicht gemacht:

»*Mara, C., H., Heinz, München 1896*«. Hope Bridges Adams Lehmann und ihr Mann Carl mit den Kindern aus Hopes erster Ehe

Ihre Aufsätze sind verstreut erschienen, ihr »Frauenbuch« von 1896 ist nur antiquarisch erhältlich; es gibt keinen schriftlichen Nachlaß, keine autobiographischen Aufzeichnungen, nur sehr verstreute Reste eines umfangreichen Briefwechsels.[3] Die Arbeit an der Biographie glich daher über weite Strecken einer mühsamen kriminalistischen Rekonstruktion.[4] Die Arbeit war eine Mischung von Glück, Zufall und Findigkeit, nicht zu vergessen die Hilfe aufmerksamer Kollegen und Kolleginnen.

Es konnten überdies drei große Fotoalben wieder gefunden werden, die eine aufschlußreiche Quelle darstellen.[5] Diese Fotos, die im folgenden eine wichtige Rolle spielen werden, dokumentieren eine besondere Facette des geselligen Lebens im München der Jahrhun-

»*Garten vom Vomper Hof. C.; Moidl, Specht. 1905*«, Carl Lehmann mit seiner Kamera in Tirol

dertwende, mit den Spitzen der nationalen und lokalen Sozialdemokratie, mit Wanderfreunden in den Bergen und mit Radtouren nach Italien. Sie zeigen auch ein selbstverständliches Nebeneinander von Sozialdemokratie und Katholizismus in der Wanderbewegung, das in anderen Teilen des Deutschen Reiches alles andere als selbstverständlich war.[6] Es fotografierte Hope Adams Lehmanns Mann Dr. Carl Lehmann, und so spielte sein Blickwinkel für die Fotos eine zentrale Rolle. Es war jedoch sie, die die Alben nach seinem Tod und kurz vor ihrem eigenen zusammenstellte, um sein Leben zu dokumentieren. In diesen Lebensbüchern tritt sie ganz hinter ihm zurück, es läßt sich sogar von einer ›Selbstauflösung‹ sprechen: Es gibt von ihr keine Jugendbilder, keine Fotos ihrer Eltern, keine Bilder als

Studentin. Sie erscheint gewissermaßen nebenbei auf den Fotos. Dies stimmt mit einer Schilderung von Lida Gustava Heymann, einer der Führerinnen der Frauenbewegung, überein, die Hope Adams Lehmann, diese engagierte und zupackende Frau, als »schüchtern« beschreibt, bzw. als sehr wenig bereit, sich selbst in den Vordergrund zu spielen.[7] Diese Grundhaltung zu sich selbst zeigte sich noch nach dem Tod: Ihrem Mann Carl ließ sie einen prächtigen Grabstein setzen, sie selbst wünschte sich, daß ihre Asche in der Isar verstreut würde; dies war nicht erlaubt, doch ihre Urne wurde nie beigesetzt und verschwand in den vierziger Jahren. Eine Erklärung für diesen scheinbaren Gegensatz könnte lauten, daß sie sich stets als Kämpferin für ein großes Anliegen verstand; es ging ihr nicht um Selbstdarstellung, sondern um eine Verwirklichung ihrer Ziele, sie sah sich als Mittlerin und Anregerin, nicht als Zentrum ihrer Welt. Ihren Mann Carl hingegen stellte sie in den Mittelpunkt. So stoßen die Fotos manche Überlegungen an, die durch die schriftlichen Quellen allein nicht sichtbar geworden wären.

Eine Biographie ist immer ein Stück Rekonstruktion und ein Stück Imagination. Es geht um ein Individuum, eine Einzelperson, um ihr besonderes Leben, aber auch um ihre Auseinandersetzung mit der umgebenden Welt, ihre Wahrnehmung und Verarbeitung des Zeitgeschehens. So verbinden sich das Singuläre und das Allgemeine. Das Biographische bleibt gewissermaßen zufällig ohne Einbindung in die größeren Zusammenhänge, ohne Erkenntnis über das Typische und die Abweichung davon. Gelingt die Zusammenführung, so profitieren beide davon: Durch das Biographische leuchtet ein neue Dimension und das Zeitgeschehen erhält ein menschliches Antlitz. Das ist eine Chance für die Biographie: Die Einzelperson bleibt singulär, ist aber gleichzeitig exemplarisch, ihr Leben in Strukturen zeigt sie selbst als Teil davon, macht aber auch die Strukturen erlebbar. Und in vieler Hinsicht setzt natürlich auch die Auswahl der Biographin Akzente, die das Damals mit dem Heute verbindet, eine historische Figur in die Jetztzeit gewissermaßen transponiert; dazu bekenne ich mich gerne.

Wie ist nun das Leben und Wirken von Hope Bridges Adams Lehmann auf knappem Raum unterzubringen? Es gibt sehr wenig Quellen zu Hope Adams Jugend, einiges ließ sich jedoch über ihren Vater und den nonkonformistischen englischen Familienhintergrund herausfinden. Ihr außergewöhnlicher Studienweg in London und ab 1876 Leipzig ist gut zu dokumentieren und in das zeitgenössische Spektrum einzuordnen. Ein weiteres Feld ist ihr Beruf: Seit 1881 praktizierte sie als die dritte akademisch qualifizierte Medizinerin in Deutschland. Sie war aber von Anbeginn an mehr als ›nur‹ Ärztin: Sie gehörte, zunächst zusammen mit ihrem ersten Mann Dr. Otto Walther, später mit ihrem zweiten Mann Dr. Carl Lehmann, zum Kreis der engagierten sozialdemokratischen Ärzte, die sich besonders der Verbesserung einer medizinischen Versorgung für die Arbeiterbevölkerung annahmen;[8] der Weg zur Armenärztin, den sie nach der Jahrhundertwende immer stärker beschritt, war damit vorgezeichnet. »Mann und Weib und Weib und Mann« beschreibt Adams Lehmanns zentrale Analysen und Konzeptionen der Alltagsreform für die Geschlechter. Einen zentralen Platz nehmen in ihrem Leben die 25 Jahre ein, die sie mit ihrem zweiten Mann seit 1896 in München verlebte; in »Hopes München« geht es daher um den lokalen Rahmen, in dem sie ihre Reformkonzepte entwickeln konnte. Das facettenreiche München der Jahrhundertwende wurde ihr zur zweiten Heimat. In dem Kapitel »Ein politisches Paar und seine Freunde« wird das politische und personelle Koordinatensystem sichtbar, in dem die Aktivitäten der beiden Lehmanns stattfanden. Die beiden großen institutionellen Projekte ›Frauenheim‹ und ›Versuchsschule‹ werden in »Krankenhaus und Schule von morgen« vorgestellt. Das Kapitel »Medizinische Indikation: die Untersuchung wegen ›Verbrechen wider das Leben‹« zeigt Umfeld und Ablauf der Anklage wegen Schwangerschaftsunterbrechung in den Jahren 1914/15. »Kriegsgegner in England« thematisiert dann noch Hope Adams Lehmanns Friedensmission im Ersten Weltkrieg.

Die Biographie will das Leben dieser ungewöhnlichen Frau sichtbar machen, ihre Lebensentwürfe und Konzepte vermitteln. Sie soll ein Leben aus der Vergessenheit ans Licht heben, das uns in vieler Hinsicht heute näher ist als das bürgerlicher Frauen um die Jahrhundertwende, für die nicht der Konflikt zwischen Ehe, Mutterschaft und Beruf so sehr im Mittelpunkt stand wie für Hope Adams Lehmann. Es ist aber nicht nur das: Ihr Denken in die Zukunft kann uns ermutigen, nicht dem von ihr kritisierten »Kleinmut« und der »Phantasielosigkeit« anheimzufallen und das Bestehende als unveränderbar anzusehen, sondern auch in unserer Zeit mit mehr Mut Zukunft zu denken.

Anmerkungen

1 Sie wird nur in den Arbeiten von Karl Heinrich Pohl, in einem Artikel von Johanna Bleeker sowie in einem schmalen Bändchen von Christine Kirschstein näher betrachtet. Pohl, Hope Bridges Adams Lehmann; ders., Adolf Müller, bes. S.54-61, 133-157, ders., Die Münchener Arbeiterbewegung, S.330-353; ders., Der »Münchner Kreis«; die Arbeiten von Karl Heinrich Pohl, der ihre Bedeutung als erster erkannt und angemessen gewürdigt hat, bildeten den Ausgangspunkt meiner Beschäftigung mit dieser Frau. Vgl. außerdem Bleker, Die ersten Ärztinnen und ihre Gesundheitsbücher für Frauen, S.24-32; Kirschstein, »Fortgesetzte Verbrechen wider das Leben«; erwähnt wird sie auch bei Albisetti, The Fight for Female Physicians; ebenso bei Niggemann (Hrsg.), Frauenemanzipation und Sozialdemokratie, S.303 und ders., Emanzipation zwischen Sozialismus und Feminismus, S.295. In den wichtigsten Publikationen zum Aufstieg der Ärzte im 19. Jahrhundert fehlt sie meist völlig: Huerkamp, Der Aufstieg der Ärzte; dies., Frauen im Arztberuf; dies., Medizinische Lebensformen im späten 19.Jahrhundert. Erwähnung findet sie jedoch in dem neuen Band Bleker/Schleiermacher (Hrsg.), Ärztinnen.

2 Die folgenden Gedanken werden im Laufe des Buches ausführlich dargelegt; dort finden sich dann auch die einzelnen Belege.

3 Alles verbrannte bei einem Bombenangriff auf Darmstadt im Haus ihres Sohnes Dr. Heinz Walther.

4 So fanden sich in München, Leipzig, Dresden, Hamburg, Karlsruhe, Bonn, Offenburg, Frankfurt, Berlin, Amsterdam, London, Dublin und sogar in Montevideo Spuren und Quellen.

5 Jäger, Photographie: Bilder der Neuzeit; Starl, Knipser; ein Album im Monacensia Literaturarchiv, eines im Alpenverein, Sektion Oberland, eines in Privatbesitz

6 Vgl. dazu z.B. Pohl, Katholische Sozialdemokraten oder sozialdemokratische Katholiken

7 Heymann, Hope Bridges Adams Lehmann †

8 Tennstedt, Vom Proleten zum Industriearbeiter, vor allem S.555-572

Nonkonformistischer englischer Familienhintergrund und deutsches akademisches Studium
Frühe Prägungen und erste Erfolge

Hope Bridges Adams wurde am 16.12.1855 als jüngstes Kind des englischen Eisenbahningenieurs, Erfinders und Publizisten William Bridges Adams in Hallifort bei London geboren;[1] der Beiname »Bridges« stammt von ihrem Großvater, einem Pennsylvania-Emigranten. Über ihre Mutter Ellen Adams, geborene Rendall (Randall),[2] ist nichts weiteres bekannt. Doch war auch deren Familie politisch aktiv: So wirkte unter anderem Hope Adams Vetter Athelstan Rendall (Randall) viele Jahre als liberales Parlamentsmitglied.[3]

Der Vater, William Bridges Adams, geboren 1797 in Soho und aufgewachsen in Staffordshire, stammte aus einer Familie hochangesehener Kutschenmacher in Long Acre, dem Rennsportzentrum bei London.[4] In den Werkstätten der Firma ›Hobson and Co., Coach and Carriage Builders‹, erhielt er seine frühe Ausbildung als Techniker und Konstrukteur. Vor diesen Hintergrund ist dann auch sein Buch über ›English Pleasure Carriages‹ zu sehen, das er 1837 veröffentlichte.[5] Bei einem Pionier der Dampfmaschine, John Farey, machte er sich mit dieser Technik vertraut. Doch er vertrug das englische Klima nicht und so schickte ihn seine Familie nach Chile. In einem Nachruf hieß es:[6] »For many years he led a wandering romantic life, nor was it until he was about 40 years of age that the necessity arose for turning his attention to matters of business with a view of obtaining an income. But about 1836-7 his wanderings were brought to a close by reason of his having expended his patrimony. The real earnest work of live then commenced.«

Seit 1819 begleitete ihn seine Frau Elizabeth auf den südamerikanischen Reisen, eine Tochter des höchst einflußreichen Schneiders Francis Place.[7] Mit ihr hatte William Bridges Adams einen Sohn, William Alexander Adams. Sein Schwiegervater war einer der wichtigen Reformpolitiker seiner Zeit. Zu Place's engen Freunden gehörten der große englische Reformer Robert Owen, für die parlamentarische Initiativen des radikalen Abgeordneten Joseph Humes lieferte Place das Material und seine Bibliothek hinter dem Geschäft in Charing Cross wurde zu einem Treffpunkt der Reformer.[8] Places'

Name ist auch eng mit der ›Refom Bill‹ von 1831 verbunden. Elizabeth Place Adams starb 1825.

William Bridges Adams eröffnete eine eigene Maschinenfabrik in London. Er erfand den »fish joint«, mit dessen Hilfe Eisenbahnschienen seitlich verbunden werden konnten – ein Prinzip, das für die Entwicklung der Eisenbahnen revolutionäre Bedeutung erlangte. Sein Buch »Roads and Rails« von 1864 dokumentiert diesen Teil seiner Tätigkeit.[9] Er war aber kein sehr erfolgreicher Geschäftsmann und konnte kaum eines seiner über dreißig Patente gut vermarkten. Doch er besaß eine unerschöpfliche kreative Phantasie, die weit über rein Technisches hinausging: Im April 1850 veröffentlichte er in der ›Westminster and Foreign Gazette‹ einen Artikel,[10] in dem er anregte, der Palast für die Weltausstellung von 1851 sollte sein »a great metropolitan conservatory, the materials of which should be chiefly of iron and glass« – der spätere Kristallpalast der Weltausstellung. Der Architekt Sir Joseph Paxton kam mit seinem Plan, der auf dieser Idee aufbaute, im Juli 1850 heraus. In den sechziger Jahren des 19. Jahrhunderts dachte Adams dann über eine Heißluft- oder Gasmaschine nach, von geringer aber angemessener Kraft, die auf den Straßen verwendet werden sollte, um die Pferde zu entlasten – also über das Auto.

William Bridges Adams war aber nicht nur Techniker; unter seinem Namen oder dem Pseudonym ›Junius Redivivus‹ schrieb er ungemein viel in Zeitungen und Zeitschriften, so auch für das ›Mechanics' Magazine‹, für die Zeitschrift der ›Society of Arts‹, für verschiedene Zeitschriften der ›Institution of Civil Engineers‹ aber auch für die ›Times‹, den ›Spectator›, ›Chambers' Journal‹, ›Once a week‹. Er galt als warmherzig, großzügig und impulsiv. Sein Aufenthalt in Südamerika hatte auch sein Bewußtsein für die soziale Frage geschärft und er zeigte aktives Interesse an allen sozialen und hygienischen Fragen seiner Zeit. Die Familie war presbyterianisch und gehörte damit zu den religiösen Minoritäten in England, die besonders mobil und reformfreudig agierten. William Bridges Adams war bereits in den dreißiger Jahren Mitglied einer Gruppe von »early radical feminists«, größtenteils intellektuelle Politiker und Publizisten, die sich für die Frauenemanzipation öffentlich einsetzten.[11] Überdies stand er in engem Kontakt zu englischen Sozial- und Gesundheitsreformern wie Sir Edwin Chadwick und war aktives Mitglied der ›South Place Religious Society‹ (heute ›Ethical Society‹) von William Johnson Fox, in der die wichtigsten englischen Reformer über ihre Projekte diskutierten.[12] Hier lernte der

Witwer auch seine zweite Frau kennen, Sarah Flower. Sie war die Tochter von Benjamin Flower, dem Herausgeber des ›Cambridge Intelligencer‹, einem der wenigen unabhängigen englischen Provinzblätter. Seine beiden Töchter, Sarah und ihre ältere Schwester Eliza, waren charmant, gebildet und begabt, Sarah dichtete, Eliza komponierte. Der junge Dichter Robert Browning gehörte zu dem Zirkel, John Stuart Mill und seine spätere Frau Harriet Taylor, Harriet Marineau und viele andere. Die Schwestern Flower gestalteten die wöchentlichen Gottesdienste in der ›South Place Chapel‹ und hoben sie musikalisch auf höchstes Niveau, sie redigierten aber auch den ›Monthly Repository‹, das offizielle Organ der unitarischen Vereinigung. William Bridges Adams trug zu dieser Zeitschrift mutige und angriffslustige Pamphlete bei, die Proteststürme auslösten. Er behandelte gewisse soziale Fragen mit einer für die damalige Zeit unerhörten Offenheit. So schrieb er 1834 eine Artikelserie zu Heirat und Scheidung: Die Ehe sollte seiner Meinung nach keine lebenslange Vereinbarung sein, sondern bei tiefgreifenden Unstimmigkeiten im gegenseitigen Einvernehmen aufhebbar werden. Vorsichtige Zeitgenossen warfen ihm »Aufstachelung zum Klassenhaß«[13] vor. Doch Sarah Flower bewunderte ihn für seinen Mut. Sie heiratete ihn 1834 und die Ehe dauerte 14 Jahre, bis zu ihrem Tod 1848: Sie hatte ihre Schwester gepflegt und sich dabei selbst mit Tuberkulose infiziert. Berühmt war sie als Hymnendichterin geworden; so stammt von ihr unter anderem der Text zu dem Choral »Nearer, my God, to thee«, der als »Näher, mein Gott, zu dir« auch ins Deutsche übersetzt wurde. Dazu noch ein Kuriosum: Es war diese Hymne, die 1912 beim Untergang der Titanic als letztes gespielt wurde.[14] Nach ihrem Tod heiratete William Bridges Adams ein drittes Mal; 1853 wurde der Sohn Walter geboren, 1855 die Tochter Hope. William Bridges Adams starb 1872, offenbar weitgehend mittellos.[15]

Über die frühe Jugend, die Lehrer und Freunde der jungen Hope ist nichts bekannt. Die Familie lebte in London, wo der Vater eine Fabrik besaß. Von ihrem 15. bis zum 18. Lebensjahr, 1870 bis 1873, besuchte Hope Bridges Adams dann das Bedford College in London, ein College, das mit Unterstützung eines der Freunde ihres Vaters 1849 für die Ausbildung von Frauen gegründet worden war.[16] Um die Mitte des 19. Jahrhunderts waren im englischen Bildungswesen mit Hilfe der Reformbewegung eine Reihe neuer Universitäten, Colleges und Bildungsinstitutionen für das Bürgertum entstanden, die dem Frauenstudium weniger Hindernisse in den

Weg legten als die Eliteuniversitäten Oxford oder Cambridge.[17] Eine war Bedford College. Unterrichtet wurde Hope im ersten Semester in Alter Geschichte, Mathematik, Geographie, Englischer Literatur, Französisch, Latein, Musik und Zeichnen.[18] Noch dreißig Jahre später erinnert sie sich in der Zeitschrift des Bedford College an diese Zeit. Da dies einer der ganz wenigen autobiografischen Texte dieser Frau darstellt, soll er etwas ausführlicher betrachtet werden. Drei ihrer Lehrer erhalten eine besondere Würdigung. Mr. Hales, der Literaturprofessor, verstand es, in allerkürzester Zeit die Geheimnisse der Grammatik verständlich zu machen. Der Lateinlehrer, Mr. Beesly, wird von ihr weniger wegen seines Unterrichts erwähnt, sondern wegen seiner öffentlichen Verteidigung der Pariser Commune:[19] »He roused our revolutionary blood... We at least dimly recognised the existence of political and economical factors hitherto undreamt' of, and those of us today who celebrate on the 18th March one of the most heroic struggles of modern emancipation remember that to Mr. Beesley we owe our first awakening.«

Den tiefsten Eindruck empfing sie jedoch von Samuel Rawson Gardiner, Oxford-Absolvent, Professor of Modern History sowohl am King's- wie am Bedford College.[20] Er wird von ihr als weder besonders pädagogisch noch als revolutionär beschrieben; er hatte wohl eher einen Hang, die Geschichte auf Handlungen ›großer Männer‹ zurückzuführen und dabei wirtschaftliche Faktoren zu vernachlässigen, wie die kritische Schülerin dreißig Jahre später anmerkt. Und doch schreibt sie, »Dankbarkeit« sei ein zu kleines Wort, um sein Wirken zu ehren: »He roused our ethical sense. He taught us to look at history as something that can be influenced by the will, the goodness, the social instincts and the intellectual development of those living at any given period.« Sie nennt drei Beispiele, die das verdeutlichen sollen und die gleichzeitig ein helles Licht auf die Schreiberin selbst werfen. Zur Haltung der Preußen in der Schlacht von Waterloo bemerkte Gardiner: »They believed in the duty of invincibility«. Dazu Hope: »The words... represent something that is better done than said, and yet when done is so good that it sums up the whole duty of man«. Das zweite Beispiel, an das sie erinnert, kam aus der Antike; es ging um den Moment, als in Rom die Niederlage von Cannae mit den Worten verkündet wurde: »Wir sind in einer großen Schlacht geschlagen worden« – eindeutig, ohne feiges Ausweichen vor der bitteren Wahrheit. Hopes Kommentar: »I expect I am not the only one of his class who has occasion since to say: ›I have been defeated in a battle‹ – great or small – knowing that frank acceptation contained the guarantee of subsequent redress.« Das dritte Beispiel bezog sich auf Alfred den Großen (einen angelsächsischen König des neunten Jahrhunderts), dessen Größe darin bestand, daß ihn keine Arbeit erniedrigte, »great enough to persevere in small things, great enough to recognise the boundary between things possible and impossible, great enough to spend himself for others, a living example of the injunction: ›He that would be chiefest amongst you let him be the servant of all‹.«

In diesen Kommentaren zu ihren Lehrern wird vieles von den Idealen und Lebensmaximen der erwachsenen Hope Adams sichtbar. Insofern ist dieser englischen Collegeausbildung, neben ihrem familiären Hintergrund und der vermutlich höchst unorthodoxen Erziehung zumindest durch den Vater,[21] sicherlich ein großer Stellenwert für ihren weiteren Lebensweg zu geben: Die Erfahrung des Erfassens einer komplizierten Struktur wie der Grammatik, die Erweckung für die Anliegen des Sozialismus und für ethische Fragen von Selbstdisziplin, Mut zur Offenheit auch in der Niederlage, von Größe durch Dienst an der Sache und am Menschen. Als Hope das Bedford College als 18-Jährige verließ, waren wichtige Lebensvorstellungen bei ihr geprägt.

Biographisch ist nun eine Leerstelle einzugestehen: Es ist nicht eindeutig zu klären, aus welchen Gründen Hope Bridges Adams England verließ, zunächst ab 1873 in Dresden ihr Deutsch und anderes Wissen vervollkommnete, um sich dann zum Wintersemester 1876/77 an der Universität Leipzig als Gasthörerin einzuschreiben.[22] Ihre Mutter Ellen Adams findet sich zwischen 1875 und 1879 als »Rentiere« in der Mathildenstraße 53.III, einer sehr guten Wohngegend, in den Dresdener Adreßbüchern.[23] Sie dürfte zusammen mit ihrer Tochter nach Dresden gezogen sein. Gerüchte, Hope habe einen Vetter geliebt, den sie aufgrund der engen Verwandtschaft glaubte nicht heiraten zu dürfen, werden zwar nur aus dritter Hand kolportiert, aber immerhin mit dem Hinweis auf eine im Zweiten Weltkrieg zerstörte autobiographische Skizze.[24] Finden ließ sich dieser Vetter auf der väterlichen Seite der Familiengeschichte nicht. Einleuchtender wären die genannten Bedenken bei einem Neffen: Aus der ersten Ehe von Hope Adams Vater mit Elizabeth Place gab es einen sehr viel älteren Bruder, der sechs Kinder hatte, davon fünf Söhne, meist etwas älter als Hope.[25] Vielleicht war jener ominöse »Vetter« einer von ihnen? Oder war es Athelstan Randall, der Cousin aus der Familie der Mutter? Doch da alle ihre Briefe im Zweiten Weltkrieg verbrannten, bleibt dies Spekulation.

Hope Bridges Adams als Studentin
in Leipzig, undatiert

Die Angabe, der englische Verleger Alexander McMillan, ein bekannter Förderer der Ausbildung für Frauen, sei derjenige gewesen, der ihr das Studium ermöglichte, ließ sich weder erhärten noch widerlegen; unmöglich ist dies nicht, hatte doch die Zeitschrift der ›Society of Civil Engineering‹ nach William Bridges Adams Tod zur Unterstützung für seine Familie aufgerufen.[26] Gegen Ende ihres Lebens schrieb Hope selbst an Julie von Vollmar, eine gewisse Frances Lord habe sie zum Studium ermutigt.[27] Frances Lord erwies sich als eine der bemerkenswerten Londoner Schulvorsteherinnen und Sozialarbeiterinnen der siebziger und achtziger Jahre.[28] Genaueres über ihre Verbindung zu Hope ist jedoch nicht bekannt.

So bleibt nur die biographische Spekulation: Hope Adams verfügte über eine hohe Sprachkompetenz in Wort und Schrift. In ihren späteren Schulkonzepten spielten Sprachen – übrigens sowohl Latein und Griechisch, wie auch moderne Sprachen – eine herausragende Rolle. Möglicherweise sollte der Auslandsaufenthalt der Ausbildung eben dieser Talente dienen. Der Beruf der Lehrerin galt überdies in diesen Jahren immer noch als der wichtigste gesellschaftlich akzeptierte Frauenberuf. Es war an sich für englische Frauen nicht unüblich, an einer deutschen Schule Englisch zu unterrichten und dabei gleichzeitig Deutsch zu lernen. Die deutschen Universitäten besaßen überdies einen hervorragenden Ruf für ihren forschungsorientierten Unterricht, der sich von dem in England praktizierten offenbar qualitativ deutlich unterschied.[29] Doch Hope Adams stammte aus einer Familie von Ingenieuren und Technikern, bei ihrem Vater durch Erfindungsgeist, großes soziales Engagement und publizistische Fähigkeiten ergänzt. So mag ihr die Medizin letztlich als das bessere Feld erschienen sein, um ihre große menschliche Hilfsbereitschaft und ihre noch unklaren sozialen Anliegen praktisch umzusetzen, Erkenntnis und Handeln zu verbinden.

Die tieferen Ursachen sind jedoch sicherlich in ihrem radikal reformfreudigen und emanzipationsbejahenden familiären Umfeld zu suchen. Auch ihr Bruder Walter heiratete eine Frau, deren Wirken in der Öffentlichkeit Aufsehen erregte: Mary Bridges Adams war frühes Mitglied der ›Fabian Society‹ und eine wichtige englische Schulreformerin.[30] Es zeigen sich in Hope Adams späteren Schriften immer wieder Parallelen zu englischen Reformkonzepten, so z.B. zu denen des englischen Sozialisten und Industriellen Robert Owen, der auch zum Bekanntenkreis ihres Vaters gehört hatte.[31] Der Bezug auf Owen wird auch in einem Nachruf auf Adams Lehmann in der Münchener Post aufgenommen:[32] »Wenn wir jene harmonische Verbindung von hochstrebender sozialer Theorie und aufbauender sozialer Praxis im arbeits- und erfolgreichen Leben unserer Freundin näher betrachten, dann wird in uns das Bild eines Robert Owen wieder lebendig. Hier wie dort tiefe sozialistische Erkenntnis, sozialreformerische Tätigkeit im genossenschaftlichen Geiste, sozialpädagogisches Schaffen von unten auf an den Kindern des Volkes.«

Es ist überdies nicht ausgeschlossen, daß in den reformerischen Kreisen von Hopes Vater William Bridges Adams die erste englische Ärztin, Elizabeth Garrett, oder die ersten amerikanischen Ärztinnen bei Besuchen in London verkehrten.[33] Es gab auch Berührungspunkte zwischen den mit Hope Adams Vater gut vertrauten unitarischen Frauenrechtlerinnen und Sophia Jex-Blake,[34] die letztlich in

England das Frauenmedizinstudium durchsetzte. Hier könnten also weibliche Vorbilder eine Rolle gespielt haben. Ob es ihr Ziel war, in Deutschland zu studieren, oder ob es andere Gründe gab: Hope Bridges Adams ging jedenfalls mit ihrer Mutter nach Dresden. Ob sie dort auch unterrichtete, ist nicht überliefert.

Nach weiteren Jahren der mehr oder weniger unsystematischen Bildung und Ausbildung in Dresden[35] begann Hope Bridges Adams das Studium der Medizin in Leipzig. Selbstverständlich oder naheliegend war der Schritt zum Medizinstudium keineswegs: Unter den Leipziger Gasthörerinnen dieser Jahre gab es außer Hope Adams nur noch eine einzige weitere Medizinerin. Vielleicht hatte Hope diese Marie von Oertel aus Odessa, die ab dem Wintersemester 1875/76 in Leipzig Medizin hörte, auch bereits früher kennengelernt; jedenfalls bezog sie am Beginn ihres Studiums ein Untermietzimmer unmittelbar neben dem, das Marie von Oertel schon seit einem Jahr bewohnte.[36] Ab Winter 1878/79 wich Marie nach Bern aus, um dort weiter zu studieren.[37]

Die Universitäten Zürich und Bern waren das Zentrum des Frauenstudiums in diesen Jahren, dorthin gingen eigentlich alle diejenigen, denen in ihren eigenen Ländern das Studium untersagt war:[38] Vor 1900 promovierten 24 deutsche Ärztinnen in der Schweiz, zwei in Paris. Bis 1910, als bereits die Möglichkeit zu einer deutschen Approbation bestand, stieg dann die Zahl der in Deutschland praktizierenden Ärztinnen bereits auf 168, bis 1918 auf 792; doch das war bereits die nächste Generation.[39] Hope Bridges Adams blieb jedenfalls zum Studium in Leipzig. Warum ging sie, die Engländerin, nicht nach England zurück, um dort ihr Glück zu versuchen?

Die Festschreibung der Zulassungsbedingungen für Freie Berufe durch den »Registration Act« im Jahr 1858 hatte in England den Besuch ganz bestimmter Ausbildungsstätten für diejenigen unabdingbar gemacht, die einen solchen Beruf, beispielsweise als Arzt, ausüben wollten. Vorgesehen waren Frauen an diesen Hochschulen nicht. 1859 hatte es zwar die Amerikanerin Elizabeth Blackwell geschafft, als Ärztin in das britische Register eingetragen zu werden, doch dies blieb vorerst ein Einzelfall. Als Elizabeth Garrett 1862 an der London University um Zulassung zum Medizinstudium nachsuchte, wurde sie zurückgewiesen, wenn auch mit knapper Mehrheit; ebenso wenig später in Edinburgh.[40] Sie konnte nicht nachweisen, eine public school besucht oder adäquate Vorkenntnisse erworben zu haben. 1869 gelang zwar der Vorkämpferin des Medizinstudiums für Frauen in England, Sophia Jex Blake, ein spektakulärer Erfolg durch die Zulassung zur Immatrikulation an der Universität Edinburgh, wo sie zusammen mit vier weiteren Frauen einige Jahre studieren konnte, bevor die Erlaubnis widerrufen wurde. Jedoch erst auf Umwegen über die USA und die Schweiz schafften es die ersten Medizinerinnen, nach einer jahrelangen Kampagne Ende der 1870er Jahre britische Universitäten für Frauen zu öffnen.[41]

England stand also dem Medizinstudium einer Frau genauso abweisend gegenüber wie Deutschland, wo die akademische Medizin ebenfalls als reine Männerdomäne galt. Es gab viele Argumente gegen Frauen in der Medizin: Sie waren angeblich unfähig zu schnellen Entscheidungen, physisch und geistig den Männern weit unterlegen und durch ein Medizinstudium in ihrem Schamgefühl tief zu verletzen.[42] In diesem Sinne äußerte sich Johannes Orth, Pathologe aus Berlin, in einer Sammlung von Stellungnahmen über die akademische Frau, die Arthur Kirchoff 1897, also noch mehr als zwanzig Jahre nach Hopes Studienbeginn, herausgab:[43] »Man denke sich nur die junge Dame im Seziersaal mit Messer und Pincette vor der gänzlich entblößten männlichen Leiche sitzen und Muskeln und Gefäße und Nerven oder Eingeweide präparieren, man denke sie sich die Leichenöffnung eines Mannes oder einer Frau machen und zur notwendigen Aufklärung der Krankheitserscheinungen die Beckenorgane mit allem was dazu gehört untersuchen ... man berücksichtige, daß das alles in Gegenwart der männlichen Studenten vor sich geht, daß die männlichen wie die weiblichen in der ersten Zeit der Mannbarkeit stehen, wo die Erregung der Sinnlichkeit ganz besonders leicht und gefahrvoll ist, – man stelle sich das einmal so recht lebhaft vor und dann sage man, ob man junge weibliche Angehörige der eigenen Familie in solchen Verhältnissen sehen möchte! Ich sage nein und abermals nein!« Die aufgeklärte Frau, die ohne Scheu und Scham auch über den nackten männlichen Körper verfügte, widersprach diametral dem bürgerlichen Frauenbild und weckte überdies tiefsitzende männliche Ängste.[44]

Die Diskussion um das Medizinstudium und um die Berufsausübung durch weibliche Ärzte, mit der sich Hope Adams lebenslang teils aktiv, teils passiv auseinandersetzen mußte, zeigte deutlich eine Polarisierung der Geschlechtscharaktere.[45] So galt als Leitlinie, die von der Ärzteschaft durchgesetzt worden war: Krankenpflege als biologische Pflicht der Frauen, die Behandlung erwachsener Kranker dagegen durch den Arzt. In verschiedenen Zusammenhängen wurde das Bild der auf männliche Anweisung hin pflegenden, aber nicht zu selbständigem Handeln und Heilen fähigen Frau aufgegriffen: »Die Frau eignet sich vorzüglich zur Krankenpflegerin, zur Heilgehilfin, zur Hebamme; daß sie aber den Bildungsgang des Arztes durchmachen und voll und ganz ein practischer Arzt sein kann, und zwar nicht nur in Ausnahmefällen, das hat die Erfahrung bislang nicht erwiesen«, hieß es noch 1898 in einem Ärzteblatt.[46] Und, ein Jahr später: »Es wird kaum geleugnet werden können, daß von dem heutigen Geschlechte junger Mädchen aller Stände nur eine verschwindende Mindestzahl den Anstrengungen – nicht einmal des ernsten Studiums, keineswegs den Strapazen ärztlicher Praxis – gewachsen sein wird.«[47] Hope Adams nahm in ihren späteren Schriften dieses Argument sehr ernst. Es bildete einen der Ausgangspunkte ihres Plädoyers gegen Korsett und langen Frauenrock, für Frauensport, Radfahren und tägliche Spaziergänge.[48] Sie selbst hatte in England viel freier heranwachsen dürfen als ihre deutschen Geschlechtsgenossinnen. Auch andere Engländerinnen stellten vor allem im Bereich der sportlichen Betätigung einen großen Unterschied zur deutschen Mädchenerziehung fest.[49]

Doch es ging nicht nur um körperliches Training. Theodor Bischoff führte 1872 das geringere Gehirngewicht der Frauen gegen ihre Studienbestrebungen an[50] und Paul Möbius konstatierte den angeblichen »physiologischen Schwachsinn des Weibes«:[51] Gegen das Frauenstudium wurde häufig biologisch argumentiert. Allein dies wies den Medizinern eine besondere Rolle in der Diskussion zu. Wo nicht unmittelbar auf die Physis der Frau Bezug genommen wurde, erschien zumindest die schillernde Formel »der weiblichen Natur gemäß«, die eine scheinbar biologische und eine de facto gesellschaftlich bestimmte Dimension enthielt. Sie erwies sich als äußerst dehnbar und vielfach einsetzbar. Deshalb bemühte sich Hope Adams in ihren Schriften später immer wieder darum, eben diese scheinbar wissenschaftliche, biologische Argumentation zu entkräften und in ihren sozialen Einbindungen sichtbar zu machen. Sie war eine überzeugte Vertreterin der Gleichheit von Mann und Frau, von »gender«, also dem sozialen Geschlecht, das ihr im Gegensatz zum biologischen Geschlecht sehr wohl formbar schien.

Ein anderer Argumentationsstrang gegen das Medizinstudium für Frauen rankte sich um die Veränderungen, die man bei den Frauen selbst befürchtete; ungeschönt wurde die Männerperspektive formuliert. Der Arztberuf, so die Besorgnis der Kritiker, vermännliche die Frauen. Es »eignet sich nun einmal die Fülle von unangenehmen, widerlichen Situationen, welche dem Arzt nicht erspart bleiben, nicht für die Frau; sie kann sie aushalten, aber sie werden auf ihren Charakter einwirken müssen...sie werden aus der Frau den Mann machen, das Weib wird zurücktreten. Das mag von den verhärtetsten Frauenrechtlerinnen vielleicht als Vorteil angesehen werden, von denen, welchen an der Erhaltung der Eigenschaften gelegen ist, welche die Frau charakterisieren und auszeichnen, die wir an ihr suchen und finden wollen, nicht.«[52] Hier werden der männliche bzw. der weibliche Geschlechtscharakter besonders deutlich faßbar: Eigenschaften wie Entschlossenheit, Selbständigkeit oder Ausdauer waren so eng mit der Vorstellung von Männlichkeit verbunden, daß eine Frau durch sie als »vermännlicht« galt.

Auch hiergegen stellte sich Hope in ihren späteren Schriften, sie sah in Frauenbildung eben die Möglichkeit, Frau und Mann einander näher zu bringen und nicht Frauen ihrer Weiblichkeit zu entkleiden, diese im Gegenteil zu fördern und zu entwickeln. Doch viele Studentinnen, so auch Hope, gaben dem Vorurteil der »Vermännlichung« durch Kurzhaarschnitt und der männlichen angeglichene Kleidung selbst Nahrung. Dies hatte oft andere Gründe als die Kritiker meinten:[53] »Ein weibliches Wesen im Hörsaal erregte großes Aufsehen unter den Studenten, Hope hatte deshalb ihr Haar kurz geschnitten und trug männliche Westen und Jacken über der Hemdbluse (wenn auch keine Hosen), um als Frau möglichst unkenntlich zu sein. Auch ihre Hüte glichen denen der Männer ... Diese Art sich zu kleiden, behielt sie im Wesentlichen bis an ihr Lebensende bei.« Die Ablehnung von »Putz und Tand«, vor allem aber all dessen, was oberflächlich betrachtet weiblich, diesen Frauen aber nur als weibchenhaft galt, enthielt jedoch auch programmatische Züge.

Lösen konnten sich kaum jemand aus dem zeitgenössischen Geschlechterbild. So bezogen sich auch die männlichen wie weiblichen Befürworter weiblicher Ärzte meist auf einen postulierten weiblichen Geschlechtscharakter. Man sprach Medizinerinnen weibliches Einfühlungsvermögen, Mütterlichkeit oder größere Hilfsbereitschaft zu, alles Eigenschaften, die mit dem gesellschaftlichen Frauenbild in Einklang standen. Auch die Forderung von Vertreterinnen der bürgerlichen Frauenbewegung nach »weiblichen Ärzten für weibliche Patienten«, erwies sich als ambivalent.[54] Obwohl es der Medizinausbildung für Frauen Türen öffnete, stieß es gerade bei denjenigen auf Gegenliebe, die weiterhin der Prüderie des 19. Jahrhunderts anhingen.

Die Abwehrhaltung gegen das Eindringen von Frauen in den Ärzteberuf basierte jedoch nicht nur auf dem Kampf um den Erhalt der Hierarchie zwischen Mann und Frau. Dem Ärztestand war es im 19.Jahrhundert gelungen, sich zu professionellen Experten mit hohem Sozialprestige zu entwickeln.[55] Die Forderung der Frauen nach Teilhabe drohte diesen erreichten Standard zu gefährden. Hinzu kam die Sorge, eine »Verweiblichung« könnte Prestige und Einkommen senken.[56]

Eben in den Ländern war daher der Widerstand gegen weibliche Ärzte am geringsten, in denen dieser Beruf auch das geringste Sozialprestige besaß.[57] Den besorgten Medizinern erschien jedenfalls die um die Jahrhundertwende gegründete schlagkräftige medizinische Standesorganisation höchst notwendig, die dann im Hartmannbund geschaffen wurde: zur Abwehr gegen Kurpfuscher, Gesundbeter, Naturheilkundige, Krankenkassenvorstände und auch gegen Frauen.

Vor dem Hintergrund dieser hochemotionalisierten Diskussion traf Hope Bridges Adams an der Universität Leipzig eine für diese Zeit bemerkenswert vorurteilslose Professorenschaft an. 1873 hatte die medizinische Fakultät sogar an den Rektor den Antrag gestellt, immatrikulierte Studierende ohne Rücksicht auf ihr Geschlecht zu medizinischen Veranstaltungen zuzulassen, nicht immatrikulierte Frauen ebenfalls mit Zustimmung der jeweiligen Professoren.[58] Dies war wohl der früheste Vorstoß einer deutschen Fakultät zugunsten der Immatrikulation von Frauen. Er wurde vom Senat der Universität zurückgewiesen. Vorher hatten sich die Senatoren an anderen Universitäten kundig gemacht. Die Antworten zeigten, daß Berlin sehr restriktiv, München und Heidelberg nach anfänglicher Großzügigkeit auch wieder abweisend auf Gasthörerinnen reagiert hatten.[59]

Frauen fanden in Leipzig also durchaus entgegenkommende Aufnahme. Eine amerikanische Studentin schilderte Ende 1878 im ›Atlantic Monthley‹, wie es ihr dort ergangen war. Ähnlich hatte es vielleicht Hope zwei Jahre früher erlebt:[60] »I came to Leipzig last January ... with the intention of availing myself, as far as possible, of the courses on philology at the university, but with no idea how far this might be practicable, as I had heard very contradictory reports ... The vital difference between the position of a young woman and a young man, in the university is, first, no woman can be a matriculated student; and, second, no woman can take a degree ... I ... was obliged to call on each of the professors whose lectures I wished to attend, in order to procure their signature to a printed permission furnished me by the Richter. During the time I have been here, I have heard lectures by six different professors, none of whom hesitated to sign the paper I presented, and who (with one exception) received me not only with civility, but with the most cordial politeness. I have met but one other lady at any of the lecture courses I have attended, but there are, as nearly as I can learn, eight of us all together ...«

Eine dieser acht war Hope Adams, die einzige Medizinerin unter den Gasthörerinnen. Regulär immatrikulieren konnten sich diese Frauen – 34 waren es insgesamt von Wintersemster 1873/74 bis Wintersemester 1879/80 an der Universität Leipzig –[61] nicht, da sie nicht über ein Abiturzeugnis verfügten. Ein Gymnasium durften sie jedoch nicht besuchen, da dies den Knaben vorbehalten war. Mit dieser formalen Argumentation gelang es jahrzehntelang, Frauen von den Universitäten fernzuhalten ohne tiefer in die Diskussion einsteigen zu müssen. Hopes Adams Studienkollegin Marie von Oertel wurde 1877 in Sachsen mit dem Gesuch abgewiesen, das Abitur als Externe abzulegen. Ebenso erging es Hope.[62] Erst Ende des 19. Jahrhunderts gab es dann in Deutschland zunächst externe Abiturkurse, die mit einem regulären Abitur an einem Gymnasium abschlossen; 1893 öffnete das erste Mädchengymnasium in Karlsruhe, der Hauptstadt des fortschrittlichen Baden, seine Pforten. Ein viertel Jahrhundert nach Hopes Studienbeginn in Leipzig, im Jahr 1900, konnten sich in Baden, 1908 als letztem Bundesland auch in Preußen Frauen regulär an Universitäten einschreiben.[63]

Obwohl die Professoren in Leipzig den Gasthörerinnen also nicht ablehnend gegenüberstanden, mußten diese manchen Spott von ihren männlichen Mitstudenten ertragen. So berichtet die Familienüberlieferung beispielsweise, Hope Adams Hut sei am Ende mancher Vorlesung mit Gips gefüllt gewesen.[64] Von dezidierten Protesten gegen die weiblichen Studenten wie in Großbritannien[65] ist in Leipzig jedoch nichts überliefert: In Edinburgh hatten die Kommilitonen erfolgreich gegen die Anwesenheit von Frauen in Medizinvorlesungen gestimmt, da man in ihrer Anwesenheit keine »delikaten« Themen behandeln könne; die Kurse für Frauen mußten daraufhin separat abgehalten werden. Als es um die Zulassung zu Praktika in der Klinik ging, kam es nach einer weiteren Petition in Edinburgh zunächst zu kleineren unangenehmen Zwischenfällen und schließlich zu einem regelrechten Aufstand der männlichen Studenten gegen die sieben Studentinnen, die aus Sicherheitsgründen ohnehin nur noch gemeinsam zu den Veranstaltungen kamen:

Mehrere hundert Studenten hatten sich vor dem Krankenhausgebäude versammelt, pfiffen, johlten und versuchten die Frauen daran zu hindern, das Gebäude zu betreten und ihr Aufnahmeexamen zu schreiben. Doch andere Studenten und auch der Dozent unterstützen die Frauen. Das Eindringen in eine Männerdomäne erforderte also auch viel Mut.

Ob nun aus Gründen des Schutzes oder um gemeinsam lernen zu können: Wie ihre englischen Schicksalsgenossinnen schlossen sich auch in Leipzig einige dieser Frauen enger zusammen.[66] So wohnten Hope Bridges Adams, Marie von Oertel und Mathilde Hagen, eine studierende Leipziger Lehrerin, in den ersten Semestern zunächst gemeinsam in der Sidonienstraße 39/40, dann in der Nürnberger Straße 55 in Untermiete; Hope zog später in die Sternwartenstraße 26, wo sie für den Rest ihres Studiums blieb.[67] Diese Straßen lagen in unmittelbarer Nachbarschaft der Universitätskliniken. In dieser Zeit besuchte Hope wohl in Dresden und Leipzig auch Veranstaltungen von August Bebel, ebenso Vorträge des damaligen Schriftleiters der Dresdener Volkszeitung und späteren Vorsitzenden der bayerischen Sozialdemokratie, Georg von Vollmar, der 1878 in Dresden über die ›Emanzipation des weiblichen Geschlechts, ein Hauptbestandteil der sozialen Frage‹, sprach.[68]

Über Hope Adams vermutlichen Studienverlauf sind wir durch einen Artikel informiert, den sie im Oktober 1881 in der englischen Zeitschrift ›The Lancet‹ veröffentlichte und in dem sie versuchte, das deutsche Ausbildungssystem in Medizin dem englischen Publikum verständlich und schmackhaft zu machen.[69] Zunächst ging es in Leipzig in den ersten beiden Jahren, bis zum Physikum, um Anatomie, Histologie, Physiologie, Organische, Anorganische und Physiologische Chemie, um Naturphilosophie, Botanik, Zoologie und vergleichende Anatomie. Im Physikum wurden dann jeweils zwei Studenten von fünf Professoren nacheinander einen Nachmittag lang geprüft. Danach begann das eigentliche Medizinstudium mit Praktika und Spezialkursen, das ebenfalls zwei bis drei Jahre dauerte. Beide Studienphasen wurden verbunden durch Vorbereitungskurse in Pathologischer Anatomie und mikroskopischer Histologie, in Arzneimittelkunde und Chirurgie sowie gelegentlichen Besuchen in der Chirurgie im letzten halben Jahr vor dem Physikum. Ansonsten waren sie getrennt, die erste diente der wissenschaftlichen Vorbereitung, die zweite der praktischen Umsetzung.

Die Hörerinnen durften dieses Examen nicht ablegen. Dennoch beantragte Marie von Oertel 1877 die Zulassung zum Physikum.

Zwar wurde der Antrag abgewiesen, doch offensichtlich gelang es ihr und wenig später auch Hope, trotzdem die entsprechenden Physikums-Prüfungen abzulegen, auch wenn sie nicht offiziell anerkannt wurden.[70] Ohne Physikum war es nicht möglich, in die zweite Studienphase einzutreten.

In diesem klinischen Teil ihres Studiums besuchten die Studenten in Leipzig Vorlesungen und Patientendemonstrationen im Großen Hörsaal des Universitätsklinikums, die der Professor und Klinikchef abhielt, der auch eine ausgedehnte Privatpraxis führte.[71] Unter seiner Ägide lebten vier Assistenzärzte in der Klinik, von denen jedem zwei oder mehr Häuser mit je zwanzig bis fünfundzwanzig Betten unterstanden, die sie morgens und abends visitierten. Der Professor machte täglich eine große Visite, nur von seinem Assistenten begleitet. Die verfügbaren Patienten wurden unter den Studenten verteilt, etwa zehn oder mehr pro Student im Semester. Der Student mußte diese Fälle täglich sorgfältig untersuchen, alle dazu verfügbare Literatur lesen, Urin, Sputum etc. am Mikroskop untersuchen. Wenn einer dieser Fälle in der großen Runde vorgestellt wurde, trug der Student dem Professor und den Studenten die Fallgeschichte vor. Der Professor hörte zunächst zu, fragte und erklärte dann alle Aspekte des Falles. Interessante gynäkologische Fälle und Kehlkopfspiegelungen wurden später von den Assistenten demonstriert und jeweils eine kleinere Gruppe von Studenten hatte die Möglichkeit der Untersuchung. Es gab überdies etliche Spezialkurse, z.B. für das Abhorchen und Abklopfen, für Untersuchungsmethoden wie Urintests, aber auch einen Kurs von vier Wochenstunden zu medizinischem Basiswissen, in Leipzig vom Oberassistenten abgehalten. Bei den Nachtvisiten der Assistenten hatten die Studenten freien Zugang, so daß jederzeit die Möglichkeit bestand, interessante Fälle weiter zu verfolgen und dazu Fragen zu stellen. Es handelte sich dabei also um eine Kombination von klinischen Lektionen und Unterricht am Krankenbett, wobei dieser nicht in den Krankenzimmern, sondern meist im großen Hörsaal stattfand, immer unter Berücksichtigung des Zustandes der Kranken. Hope betont die Vorteile dieses Systems, da dort jeder gut sehen und hören könne.

Ergänzt wurde der Unterricht durch die Poliklinik der Universität, deren Patienten von den Studenten in eigenen kleinen Zimmern untersucht und dann dem Professor und den übrigen Studenten vorgeführt wurden. Der Professor untersuchte dann selbst, stellte Fragen, erklärte und diskutierte die Behandlung. Der Student erstellte eine schriftliche Verordnung, die vom Assistenten überprüft und abgezeichnet wurde, bevor sie der Patient erhielt. Auf diese Weise war der Student veranlaßt, seine ganze Kraft auf die Praxis zu konzentrieren, da jeder begierig war, sich durch richtige Diagnosen zu profilieren und ängstlich, erniedrigende Fehler zu vermeiden. Dieses System hebt Hope Adams in ihrem Artikel als ganz besonders hilfreich hervor. Der zweite Professor der Poliklinik war überdies gleichzeitig Distrikt-Armenarzt und fortgeschrittene Studenten wurden unter seiner und der Aufsicht seiner zwei Assistenten für Hausbesuche und kleinere Behandlungen unter Aufsicht herangezogen, mußten dem Professor berichten und mit ihm die Fälle besprechen. Dazu Hope: »The great value of these visits is that they bring the student in contact with the patients in their own homes, that they give him an insight into the difficulties that beset private practice, and make him practically familiar with the ordinary every day disease with wich he will most frequently have to deal.« Auch das chirurgische und das Geburtshilfepraktikum waren so organisiert; die Studenten konnten hier unter der Anleitung der Assistenten oder Professoren bereits Operationen durchführen.

Der Stundenplan eines Sommertages sah etwa so aus: 7 bis 8 Uhr morgens: Geburtshilfepraktikum; 8 bis 9.30 Uhr: Chirurgisches Praktikum; 9.30 bis 11 Uhr: Internistisches Praktikum; 11 bis 12 Uhr: Chirurgische Poliklinik; 12 bis 13 Uhr: Ophthalmologisches Praktikum; 13.45 bis 15 Uhr: Internistische Poliklinik. Der Rest des Tages war mit theoretischen Lektionen und praktischen Kursen in Spezialfächern ausgefüllt, die die Studenten nach eigenem Bedürfnis und Wünschen besuchen konnten oder nicht.

Neben der Theorie war es vor allem diese Praxis, die für die Medizinstudentinnen jener Jahre außer in den USA und der Schweiz kaum zugänglich war: Die deutschen Universitätskliniken lehnten Frauen als Praktikantinnen ab. Doch auch hier hatte Hope Adams Glück. Zwei Mal praktizierte sie in diesen Jahren in der Dresdener Klinik von Franz von Winckel, der als einziger Klinikchef in diesen Jahren Frauen als Volontärinnen zuließ. 1897 schrieb Franz von Winckel über seine Praktikantinnen:[72] »Ich habe während 21 Jahren in Dresden und in München gegen 40 weibliche Ärzte als Volontärassistentinnen in den von mir dirigierten Frauenkliniken beschäftigt, meist Ausländerinnen, einige auch aus Deutschland, die aber auf außerdeutschen Universitäten studiert hatten. Ich muß allerdings bemerken, daß ich es mit einem auserlesenen Material zu tun hatte... Pflichtgetreu, fleißig, gewissenhaft und aufs Eifrigste bemüht, all ihre Zeit bestens auszunutzen, habe ich die Leistungen der meisten dieser Schülerinnen mit Freuden als mindestens gleichwertig mit denen ihrer Mitvolontärärzte anerkennen müssen.«

Die erste in Deutschland praktizierende Ärztin, Franziska Tiburtius, hatte nach ihrem Studium in Bern 1876, also ein Jahr vor Hope, bei Winckel volontiert. In ihren Erinnerungen zitiert sie aus einem Brief, den sie damals aus Dresden an ihren Bruder schrieb. Ganz ähnlich wird Hope ihr Praktikum erlebt haben:[73] »Man kommt nacheinander auf alle Stationen, Kinder, gesunde und kranke Wöchnerinnen, gynäkologische Station, Privatklinik, anstrengend ist eigentlich nur, wenn man Wachhabender im Entbindungssaal ist, da kann es kommen, daß man mehrere Nächte nicht aus den Kleidern kommt und acht Tage nicht sich aus der Anstalt entfernen darf. Zweimal nachmittags ist Poliklinik, zu der auch Leute aus der Stadt kommen, für die der Hofrat die Medikamente aus eigenen Mitteln bezahlt; wir stellen Diagnose, es geht mit Frage und Antwort ganz wie in Zürich. Winckel ist ein sehr anregender und guter Lehrer. Am Sonnabendnachmittag geht man zur ›Besprechung‹, d.h. die ganze Schar der Assistenten und Internen begibt sich in die im Seitenflügel des Gebäudes liegende Wohnung des Hofrats, wo bei einem Glase Wein besondere Vorfälle in der medizinischen Welt erörtert, die neuesten Broschüren und Fachschriften verteilt werden, über die dann das nächste Mal zu referieren ist. Ich habe jetzt zwei französische Dissertationen zu verarbeiten. Zeitweise hat man auch eine Abteilung der Lehrtöchter zu unterrichten und lernt selbst viel dabei, weil man ja, um zu lehren, die Sache dreimal so gut innehaben muß, als wenn man selbst lernt. Die größeren Operationen werden natürlich immer frühmorgens gemacht. Die Erfolge sind durchschnittlich günstig, die Antisepsis wird sehr streng durchgeführt; die kleinen Operationen werden von den Volontärärzten gemacht, der Hofrat übernimmt dabei die Assistenz und gibt, wo es notwendig ist, die Anleitung. Die beiden Assistenzärzte, Dr. Osterloh und Dr. Mewes, sind sehr tüchtige Leute.« Der Hofrat erschien auch mitten in der Nacht immer »im sorgfältig gewählten Anzug mit Zylinder und Handschuhen« in der Klinik. Wenn hoher Besuch, z.B. ein Minister, angekündigt wurde, hatten alle im Frack, die Damen im schwarzseidenen Schleppkleid zu erscheinen. Nach einem komplizierten Vorstellungszeremoniell »ging es durch alle Säle, der Hofrat gab die Erklärungen, und wir trabten hinterher!«

Hope Adams hatte es geschafft, die nötigen Vorlesungen zu besuchen, das Physikum und auch die Praktikumsscheine zu bekommen. Doch nun ging es um die schwerste Hürde: das deutsche Staatsexamen. Es stand am Ende dieser vier bis fünf Jahre Studium, bestand aus einem mündlichen, einem schriftlichen und einem praktischen Teil, verteilt über zwei bis drei Monate. Vier Studenten wurden jeweils zusammen geprüft in normaler und pathologischer Anatomie, in Physiologie, Chirurgie, Ophthalmologie, Innerer Medizin, Geburtshilfe, Hygiene, Forensischer Medizin und Arzneimittelkunde. Aber es war nicht nur die Schwere der Prüfung selbst: Frauen durften auch dieses Examen nicht ablegen, formal wiederum deshalb nicht, weil sie über kein Abiturzeugnis verfügten. De facto war in Deutschland dieses Examen das Eintrittsbillett für die Berufsausübung als Arzt, da damit die Approbation verbunden war. Der Erfolg des ganzen Studiums hing also in mehrfacher Hinsicht davon ab.

Die Situation für eine solche Zulassung war nicht günstiger geworden: Ende der achtziger Jahre wehte auch in Sachsen ein rauher Wind. 1878 war das Reichsgesetz »Gegen die gemeingefährlichen Bestrebungen der Sozialdemokratie«, das Sozialistengesetz, erlassen worden. In diesem Kontext nahm man die Universitäten enger an die Leine des Kultusministeriums. Konkret geschah dies durch eine neue Immatrikulations- und Disziplinarordnung für die Universität Leipzig.[74] Kultusminister von Gerber, ein deutlicher Gegner des Frauenstudiums, nützte diese Gelegenheit, um gegen die Hörerinnen in Leipzig vorzugehen: Unter Übergehung der Hochschulautonomie verlangte er, daß jede einzelne Hörerin nicht mehr bei der Universität, sondern beim Sächsischen Kultusministerium einen Antrag stellen müsse, wenn sie zugelassen werden wolle.[75] Rückendeckung erhielten die Studentinnen überraschenderweise durch den Rektor der Universität Leipzig, von Lange, ebenso wie durch einige Professoren. Im Dezember 1879, nach wohl der ersten Landtagssitzung zum Frauenstudium in Deutschland,[76] wurden der Universität ihre bisherigen Spielräume genommen; jede Hörerin mußte nun vom Kultusminister persönlich genehmigt werden. Diese Genehmigung erhielten nur noch die bisher Gemeldeten, neue Hörerinnen gab es in Leipzig erst wieder in den neunziger Jahren.[77]

Unter den wenigen, die weiter studieren durften, befand sich als einzige Medizinerin Hope Bridges Adams. Das bedeutete jedoch nicht etwa, daß sie zum Examen zugelassen wurde. Daher unternahm sie weitere Vorstöße, nun in Berlin: Im November 1879 erbat der Britische Konsul in Dresden beim Reichskanzler-Amt, »der britischen Unterthanin Miß Bridges Adams« die Zulassung zum Staatsexamen zu ermöglichen, da sie lediglich in England und nicht in Deutschland zu praktizieren gedenke.[78] Das Gesuch wurde abgelehnt. Als nächstes gelang es ihr, die deutsche Kaiserin Auguste Victoria für ihre Sache zu interessieren – laut Familienüberlieferung mit Hilfe der Frau Trömel, Wirtin der Bahnhofsrestauration in Fulda, bei der die Kaiserin auf ihrer Fahrt nach Baden-Baden umzusteigen und Kaffee und Kuchen zu nehmen pflegte; diese Restaurateurin war die Großtante eines Studienkollegen aus Leipzig, Otto Walther, den Hope zwei Jahre später heiratete.[79] Am 3.Februar 1880 wurde jedenfalls vom Kabinettssekretär der Kaiserin eine Eingabe von Hope Bridges Adams an das Reichskanzleramt weitergeleitet. Doch selbst dies war vergebens. In der ausführlichen Antwort an die Kaiserin vom April 1880 wurde wieder das Fehlen der »Vorbildung« – also des Abiturzeugnisses – als Haupthinderungsgrund genannt.[80]

Dennoch absolvierte Hope Bridges Adams 1880, mit 25 Jahren, ohne offizielle Erlaubnis oder Anerkennung, aber unter den gleichen Bedingungen wie ihre männlichen Komilitonen das medizinische Staatsexamen. Wie das in der Praxis ablief, läßt sich nur erraten: Vermutlich erlaubten die Professoren ihr einfach in eigener Machtvollkommenheit, das Schriftliche mitzuschreiben und an den mündlichen Abschnitten wie die männlichen Studierenden teilzunehmen. Sie gaben ihr dafür sogar schriftliche Bestätigungen, die zwar zunächst nicht galten, aber letztlich doch die Grundlage einer späteren Anerkennung bildeten. Ihr Promotionsgesuch in Leipzig wurde abgelehnt. Daher ging sie nach Bern und promovierte dort über die »Hämoglobinausscheidung in der Niere«,[81] hospitierte dann in Wien und London. Am 8. April 1881 wurde Hope im »King's and Queen's College of Physicians in Ireland« (heute: Royal College of Physicians) in Dublin als Lizentiatin zugelassen. Der zuständige Bibliothekar schreibt:[82] »This College...was the first medical institution in the British Isles to admit women to examinations and diplomas, thus enabling them to gain admission to the Medical Register and legally practise. The first five women, including Sophia Jex-Blake, were admitted in 1877.« Nach einer britischen Prüfung erhielt Hope als 23. Frau Großbritanniens ihre englische Approbation.[83]

In ihrem Antrag auf nachträgliche Anerkennung der inoffiziellen Examina,[84] die sie 1880 hatte in Deutschland ablegen können, wird ihre besondere Mischung von Bescheidenheit und Selbstbewußtsein gut sichtbar. Sie schilderte zunächst ihren beruflichen Weg; dann fügte sie hinzu:[85] »Nachdem ich den größten Teil meines Lebens in Deutschland zugebracht, über zwanzig Jahre als Arzt hier gewirkt habe und mit einem deutschen Arzt verheiratet bin, nachdem auch die Behörden sowohl des Reiches als der Einzelstaaten die Zulassung der Frauen zum medicinischen Beruf theoretisch zugestanden und practisch verwirklicht haben, kann es kaum als unbescheiden aufgefaßt werden, wenn ich nun endlich die Anerkennung der von mir rite bestandenen Examina anstrebe. Ich bin nicht im Besitze eines Maturitätszeugnisses, weil dies für mich zu meiner Studienzeit unerhältlich war, aber in jeder anderen Beziehung – Studium, Examen, Praxis, Staatsangehörigkeit – stehe ich den deutschen Ärzten durchaus ebenbürtig da. Es ist aber ein allgemein geübter Brauch, in Übergangszeiten für ältere Jahrgänge einen modus vivendi zu schaffen. In Deutschland sind jetzt zwei Arten von Ärztinnen, solche, welche studierten, als ihnen in der Heimat Alles verschlossen war und solche, welche studierten, nachdem ihnen Alles erschlossen war. Auch die ältere Kategorie hat redlich gearbeitet und dem Vaterland gute Dienste geleistet. Soll sie deshalb jetzt zum alten Eisen geworfen werden? Unter diesen bin ich die Einzige, welche die medicinischen Examina – dank der Güte und, ich darf vielleicht auch sagen, Achtung meiner Lehrer – in Deutschland bestanden hat. Wenn der Bundesrat mir auf Grund dieser Examina, unter Erlassung des für mich damals, ohne mein Verschulden, unerreichbaren Maturitätszeugnisses, nachträglich die Approbation als Arzt erteilt, so wird damit keine Precedenz geschaffen, denn der Fall ist nicht wieder vorgekommen und kann sich auch nicht wiederholen, sondern es würde sich lediglich um einen Akt der Courtoisie und der Gerechtigkeit gegen eine Einzelne handeln.« Daß Hope Adams Lehmann dieser Weg auch wirklich gelang, ist eine weitere Besonderheit dieses ungewöhnlichen Lebens.

Sie konnte ihrem Antrag 1903 unter anderem beilegen: Eine von Prof. Wilhelm His, Leipzig, beglaubigte Kopie der Zeugnisse vom Physikum und vom Staatsexamen; das Collegienheft aus Leipzig mit Originalunterschriften ihrer dortigen Lehrer; ein Zeugnis von Geheimrat Prof. von Winckel über die Tätigkeit als Volontärin in Dresden und München, ihr Doktordiplom aus Bern, ihre Approbation als praktische Ärztin für Großbritannien. Das bayerische Obermedizinalcollegium befürwortete ihren Antrag wärmstens und nachdem eine vorsichtige Anfrage in Sachsen ergebnislos verlaufen war, beantragte die bayerische Regierung unter Ministerpräsident Clemens von Podewils für Hope Bridges Adams Lehmann die nachträgliche Anerkennung ihres Staatsexamens beim Bundesrat in Berlin. Fast ein viertel Jahrhundert nach ihrem Studienabschluß, 1904, wurde ihr Staatsexamen durch einen Bundesratsbeschluß anerkannt. Sie erhielt die deutsche Approbation und durfte nun auch ihren Doktortitel führen.[86] Damit war sie die erste und bis zur Jahrhundertwende einzige Frau, die in Deutschland ein medizinisches Staatsexamen abgelegt hatte.

In mancher Hinsicht hatte Hope Bridges Adams damit einen Lebensweg eingeschlagen, der zu dieser Zeit eigentlich weder in Deutschland noch in England möglich war. Es ist auch bemerkenswert, daß sie im Gegensatz zu anderen Studentinnen beispielsweise in der Schweiz, diesen Weg geradlinig und ohne Umwege eingeschlagen hatte: Sie war bei ihrem Examen nicht älter als ihre männlichen Komilitonen. Die Unbeirrbarkeit, mit der sie alle Hebel bis hinauf zur deutschen Kaiserin in Bewegung setzte, um ihr Examen ablegen zu können, spricht für ihren unbedingten Wunsch, den Beruf als Ärztin auch ausüben zu können. Es zeigt sich darin aber auch ein Grundvertrauen auf den Sieg der Vernunft über die Unvernunft, das Hope Adams ihr ganzes Leben begleiten sollte.

Anmerkungen

[1] Lexikon deutscher Frauen der Feder, hrsg. von Pataky, Berlin 1898, S.2; Stadtarchiv München, Meldebogen

[2] Offenbar lebte die Mutter zumindest 1896 noch; vgl. Stadtarchiv München, Meldebogen von Karl Lehmann: Bei der Angabe »Eltern der Frau« steht über dem Namen von Willam Bridges Adams ein Kreuz, bei Ellen Adams nicht.

[3] Schreiben von Nicolas Bridges Adams an die Verf. vom 6.11.1997

[4] Zu William Bridges Adams Dictonary of National Biography, ed. By Leslie Stephen, S.108 f.; Nachrufe u.a. in Engeneering newspaper vom 26.7.1872, S.63; Journal of the Society of Arts vom 2.8.1872, S.763; zum englischen Nonkonformismus Johnson, The Changing Shape of English Nonconformity. Demnächst Krauss, William Bridges Adams (1797-1872) – Erfinder, Nonkonformist, Publizist

[5] William Bridges Adams, English Pleasure Carriages, London 1837

[6] Engeneering newspaper vom 26.7.1872, S.63

[7] Vgl. die Korrespondenzen im Archiv des University College London, Place Papers; S.K.Radcliffe, From the Story of South Place, http://www.rosslynhillchapel.com./services/fox/fox.doc., S.8f.

[8] University College London, Biographische Notiz zu Francis Place

[9] Bridges Adams, Roads and Rails, London 1864

[10] Engeneering newspaper vom 26.7.1872, S.64; Hamilton Ellis, Twenty Locomotive Men, London 1958

11 Gleadle, The Early Feminists; Rendall, The Origins of Modern Feminism, London 1985, S.115, zu dem Pamphlet: »On the Condition of Woman in England« von 1833; außerdem Caine, English Feminism 1780-1980, S.56 f., 62-64
12 Vgl. Homepage der ‚Ethical Society' in London, http://www.ethicalsoc.org.uk
13 Radcliffe, From the Story of South Place, S.8
14 Friedrich Wilhelm Bauth, Adams, Sarah, in: Biographisch-Bibliographisches Kirchenlexikon, Bd.I, 1990, Spalte 33
15 Engineering, 26.7.1872, S.63 f. und Journal of the Society of Arts, 2.August 1872, S.763-764
16 Gleadle, Early Radical Feminists
17 Costas, Der Zugang der Frauen zu akademischen Karrieren, S.22
18 Catalogue of the Archives of Bedford College, 1849-1985; freundliche Auskunft von Sophie H. Badham, Archivarin, Royal Holloway and New Bedford College, University of London. Für 1870 ist Hope dort nachgewiesen. Sie selbst schreibt 1902, sie sei mit 15 in das College eingetreten und habe es mit 18 verlassen. Adams Lehmann, Thirty Years Ago, S.32
19 Adams Lehmann, Thirty Years, S.32
20 Who was Who 1897-1916, 1920; freundliche Auskunft vom Archiv des King's College London
21 Dazu s.o.
22 Eigene Angaben im Lebenslauf in Bay HStA MK 40626, Schreiben Hope Bridges Adams Lehmann an das kgl.bayer. Staatsministerium des Innern für Schul- und Kirchenangelegenheiten vom 19.3.1903; außerdem Uni-Archiv Leipzig, GA X M1, Hörerscheine, Liste WS 1876/77, Eintrag Nr.4
23 Stadtarchiv Dresden, Adreßbücher 1875-1879; außerdem freundliche Auskunft des Stadtarchivs vom 19.8.1996: Die Meldeunterlagen dieser Zeit sind Kriegsverlust.
24 Walther, Zum anderen Ufer, S.18
25 Stammbaum der Familie Adams, freundlicherweise übersandt von Brian Adams, London, 19.8.2001: William Bridges Adams war 1847 geboren, Oliver Adams 1850, Douglas Adams 1853, Charles Lemesle Adams 1856, Frances Owen Adams 1862; die Tochter Edith Emily war 1859 auf die Welt gekommen.
26 Walther, Zum anderen Ufer, S.24. Das Verlagshaus McMillan war dem Thema Frauenbildung gegenüber in jedem Fall höchst aufgeschlossen: So erhielt Sophia Jex-Blake eine begeisterte Zusage für ihr entsprechendes Buchprojekt; Roberts, Jex-Blake, S.65; wenig später initiierte Alexander McMillan einen Sammelband zum Frauenstudium; ebd. S. 78
27 ASD, NL Vollmar, Brief Hope Adams Lehmann an Julie von Vollmar, 13.6.1915
28 Englishwoman's Review 15.4.1882, S.173 f.; freundlicher Hinweis von Jane Martin (Northampton). Außerdem Holis, Ladies Elect
29 Costas, Der Zugang von Frauen, S.15, 28
30 Zu Mary Bridges Adams Saville / Bellamy (Hrsg.), Dictionary of Labour Biographie, Bd.6; vgl. außerdem Martin, Entering the public arena, S.225-240. Ich danke Jane Martin (Nene College, Northampton, U.K.) für weitere Hinweise, Nachrufe sowie einen unveröffentlichten Konferenzbeitrag zu Mary

Bridges Adams. Weitere Informationen in zwei Briefen von Nicolas Bridges Adams (Marys Enkel) an die Verf. vom 7.6. und vom 6.11.1997. Ich danke außerdem Jutta Schwarzkopf (Bremen) für Ihre Hinweise, die zu Mary Bridges Adams führten.

31 Taylor, Eve and the New Jerusalem
32 Münchener Post, 12.10.1916
33 Roberts, Jex Blake; Vgl. auch Caine, Victorian Feminists
34 Roberts, Jex-Blake, S.45: Elizabeth Gaskell; Gleadle, The Early Feminists, S. 30
35 BayHStA MK 40626, Lebenslauf vom 19.3.1903
36 Uni-Archiv Leipzig GA XM1, Hörerscheine WS 1873/74-31.12.1889
37 Uni-Archiv Leipzig, GA X M1, Hörerscheine, Liste WS 1876/77 ff.; HStA Dresden Ministerium für Volksbildung 11467
38 Rogger, Der Doktorhut im Besenschrank; Bachmann, Medizinstudium von Frauen in Bern; Rohner, Die ersten 30 Jahre; zu den ersten deutschen Ärztinnen Brinkschulte (Hrsg.), Weibliche Ärzte
39 Bleker/Schleiermacher, Ärztinnen; Brinkschulte (Hrsg.), Weibliche Ärzte
40 Roberts, Jex-Blake, S.27,62
41 Roberts, Jex Blake; Costas, Der Zugang von Frauen, S.20 f.; vgl. auch Bonner, To the End of the Earth
42 Kirchhoff (Hrsg.), Die akademische Frau. Vgl. Krauss, »Man denke sich nur die junge Dame im Seziersaal«
43 Kirchhoff (Hrsg.), Die akademische Frau, S.69
44 Zur Gesamtthematik z.B. Huerkamp, Bildungsbürgerinnen; die Artikel in Brinkschulte (Hrsg.), Weibliche Ärzte; Albisetti, The Fight for Female Physicians, S.99-123
45 Der Begriff nach Hausen, Die Polarisierung der »Geschlechtscharaktere«, S.363-393. Frevert, Frauen und Ärzte, S.188 f.; Geyer-Kordesch, Geschlecht und Gesellschaft; Planert, Antifeminismus im Kaiserreich, S.20-32, 79-100
46 Zur Frage des Medizinstudiums der Frauen, in: Bayerisches Ärztliches Correspondenzblatt, Nr.21, 1898, S.285
47 Frankenburger, Das Medizinstudium der Frauen, in: Bayerisches Ärztliches Correspondenzblatt, Nr.10, 1899, S.98
48 Dazu s.u.
49 Roberts, Jex-Blaxe
50 Bischoff, Das Studium und die Ausübung der Medizin durch Frauen
51 Möbius, Der physiologische Schwachsinn des Weibes
52 Frankenburger, Das Medizinstudium (Schluß), S.109
53 Walther, Zum anderen Ufer, S.17
54 Krauss, Man denke sich nur die junge Dame im Seziersaal, S.84
55 Dazu z.B. Huerkamp, Der Aufstieg der Ärzte oder Drees, Die Ärzte auf dem Weg zu Prestige und Wohlstand; vgl. Jütte (Hrsg.), Geschichte der deutschen Ärzteschaft
56 Costas, Der Kampf um das Frauenstudium, S.115-144, S.138
57 Costas, Der Zugang der Frauen, S.24
58 Brentjes/ Schlote, Frauenstudium, S.62
59 Uni-Archiv Leipzig Rep.II/IV/35
60 Atlantic Monthly Dezember 1897, S.788-798, 789
61 Duncker, Zur Vorgeschichte des Frauenstudiums an der Universität Leipzig,

S.281. Brentjes/Schlote, Zum Frauenstudium an der Universität Leipzig
62 HStA Dresden Ministerium für Volksbildung 11467, Bl. 173, Schreiben vom 18.8.1877; BayHStA MK 40626, Lebenslauf vom 19.3.1903
63 Meister, Über die Anfänge des Frauenstudiums, S.51
64 Walther, Zum anderen Ufer, S.17
65 Roberts, Jex-Blake, S. 102 f.
66 Uni-Archiv Leipzig, GA X M1, Hörerlisten ab Wintersemester 1876/77; ich danke besonders Frau Gaukel für Ihre große Hilfe. Vgl. außerdem Brentjes/Schlote, Zum Frauenstudium an der Universität Leipzig S.57-75, dort jedoch nur eine summarische Beschreibung der frühesten Hörerinnen.
67 Uni-Archiv Leipzig GA X M 1, Hörerscheine WS 1873/74-31.12.1889
68 HStA Dresden, Kreishauptmannschaft Leipzig 246, Bl.28 ff. und zu Vollmar Bl.58
69 Adams, On Medical Education, in: The Lancet , 1.10.1881, S.584-586
70 Uni-Archiv Leipzig Med. Fak. B VII 8, Bl.6-7v; BayHStA MK 40626 Lebenslauf Hope Bridges Adams Lehmann vom 19.3.1903
71 Adams, On Medical Education, S.585 f.; sie schreibt nicht, inwieweit sie selbst dies in Leipzig oder in Dresden absolvierte.
72 Kirchhoff (Hrsg.), Die akademische Frau, S.34 f.
73 Tiburtius, Erinnerungen einer Achtzigjährigen, S.173 f.
74 Brentjes/Schlote, Zum Frauenstudium, S.64
75 HStA Dresden Ministerium für Volksbildung 10055/15,
76 Verhandlungen des ordentlichen Landtages im Königreich Sachsen 1879/80, 1.Kammer, Bd.1, Nr.5, S.26 (3.12.1879); Verhandlungen des ordentlichen Landtages im Königreich Sachsen 1879/80, 2.Kammer, Bd.1, S.535
77 Uni-Archiv Leipzig, Med. Fak. B VII, 8, Bl.1-111
78 Bundesarchiv Berlin R 1501 RmdI 10772, Antrag Baron von Tauchnitz 12.11.1879
79 Walther, Zum anderen Ufer, S.18
80 Bundesarchiv Berlin R 1501 RmdI 10772, Anwort an den Kabinettssekretär der Kaiserin vom 14.4.1880
81 Gedruckt Leipzig 1880; da sie dazu angeblich mit Tierversuchen gearbeitet hatte, geriet sie in das Kreuzfeuer der Antivivisektionisten: So war ihr Name registriert bei Bryan (Hrsg.), The Vivisectors' Directory; ich danke Mary Ann Elston (London) für diesen Hinweis. Vgl. auch Elston, Woman and Antivivisection in Victorian England
82 Brief von Robert W. Mills, Librarian, The Royal College of Physicians of Ireland an die Verf. vom 20.3.1995
83 The Royal College of Physicians of Ireland, Dublin (King and Queens College of Physicians), Roll of Licentiates in Medicine, 8.4.1881
84 BayHStA MK40626, Antrag vom 19.3.1903
85 BayHStA MK 40626, Antrag vom 19.3.1903
86 BayHStA MK 40 626; Protokoll der dreißigsten Sitzung des Bundesrates, Session 1904, S.276

Beruf: Ärztin. Weltanschauung: Sozialistin
Frankfurt am Main, Nordrach, München

Hope Bridges Adams hatte Medizin studiert, nun wünschte sie diesen Beruf auszuüben. Noch 1880 versicherte sie in ihrem Antrag auf Zulassung zum Staatsexamen, nur in England praktizieren zu wollen. Auch der Erwerb ihrer englischen Approbation, das heißt die Eintragung in das »Medical Register« in Dublin, spricht dafür, daß sie wohl nach England zurückzukehren beabsichtigte. Doch schon am 12. Juli 1881 findet sich ein Antrag aus Wiesbaden an die preußische Staatsregierung:[1] »Von Fräulein Hope Bridges Adams, welche sich zum Zwecke der Ausübung der ärztlichen Praxis in Frankfurt a.M. niederzulassen beabsichtigt, sind mir die beiliegenden Zeugnisse zur Einreichung an die königliche Regierung übergeben worden mit dem Ersuchen sie zu bescheiden, ob sie sich ›in England approbierte und in der Schweiz promovierte Ärztin‹ bezeichnen dürfe.« Was war geschehen?

Ein Verehrer war Hope nach England nachgereist, wo er einige Monate in einem Hospital arbeitete. Otto Walther, ein halbes Jahr älter als Hope, hatte zusammen mit ihr in Leipzig studiert. Nach Aussage seiner jüngsten Tochter Gerda[2] war er damals »ein großer, stattlicher Mann, mit einer Mähne von rötlichblondem Haar und ebensolchem Bart... Mit strahlenden, blauen Augen war der aus Limbach im sächsischen Erzgebirge Stammende ein richtiger Germane, was ihn jedoch nicht hinderte, Antisemiten gegenüber auf seine Nase zu deuten und zu fragen, ob sie nicht gemerkt hätten, daß er Jude sei?... Mein Vater hatte viel Humor, er war eine sehr suggestive, starke Persönlichkeit und mutete sich, solange er gesund war, auch körperlich sehr viel zu: strahlende Lebensfreude und Zuversicht gingen von ihm aus, wahrscheinlich beruhten hierauf zu nicht geringem Teil seine Heilerfolge.« Angeblich drohte er, sich in die Themse zu stürzen, wenn ihn Hope nicht erhörte.[3] Wie dem auch immer gewesen sein mag: Hope war seit dem 15. Juni 1881 in Franfurt a.Main gemeldet und bereits im Oktober zog Otto Walther bei ihr ein.[4] Ein halbes Jahr später, am 6. Januar 1882, heirateten die beiden in Frankfurt.

Dr. med. Adams stand seit 1882 in Frankfurt am Main als »praktische Ärztin und Geburtshelferin« im Adreßbuch. An einem kleinen, aber bedeutsamen Detail zeigte sich nun Hope Adams Bewußtheit der eigenen Person, die nicht durch eine Heirat aufzuheben war: Ab 1883 stand dort: ›Dr. med. Adams Walther‹; ein solches Beibehalten des Mädchennamens war im Deutschen Reich nicht vorgesehen. Wie provozierend das darin sichtbare Selbstbewußtsein noch zwanzig Jahre später wirkte, macht eine Gerichtsverhandlung des Jahres 1903 sichtbar:[5] Sie war wegen unbefugter Führung des Namens Adams Lehmann angezeigt worden und erhielt einen symbolischen Strafbefehl über eine Mark. Das hinderte sie nicht, ihren Antrag auf Anerkennung ihres Examens ebenfalls mit »Adams Lehmann« zu unterzeichnen.[6]

Wie ihrem Artikel über ›Die Hebammenfrage‹ von 1884 zu entnehmen ist,[7] übte Hope ihren Beruf auch aus, obwohl 1884 ihr Sohn Heinz und 1886 die Tochter Mara zur Welt kamen. Doch ihre akademische Qualifikation bedeutete nicht, daß sie den gleichen Bedingungen unterlag wie ihre männlichen Kollegen. Bis die Ärztinnen ihre deutsche Approbation erhalten konnten, mußten sie offiziell als ›Kurpfuscherinnen‹ arbeiten, d.h. sie durften entsprechend der »Kurierfreiheit«, die in der Gewerbeordnung von 1871 festgeschrieben war, wie Naturheilkundige praktizieren, hatten aber nicht das Recht, den Titel zu führen und ärztliche Funktionen wahrzunehmen.[8] Hope Adams ließ sich daher Rezepte, Impf- und Totenscheine von ihrem in Deutschland approbierten Mann unterschreiben.[9] Weitere Details zu ihrer Tätigkeit in Frankfurt sind nicht überliefert, doch es steht zu vermuten, daß sie mit ihrem Mann eine Doppelpraxis führte. Bis weit ins 20. Jahrhundert hinein bot dies für Ärztinnen eine Möglichkeit, Familie und Beruf zu vereinbaren, auch wenn viele dabei als eine Art gehobene Sprechstundenhilfen ihrer Männer beschäftigt wurden.[10] Von Hope Adams Walther ist dies jedoch nicht anzunehmen.

Frankfurt war nicht nur familiärer Lebensmittelpunkt und berufliches Wirkungsfeld für die beiden Ärzte: Als aktive Sozialdemokraten gerieten sie und ihr Mann während des Sozialistengesetzes dort unter beträchtlichen Druck.[11] Zu ihrem Freundeskreis gehörten bereits damals wichtige Führer der Sozialdemokratie, darunter Wilhelm Liebknecht, Ludwig Opificius und August Bebel, dessen zentrales Buch ›Die Frau und der Sozialismus‹ Hope Adams ins Englische übersetzte,[12] womit sein Siegeszug in der anglo-amerikanischen Welt begann.[13] Auch den Druck des Werkes in England vermittelte sie Bebel, offenbar unter eigenen finanziellen Opfern, wie Bebel an Friedrich Engels schrieb. In diesem Kontext besuchte Hope auch Engels in England, ebenso kurz darauf ihr Schwager Friedrich Walther mit seiner jungen Frau.[14] In Frankfurt leitete sie überdies einen Frauenlesezirkel, zu dem rund 15 Frauen gehörten, die meisten davon Lehrerinnen, die sich[15] – wie den polizeilichen Untersuchungsprotokollen zu entnehmen ist – mit Werken zur Frauenfrage und zur Nationalökonomie beschäftigten, so z.B. mit der »Nationalökonomie« von John Stuart Mill.[15] Dr. Otto Walther kandidierte in Frankfurt am Main 1884 und 1886 für den Stadtrat und wurde als einer der profilierten Sozialdemokraten von der Polizei beobachtet.[16]

Nach der Geburt ihres zweiten Kindes erkrankte Hope Adams Walther an Lungentuberkulose. Die TBC gehörte damals zu den verbreitetsten Volkskrankheiten in Deutschland. Da es kein wirkliches Heilmittel dagegen gab, lag die Sterblichkeitsrate hoch. So war die Lungentuberkulose beispielsweise in Preußen um 1890 bei den 15- bis 30jährigen die wichtigste Todesursache: 44 Prozent aller Todesfälle gingen auf sie zurück.[17] Normalerweise galt die TBC als ›Proletarierkrankheit‹, da die Infektionsmöglichkeit in den engen und oft schmutzigen Wohnungen der Arbeiter besonders groß war. Doch wie nicht zuletzt die schöne Literatur der Zeit lehrt, wurden auch die höheren Stände nicht von der Krankheit verschont. Erst nach dem Zweiten Weltkrieg fand man mit den Antibiotika ein wirksames Heilmittel. Bis dahin wurde vieles probiert. Eine große Bedeutung bei der TBC-Bekämpfung kam später der Verbesserung der sanitären Bedingungen in den Großstädten und der individuellen Hygiene zu. Doch für Ärzte war die Chance natürlich besonders groß, sich anzustecken.

Die Chancen für Hope Adams Walther standen also nicht gut. Mit Hilfe sozialdemokratischer Freunde, darunter dem Führer der badischen Sozialdemokraten, Adolf Geck, fand die Familie auf der Brandeck in der Nähe von Offenburg im Schwarzwald Zuflucht, 550 Meter hoch gelegen.[18] Die beiden Ärzte unternahmen nun den Versuch einer Heilung durch viel frische Luft, Bewegung, sorgsame Schonung und eine gezielte Gewichtszunahme. In einem Nachruf heißt es über diese Zeit:[19] »Der heilkräftigen Höhenluft..., der bewundernswerten Energie der Patientin in der Durchführung der Heilkur und der aufopfernden Pflege des Gatten war es zu danken, wenn es gelang, die schwere Krankheitsgefahr zu bannen und der Leidenden an physischer Gesundheit wenigstens so viel wieder zu geben, daß sie auf volle 30 Jahre hinaus ohne allzu schlimme Beschwerden, wenn auch unter äußerster Ökonomie der Kräfte, ihren an geistiger Arbeit und Anforderungen an Herz und Gemüt so überaus reichen Beruf weiter auszuüben vermochte.« Nach vier Jahren hatte Hope Adams Walther offenbar die Krankheit weitgehend überwunden. Ihre Kur war die Grundlage einer später vielfach kopierten TBC-Heilmethode, die zunächst auf der Brandeck praktiziert wurde.

Im nahe gelegenen Nordrach errichteten die beiden Ärzte nach Hopes Genesung dann ein großes Lungensanatorium.[20] Die Patienten waren nicht in einer zentralen Klinik, sondern in Einzelhäusern, viele davon aus Holz, untergebracht. Die beiden Ärzte wandten sich gegen Liegekuren, weil sie fürchteten, damit das Herz zu schwächen, das später den Anstrengungen eines Berufsalltags nicht mehr gewachsen sei. Sie setzen auf das Wandern, legten Wanderwege an und verteilten Wanderkarten an ihre Patienten. Hygiene und Ernährung nahmen ebenfalls einen wichtigen Platz ein: So war jedes Zimmer mit eigener Dusche ausgestattet, es herrschten Alkoholverbot und klare Diätvorschriften. Wer dagegen verstieß, mußte heimfahren. Clara Zetkin besuchte das Sanatorium wohl Ende 1890 als Patientin,[21] viele andere folgten. Nordrach hatte sich bald einen guten Ruf erworben. Es kamen internationale Gäste, vor allem auch aus England und Frankreich. 1892 besuchte die englische Ärztin Dr. Jane Walker das Sanatorium, die eine wichtige Rolle in der »Socialist Medical Association« spielte und 1892 die erste moderne englische Heilstätte in Downham in Norfolk gründete.[22] Acht der 18 ersten englischen Lungenheilanstalten wurden von Ärzten geführt, die Nordrach besucht hatten, drei von ihnen waren dort selbst wegen Lungentuberkulose behandelt worden.[23] Auch in der Namensgebung wurde dies sichtbar: Die Sanatorien hießen ›Nordrach on-Mendip‹, ›Nordrach-on-Dee‹ oder ›Nordrach-in-Wales‹. Dieser gelungene Transfer ist auf die guten Kontakte von Dr. Hope Adams Walther nach England zurückzuführen.

Für mehrere jungen Männer aus der Gegend bildete Hope immer mehr den bewunderten Mittelpunkt: Eugen und Oskar Geck, Anton Fendrich und Carl Lehmann, rund zehn Jahre jünger als die etwa dreißigjährige Hope und ihr Mann.[24] Anton Fendrich berichtet darüber:[25] »Uneinig waren wir Jungen nur über die Erscheinung der Hope, die doch langsam in den Rang einer Familienheiligen aufrückte. Ihr ruhiges Gesicht entzog sich jedem raschen Urteil. Die lebendige Ebenmäßigkeit ihrer Züge gab Rätsel auf. Wenn man sich

»*H. und C. Schönwald 1895*«. Das unverheiratete Liebespaar Hope Adams Walther und Carl Lehmann im Urlaub

ihr Gesicht manchmal lebhafter wünschte, dann war doch die verborgene Würde der echten Frau jeden Augenblick in ihrer Nähe fühlbar. Mit dem vom Nacken her kurzgestutzten Haar und den unauffällig über die Stirn sich legenden Locken fehlte ihrer mittelgroßen Gestalt die eigentlich weibliche Anmut. Ihre Vorliebe zu Lodenkleidung stand im Gegensatz zu ihrer leichten Erscheinung. Aber aus diesem Antlitz voll Güte und Takt blickten die Augen so zuversichtlich, als ob nichts in der Welt anders als schließlich gut ausgehen könnte. Das waren nicht Signale vorübergehender Stimmungen bei ihr. Es war das Licht eines unveränderlichen Herzenszustandes. Das war ihre Schönheit.« Fendrich schreibt, Hope habe ihnen ein von ihr selbstgeschriebenes Buch gezeigt, ›Ein Winternachtstraum‹, der eine romantische Vision der Zukunft enthielt: »Es war mit vielen Bildern und Plänen geschmückt, die sie im Haus in Aquarell malte und zeichnete. Das waren die Gesichte einer Fabierin, die ihr, im Winter, im Pelzsack in der Hängematte ruhend, über die Zukunft der Menschheit gekommen waren. Denn sie meinte nicht nur die Arbeiter, sondern alle Menschen, alle. Und wenn es auch nur Erfüllung in einem Buch war, daß die Großstädter nur noch in Bezirken lebten, die von Parkanlagen umschlossen waren, die Fabrikschornsteine nur noch weitab von menschlichen Wohnungen rauchten und kein Land der schmucken Arbeiterdörfer ohne Weizenland und Obstbau dastand, es riß uns fünf junge Weltverbesserer mit, und das Herz ging uns auf, auch wenn die Hope sagte, daß sie mit hundert Jahren rechne, bis es so weit sei. Bebel war entrüstet über unsere Schwärmerei für Hopes Buch. Er nannte es eine romantische Flausenmacherei und nahezu Verrat am Prinzip. Aber wir glaubten lieber an die warmherzig gesehenen hundert Jahre der Hope als an das kalt ausgerechnete Jahrzehnt Bebels.« Sie suchte auch ihre jungen Bewunderer zu verstehen und zu beraten. Es sei »eine seltene Form von Selbsterhaltungstrieb bei ihr gewesen«, so Fendrich, »die Gedanken anderer zur Reife zu bringen«.[26] Dies galt auch für den bärenstarken, abenteuerlustigen und freiheitsdurstigen Carl Lehmann, dem Hope Englisch beibrachte und dessen beste Seiten sie auch in anderer Hinsicht zu wecken suchte Gerda Walther schrieb:[27] »Immer wieder erzählte man mir, es sei erstaunlich gewesen, wie dieser Hühne sich von der kleinen Frau leiten ließ«.

Die badischen Sozialdemokraten, so vor allem Adolf Geck, waren engste Freunde des Arztehepaares. Es kamen aber auch immer wieder Genossen wie Wilhelm Liebknecht, Paul Singer, Karl Grillenberger, Franz-Joseph Ehrhardt, August Dreesbach und vor allem Clara Zetkin und August Bebel mit ihren Familien auf die Brandeck, wohl auch, um sich zwischenzeitlich an einem sicheren Ort etwas erholen zu können. Bebels Tochter Frieda blieb wiederholt längere Zeit, ebenso Maxim und Costia Zetkin.

Die Brandeck war also zum konspirativen Treffpunkt geworden. Im Mittelpunkt der Aktivitäten stand in dieser grenznahen Gegend der Schmuggel der verbotenen Zeitung ›Der Sozialdemokrat‹ zunächst aus Zürich, später aus England über die Schweiz ins Deutsche Reich. Die »rote Feldpost« hatte ihre Strategen in Julius Motteler und Joseph Belli gefunden, die dies in großem Stil organisierten.[28] Adolf und Josef Geck sowie Carl Lehmann hatten an Transport und Verbreitung großen Anteil. Das entging der Polizei nicht und es kam Anfang September 1888 zur Hausdurchsuchung auf der Brandeck, wo alle Betroffenen aus und ein gingen. Otto Walther wurde verhaftet, ebenso Adolf Geck, Carl Lehmann und 13 weitere.[29] Otto Walther wurde nach sechs Wochen Untersuchungshaft freigelassen, die übrigen mußten noch länger warten, bevor ihr Prozeß stattfand: der große ›Freiburger Sozialistenprozeß‹.[30] Es ging

»*Gengenbach Villa Oréans. Elisabeth, Loge, Maria, Marie Oréans, Mutter, Carl Oréans, Clara Oréans, Bertha Oréans, C. 1894.*« Carl Lehmanns Familie, von der Mitte ausgehend im Uhrzeigersinn benannt; Maria Blei und Bertha Oréans waren seine Schwestern, »Loge« Franz Blei sein Schwager

dabei um Schmuggel und Verbreitung sozialdemokratischer Schriften, besonders des ›Sozialdemokrat‹.

Mit Blick auf den bevorstehenden Prozeß schrieb Hope für Adolf Geck zusammen, was sich so in den letzten Monaten des Jahres 1888 auf der Brandeck ereignet hatte. Es wird ein reger freundschaftlicher Austausch sichtbar, der jedoch politisch eher harmlos wirkt. Hier ein Ausschnitt:[31] »Mai, 31. Donnerstag. Fronleichnamsfest. Du kamst mit einem Wagen zu Haber Lenz und fuhrst mich, die Tante und die Kinder nach Gengenbach. Am selben Tag machte Otto mit Carl und einigen anderen Bekannten eine Partie nach der Moos, und Carl verstauchte sich den Fuß und blieb oben. ...Juni,13. Mittwoch. Carl ließ ein Faß Bier heraufschicken. Du, Eugen, Börner, Schürmann und Hansert waren den Abend auf der Brandeck und gingt erst den nächsten Morgen herunter....24. Sonntag. Otto fuhr nach Baden-Baden...30. Samstag. Bebel war in Offenburg. Juli. 1. Bebel, du und Carl kamen früh zusammen auf die Brandeck. Nachmittags gingst du allein nach Durbach zum Buchdruckerfest. 2. Montag. Bebel reiste ab und traf dich, glaube ich, noch in Offenburg... 31. Dienstag. Frau Bebel und Frieda kamen an....5. Sonntag. Nachmittags gingen wir mit dir, Carl, Frau Bebel und Frieda und den Kindern nach Reichenbach. Es war eine sehr schöne Partie...«

In der Anklageschrift des Prozesses ging es dann zur Sache. So heißt es hier, die Angeschuldigten, darunter Carl Lehmann, seien hinreichend verdächtig, daß sie »Mitte Juli d. J. in Lörrach bzw. in Offenburg verbotene socialdemokratische Druckschriften, insbesondere die Zeitung ›Socialdemokrat‹ und eine Reihe von Heften der Socialdemokratischen Bibliothek ... in gemeinschaftlicher Ausführung ... im Gebiet des Deutschen Reiches verbreiteten, indem (sie)... infolge eines ihnen über Zürich zugegangenen Auftrages im Einverständnis der angeführten Offenburger Personen etwa 40 Kilo solcher verbotener Druckschriften zu verschiedenen Malen aus Basel über die Grenze zunächst in die Wohnung der ... Eheleute in Lörrach schafften, dort in einem von M. beigeschafften Koffer des K. ...verpackten, und indem sodann die Ehefrau P. mit Wissen und Willen der übrigen Beteiligten am 17. Juli den genannten Koffer im Gewicht von 50 kg als Passagiergut im Bahnhof von Lörrach nach Offenburg aufgab u. am selben Tage den Kofferschlüssel, sowie den von ihr seitens der Bahn behändigten Gepäckschein in Gemeinschaft mit Orgelbauer Bickel in einem eingeschriebenen Brief von Basel aus an die ihnen über Zürich zugegangene Adresse der Frau Zwick nach Offenburg übersandte, woselbst sodann der Inhalt des Koffers von Geck, Frau Zwick, Basler und Lehmann in Empfang genommen und weiter, besonders nach Stuttgart verbreitet wurde.«

Die Verhandlung dauerte mehrere Tage und einige der Angeklagten erhielten mehrmonatige Gefängnisstrafen, darunter auch Adolf Geck. Carl Lehmann gelang es, sich herauszuwinden. Nach der Verhandlung erklärte er seinen Freunden, »er habe selbst nicht gewußt, daß er so unschuldig sei«. Eugen Geck schrieb viele Jahre später, gerade Lehmann habe sehr viel auf dem Kerbholz gehabt, es sei ihm jedoch gelungen, dies den Richtern zu verheimlichen.[32] Adolph Geck mußte seine Haft teilweise in Freiburg absitzen; seine Freunde von der Brandeck schrieben ihm regelmäßig. Nach seiner Freilassung reisten er und auch Lehmann im Juli 1889 zum Internationalen Arbeiterkongreß nach Paris, angeblich fuhr Lehmann danach noch nach London.[33]

Nach seiner Rückkehr wurde Carl Lehmann Verwalter in Nordrach. Wann genau aus kameradschaftlicher Verbundenheit und

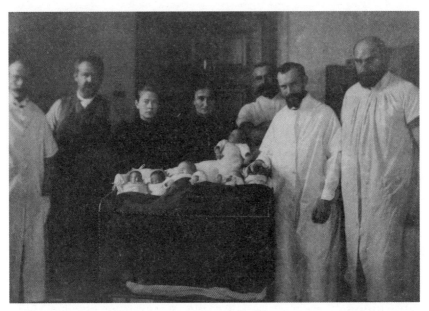

»*Geburtshilfliche Klinik (Freund) in Strassburg, 1894. C. Aerzte, Personal, Drillinge*«. Eindrücke aus Carl Lehmanns Studienzeit

vertrautem täglichen Umgang Liebe wurde, ist nicht überliefert. Offenbar gefiel der kraftvolle und lustige Carl Lehmann Hope von Anfang an gut.[34] Der am 8. Juli 1865 geborene Lehmann hatte trotz seiner Jugend zu diesem Zeitpunkt schon ein recht abenteuerliches Leben hinter sich:[35] Er war der Sohn des Offenburger Gerbereibesitzers Roman Lehmann, der in seiner Heimatstadt auch als Stadtrat für das Zentrum wirkte. Aus Protest gegen das gutbürgerliche Elternhaus und die Schule warf Carl angeblich ein Tintenfaß auf seinen Lehrer und wurde daraufhin von der Schule verwiesen, ebenso aus einem Internat in der Nähe von Ludwigsburg. In einer Realschule in Göppingen erwarb er doch noch sein Abitur. Nach dem Wehrdienst in München lernte er in der Gerberei des Vaters, begab sich dann auf Wanderschaft bis nach Skandinavien. Nach seiner Rückkehr geriet der rauflustige Hüne in einem Wirtshaus mit einem Polizisten aneinander. Um einer Verurteilung zu entgehen, wandte er sich nach Zürich. Dort bot er sich der sozialdemokratischen ›Roten Feldpost‹ an. Im ihrem Auftrag ging er zunächst nach Hamburg,[36] danach arbeitete er im Ruhrgebiet in einem Bergwerk, bevor er wieder in Offenburg als Druckschriftenschmuggler tätig wurde. 1889 schrieb er sich in Halle als Student der Landwirtschaft ein, ab 1890 studierte er Medizin in Straßburg.[37]

In ihm fand Hope Adams, wie sie ein viertel Jahrhundert später schrieb, das »Glück ihres ganzen Lebens«,[38] mit ihm lebte sie bis zu seinem Tod 1915 in engster persönlicher und beruflicher Gemeinschaft, er war der Mann, der sie bewunderte, aber auch stützte und ermutigte.[39] Vielleicht gab er ihr in seiner Verschiedenheit das, was ihr fehlte; verbindend wirkte sicherlich der gemeinsame Glaube an die Gestaltbarkeit der Zukunft.[40]

Als Hope sich wegen Carl Lehmann von ihrem Mann trennen wollte, verweigerte er das, wohl auch, weil er sie in dem Sanatorium dringend brauchte; dies vermutet jedenfalls seine Tochter Gerda.[41] Erst 1896, als auch er eine neue Partnerin gefunden hatte, konnten Hope Adams und Carl Lehmann heiraten. Die beiden Kinder lebten seitdem während der Schulzeit bei der Mutter und in den Ferien beim Vater, schulische Fragen klärte man gemeinsam – ein für die damalige Zeit, in der »schuldig« geschiedenen Frauen meist nicht einmal das Besuchsrecht eingeräumt wurde, höchst ungewöhnliches Modell.[42] Hope erhielt für ihren Beitrag zum Aufbau des Lungensanatoriums überdies einige Jahre lang von ihrem ehemaligen Mann Geld überwiesen. Doch Otto Walther verzieh nicht: Wenn in der Pubertät der Kinder oder später Probleme auftauchten, schob er das meist auf den »schlechten Einfluß« durch Hope und er verbot seiner Tochter aus seiner zweiten Ehe, Gerda, zu deren Leidwesen jeden Kontakt mit Hope.[43] Heinz Walther wurde später Arzt und auch die Tochter Mara machte in München Abitur und studierte Medizin.

Doch Mara kam, wie ihre Halbschwester Gerda berichtet, offenbar weder mit ihrer starken Mutter noch mit der Scheidung der Eltern zurecht. Rosa Luxemburg schrieb 1907 an ihren Freund Hans Diefenbach: »Was Du über Fräulein Mara schreibst, scheint mir drollig...Tatsache ist, daß die Mutter an August (Bebel) einen langen Klagebrief über sie geschrieben hat, das Mädchen wolle gar nicht mehr arbeiten und sei offenbar ›nicht in Ordnung‹. Dasselbe hat an ihr auch ihr Vater bemerkt und klagte bei August wiederum über ihre Vernachlässigung durch die Mutter. Der Schluß ist, daß die Mutter ihr verbietet, nach Berlin zu gehen, und nur bereit ist, sie nach London oder Leipzig (in tantliche Obhut) gehen zu lassen. Das arme Mädchen will aber nach Berlin. Mir tut sie leid, sie sollte sich doch freimachen und dann basta.« Letztlich setzte sich Mara durch und studierte in Berlin weiter. Dort lernte sie auch ihren zukünftigen Mann kennen, Dr. Angel Carlos Maggiolo, Professor für Innere Medizin an der Universität Montevideo, auf Rundreise durch europäische Hauptstädte zum Studium von Laboreinrichtungen. Sie hei-

»*Heinz und Mara im Garten, Gabelsberger Str. 20 a, München 1898*«.
Während der Schulzeit lebten die Kinder aus erster Ehe bei Hope und Carl Lehmann in München

ratete ihn 1909 und ging mit ihm nach Uruguay; dort wurde sie sehr katholisch und bekam acht Kinder. Ihr innerer Konflikt mit der dominanten Mutter löste sich auch später nicht; so verbrannte sie vor ihrem Tod ihre gesamte Korrespondenz mit der Mutter.[44]

Es war Hope Bridges Adams Lehmann also nicht gelungen, die Tochter mit ihrem Leben zu versöhnen. Die Scheidung der Eltern hatte für Mara eine andere Bedeutung, als sich dies die Mutter wünschen konnte und Carl Lehmann blieb für Mara derjenige, der die Ehe der Eltern zerstört hatte. In ihrem eigenen Leben entfernte sie sich offenbar räumlich und von den Lebenskonzepten her so weit wie möglich von der Mutter. Damit werden Schwachpunkte der mütterlichen Zuwendung sichtbar, die wohl nicht auf der intellektuellen, wohl aber auf der emotionalen Seite das Verhältnis zur Tochter trübten.

In den Jahren ihrer schwierigen Ehesituation zwischen 1890 und 1895 schrieb Hope Adams ihr umfänglichstes publizistisches Werk: »Das Frauenbuch. Ein ärztlicher Ratgeber für die Frau in der Familie und bei Frauenkrankheiten.«[45] Es erschien 1896 in zwei Bänden in Stuttgart und erlebte allein innerhalb des ersten Jahres sechs Auflagen. In kurzer Zeit waren 40 000 Exemplare verkauft. Deshalb gab die Verfasserin ein Jahr später eine rund siebenhundertseitige Kurzfassung heraus, »Die Gesundheit im Haus. Ein ärztliches Hausbuch für die Frau«.[46]

Beide Bücher sollten medizinisches Grundwissen vermitteln, sie wollten aufklären und zu richtigem Verhalten anleiten. Es ging dabei nicht nur um Gesundheitsfragen im engeren Sinne, also um Ursachen und Bekämpfung von Krankheiten, das Spektrum reichte vielmehr von richtiger Ernährung, Bewegung und Kleidung bis zu Erziehung, Hygiene und Sexualverhalten; damit war das Buch Teil der Hygieneerziehung der Zeit – mit dem großen Unterschied gegenüber anderen Publikationen, daß es sich speziell an Frauen richtete.[47] Die Entstehung, Erkennung und Verhütung von Geschlechtskrankheiten bei Mann und Frau wurden ausführlich erklärt, ebenso andere, oft schamhaft verschwiegene Frauenkrankheiten. Das Buch enthielt Bezugsadressen für Verhütungsmittel, es nahm Stellung zu Onanie und gleichgeschlechtlicher Liebe. In der Unwissenheit vieler Frauen sah die Autorin die größte Gefahr für Gesundheit und Partnerschaft.

Daher beginnt ihr Buch so: »Nachdem ich eine Reihe von Jahren in der Praxis gestanden hatte, lernte ich die Kranken, welche zu mir kamen, in drei Klassen einzuteilen. Die kleinste umfaßte diejenigen, deren Leiden weder durch die Kranken selbst, noch durch ihre Umgebung, noch durch die öffentliche Gesundheitspflege hätten abgewendet werden können. Die größte umfaßte diejenigen, deren Leiden durch unsere gesellschaftlichen Einrichtungen verschuldet werden, und gegen welche der Einzelne nichts vermag. Und die dritte, auch noch große, umfaßte diejenigen, deren Leiden durch die Unwissenheit von Kranken und ihrer Angehörigen zu Stande kommen. Besonders als Ärztin, im Verkehr mit kranken Frauen und Kindern, hatte ich täglich Gelegenheit, Zustände zu beobachten, welche für die Betreffenden die traurigsten Folgen gehabt hatten und noch haben würden, und welche durch ein verhältnismäßig geringes Maß von Sachkenntnis zu verhüten gewesen wären.«

Im ersten Band sollten die Frauen daher die Grundkenntnisse über das Knochensystem, die Muskeln, den Blutkreislauf, die Atmung, das Nervensystem, über die Sinnesorgane, die Ernährung und Ernährungskrankheiten, über Infektionen und Infektionskrankheiten sowie über Verletzungen und Vergiftungen kennen lernen, wie sie die Schule nicht vermittelte, wie sie aber zum Erkennen und richtigen Einschätzen von Krankheiten wichtig sind. Im zweiten Band geht es dann um die Frau selbst und ihre Krankheiten, illustriert mit vielen medizinischen Zeichnungen. Neben den Beschreibungen finden sich immer wieder weit über das Medizinische hinaus führende Bemerkungen, die deutlich machen, wie eng Hope Adams die Unkenntnis der Frauen über ihren Körper mit der Unwissenheit in den Fragen des geschlechtlichen Zusammenlebens und damit auch mit dem Unglück vieler Frauen in Liebe und Ehe in Zusammenhang brachte.

In mancher Hinsicht drehten sich dabei die Sichtweisen diametral um: Wurde zeitgenössisch oft der Frauenkörper, vor allem der von Prostituierten, als die gefährliche Quelle von Infektionen des Mannes beschrieben,[48] so ist es bei ihr der Mann, der die ahnungslose Frau in der Ehe mit Geschlechtskrankheiten ansteckt und damit möglicherweise ihr Siechtum verschuldet. Hope Adams Lehmann bleibt jedoch nicht bei dieser einseitigen Sichtweise stehen, nein, sie fordert die Frau auf, dem Mann eine vollwertige Liebespartnerin zu werden, um so die Prostituierte – und damit auch die Ansteckungsgefahren – zu verdrängen.

Im Schlußwort schreibt sie: »Und jetzt sammeln wir die Fäden, die in den vorangehenden Kapiteln nebeneinander herlaufen. Der Hauptfaden, der rote Faden, ist die Vermeidbarkeit der Krankheiten. Mit wenigen Ausnahmen haben wir sämtliche Gesundheitsstörungen auf zwei Ursachen zurückführen können, nämlich auf Unterernährung und Infektion. Wie diese einwirken und wie sie zu bekämpfen sind, ist der eigentliche Inhalt des Frauenbuches... An Stelle von Hausmitteln gegen Krankheiten stehen Angaben über eine Lebensweise, wodurch Krankheiten verhütet werden. Denn die Heilung ist Sache des Arztes, die Verhütung aber ist Sache eines Jeden.« Durch ihr Buch möchte sie die Frauen dazu bringen, die Schwere ihrer Erkrankung erkennen zu können und damit rechtzeitig zum Arzt zu gehen, gleich ob männlichen oder weiblichen Geschlechts. Doch gegen Tuberkulose und ansteckende Geschlechtskrankheiten sei die Gesellschaft noch machtlos. Deren Beseitigung bleibe kommenden Zeiten vorbehalten. Bis dahin müsse man jedoch dafür sorgen, daß die eigenen Kinder diese zukünftige Gesellschaft möglichst gut vorbereitet erreichen könnten.

Mit diesem Buch legte Hope Bridges Adams den Grundstein für ihre Tätigkeit als Publizistin. Sie, die gebürtige Engländerin, schrieb ein hervorragendes Deutsch und sie nahm, vielleicht gerade wegen ihrer Zweisprachigkeit, Stilfragen sehr ernst.[49] Die Titel vieler ihrer Aufsätze und Rezensionen, die sie in den folgenden Jahren vor allem in der ›Neuen Zeit‹ und den ›Sozialistischen Monatsheften‹ veröffentlichte, sind bereits Programm: ›Mann und Weib‹, ›Frauenstudium und Frauentauglichkeit‹, ›Das Weib in seiner Geschlechtsindividualität‹, ›Die sogenannte Naturheilkunde‹, ›Der Vegetarismus‹, ›Der Säugling und seine Ernährung‹, ›Zur Psychologie der Frau‹, ›Die Frau vor der Wissenschaft‹, ›Die Vorbereitung der Frau zur Lebensarbeit‹, ›Neue Geschlechtsbahnen‹, ›Das Weib und der Stier‹, ›Mutterschutz‹, ›Die Arbeit der Frau‹, ›Das wilde Heer‹, ›Gesundheitspflege für die arbeitenden Klassen‹, ›Die Schule der Zukunft‹, ›Sexuelle Pädagogik‹, ›Beruf und Ehe‹, ›Die Unterbrechung der Schwangerschaft‹.[50] Auch in der Münchener Post erschienen immer wieder Artikel, die vermutlich aus ihrer Feder stammten.[51] Sie faßte also ihre Aufgabe als Ärztin weit. Durch das Schreiben erreichte sie ein großes Publikum und machte sich einen guten Namen, der auch ihre Praxis förderte.

Mit etlichen ihrer Artikel griff sie aktuelle Themen auf, die in der Sozialdemokratie diskutiert wurden. Das betraf zum Beispiel die Naturheilkunde, gegen deren positive Rezeption durch die Arbeiter sich sozialdemokratische Ärzte vehement einsetzten.[52] Es ging ihnen dabei um die Professionalisierung der Gesundheitspflege und der ärztlichen Versorgung für die Arbeiter, die durch die autodidaktischen »Kurpfuscher«, denen die Arbeiter oft mehr vertrauten als akademischen Ärzten, gefährdet schien. Ein anderes Thema war Mütterschutz und Säuglingspflege;[53] dabei stand die Bemühung im Vordergrund, die hohe Säuglingssterblichkeit zu senken, dies durch bessere Ernährungsbedingungen für die Arbeiterfrauen, aber auch durch eine vernünftige Milchversorgung.[54] Und immer wieder ging es ihr um die Verbesserung der sozialen Hygiene, wie sie im Deutschen Reich Alfred Grotjahn und in München Mieczyslaw Epstein vertraten.[55]

Als sich Hope Adams Lehmann 1896 mit Carl Lehmann in München als erste Ärztin niederließ, durften sich Frauen in Deutschland immer noch nicht an Universitäten immatrikulieren, sie konnten keine Staatsexamina ablegen und nicht den Doktortitel erwerben, es gab keine Approbation für weibliche Ärzte und erst nach einem Bundesratsbeschluß von 1899 durften Frauen in Deutschland medizinische Staatsexamina ablegen.[56] Im Jahr 1894 war der Chefarzt der Münchner Universitäts-Frauenklinik, Professor Franz von Winkkel, noch deutlich vom bayerischen Kultusministerium gerügt worden, weil er einige im Ausland promovierte Frauen – darunter Sophie Nordhoff aus den USA – für je zwei Monate an seiner Klinik hatte volontieren lassen; die Klinik sei ein »Universitäts-Attribut« und »nach ihrer Zweckbestimmung nur Universitätsstudierenden zugänglich«.[57] Fast zwanzig Jahre lang hatte sich also wenig bewegt, war es doch bereits Mitte der siebziger Jahre Franz von Winckel gewesen, der als erster deutscher Klinikchef in Dresden angehenden Medizinerinnen die Möglichkeit des Praktizierens geboten hatte. Und noch 1904 mußte sich Hope Adams Lehmann, die zu der in der Schweiz promovierten Ärztinnengeneration gehörte,[58] nach einer Denunziation vor Gericht dagegen verteidigen, sie habe unberechtigt den Doktortitel geführt und sich ohne Approbation als Geburtshelferin betätigt.[59]

Dennoch plädierte Dr. Hope Bridges Adams Lehmann bereits 1896 in der ›Deutschen Medizinischen Wochenschrift‹ für die Gleichbehandlung männlicher und weiblicher Ärzte:[60] »Im allgemeinen ist es nicht wahr, daß Frauen sich scheuen, sich von männlichen Ärzten behandeln zu lassen, und es wäre schwer einzusehen, weshalb sie sich scheuen sollten. Die Wissenschaft hat kein Geschlecht. Ebensowenig aber ist einzusehen, weshalb die Männer sich scheuen sollten, sich von weiblichen Ärzten behandeln zu lassen. Das Geschlecht hat in dem einen Fall sowenig zu sagen wie in dem anderen. Auf die Leistungsfähigkeit allein kommt es an.«[61] Stimmte das oder war es zu dieser Zeit noch Wunschdenken? Darüber äußerte sich Adams Lehmanns Kollegin Rahel Straus,[62] die 1908 ihre Praxis in München eröffnete: »Patienten, die zu einer Ärztin kamen, waren in erster Linie berufstätige Frauen der gebildeteren Klasse: Lehrerinnen, Sekretärinnen, gehobene geschäftliche Angestellte. Sie, die zu sich selbst Vertrauen hatten, hatten auch Vertrauen zu der Frau, die sie beraten sollte. Dann kamen Frauen des kleinen Mittelstandes – sie sahen im Mann oft so etwas wie einen Gegner, der auf sie herabsah, der sie nicht ernst nahm. Dann kam die christliche bürgerliche Frau aus dem Mittelstand, nicht die reiche Frau, und zu allerletzt kam die jüdische Frau; sie fand den Weg zur Ärztin am schwersten.«[63] Männer kamen jedenfalls nicht zu den ersten Ärztinnen, die daher meist auf Frauenkrankheiten und Geburtshilfe beschränkt blieben.

Die ersten akademisch ausgebildeten Medizinerinnen praktizierten vorwiegend in Großstädten; hinter Berlin stand München dabei an zweiter Stelle.[64] Mit seinen Universitätskliniken, städtischen Krankenhäusern und privaten Heilanstalten stellte es einen guten Arbeitsmarkt für angehende Ärzte dar.[65] Der Beruf wurde, nachdem 1903 in Bayern die Zulassung zum Studium erreicht war, für Frauen immer attraktiver. Das Medizinstudium bot die Möglichkeit akademischer Qualifikation in einer geschlechtsspezifischen Nische, denn kaum einer stellte letztlich ernsthaft die grundsätzliche weibliche Befähigung zum Heilberuf in Frage. Das Bild der Mann und Kinder pflegenden und umsorgenden Frau war fester Bestandteil bürgerlicher Wertvorstellungen und gehörte zum Repertoire von Unterhaltungsromanen, Medizinratgebern und illustrierten Zeitschriften. Angehende Ärztinnen mußten daher nicht von vorne herein befürchten, aufgrund ihres Studiums ganz und gar ihre weibliche Identität einzubüßen.[66] Im Gegensatz zu dem zweiten gesellschaftlich akzeptierten Feld weiblicher Betätigung, dem Beruf der Lehrerin,[67] gab es bei den Medizinerinnen überdies keine Verpflichtung zu zölibatärer Lebensweise; ein beträchtlicher Teil der praktizierenden Ärztinnen war verheiratet. Hier entstand also ein neuer weiblicher Lebensentwurf: Akademisch qualifizierte Frauen gingen einer anstrengenden, aber hoch angesehenen Tätigkeit nach und verzichteten, wie Hope Adams Lehmann, trotz aller damit verbundenen Probleme nicht auf Ehe und Familie.

So war zwar die zweite in München praktizierende Ärztin, die als Schulärztin arbeitende Mally Kachel,[68] unverheiratet, aber die drit-

»H. im Sprechzimmer. 1901«

te, Rahel Straus, hatte eine große Familie und führte ein reges gesellschaftliches Leben.⁶⁹ Sie schrieb dazu: »Ich habe es immer bedauert, wenn ich sah, wie schnell andere Studentinnen, wenn sie einen Mann gefunden hatten, auf ihren eigenen Weg verzichteten. Ich kann es halt nur so erklären, daß ihr inneres Verhältnis zum Beruf, den sie erwählt hatten, eben doch nur schwach war, ein Ersatz, nie eine Notwendigkeit. Jedenfalls ich habe es nie bereut, auf diese Weise ein ganzes, erfülltes Leben gehabt zu haben, wie es Frauen kaum je vergönnt ist. Ein voll erfülltes Frauenleben an der Seite eines geliebten Mannes und einen großen selbständigen Wirkungskreis als Ärztin.« Dem hätte Hope Adams Lehmann sicherlich ganz und gar zugestimmt.

Hinweise über die Art der Praxis, die sie in München führte, verdanken wir unter anderem polizeilichen Vernehmungen: Arztkollegen, Patientinnen und auch sie selbst sagten in dem Verfahren aus, das 1914/15 wegen »Verbrechen wider das Leben« gegen sie lief.⁷⁰ Daraus lassen sich einige Informationen gewinnen: Hope führte mit ihrem Mann eine Gemeinschaftspraxis, mit einem gemeinsamen Sprechzimmer und gemeinsamer Buchführung.⁷¹ Zwischen 1898 und 1905 war im Stadtadreßbuch jedoch nur Carl Lehmann zu finden, zunächst mit dem Zusatz »Praktischer Arzt, Kassenarzt«, dann

»Allgemeine Praxis und Spezialarzt für Chirurgie«. Erst 1906, nachdem Hope Adams Lehmann ihre Approbation erhalten hatte, war auch ihr Name als »Praktische Ärztin und Frauenärztin« dort aufgeführt.[72] Wie viele Kollegen berichteten, hatte sich Hope Adams Lehmann durch ihre Hilfsbereitschaft und Tüchtigkeit einen hervorragenden Ruf erworben und genoß ein »außerordentliches Ansehen«.[73] Sie sei, so Miezyslaw Epstein, »opferfreudig und uneigennützig«, sowie »außerordentlich gewissenhaft«. Professor Gustav Klein, Leiter der gynäkologischen Poliklinik, bezeichnete Adams Lehmann als »Arzt von großen Kenntnissen und vorzüglicher wissenschaftlicher Ausbildung«.

Der Tag begann für die Ärztin früh: Zwischen sieben und acht Uhr Morgens verließ sie jeweils ihre Wohnung in der Gabelsbergerstraße und fuhr mit dem eigenen Auto in das Krankenhaus des Roten Kreuzes an der Nymphenburger Straße. Dort operierte sie vormittags oder besuchte ihre Patientinnen, ebenfalls mit dem Auto.[74] Inzwischen hielt Carl Lehmann morgens von 8 bis 9 Uhr Sprechstunde in der gemeinsamen Praxis, ebenso nachmittags außer Sonn- und Feiertags von 14 bis15 Uhr. Ihre Sprechstunde begann um 15 Uhr und dauerte offiziell bis 17 Uhr, Freitags bis 18 Uhr. Doch manchmal ging es bis elf oder zwölf Uhr abends.[75] Dazu Dr. Rudolf Schollenbruch, praktischer Arzt in München-Giesing:[76] »Frau Dr. Lehmann hat eine außerordentlich große Praxis; mir haben Patientinnen erzählt, daß sie von 3 Uhr nachmittags bis nachts 11 Uhr warten mußten und daß Frau Dr. L. trotz sichtlicher völliger Erschöpfung ihre Sprechstunde fortgehalten habe. Von sehr vielen Patientinnen wurde mir die Pflichttreue und die ungewöhnliche Sorgfalt und Gründlichkeit, mit der Frau Dr. Lehmann sie untersuchte, aufs wärmste gepriesen.«

Was verdiente eine Ärztin wie Hope Adams Lehmann mit ihrer unermüdlichen Arbeit? Die Verdienstmöglichkeiten für niedergelassene Ärzte insgesamt lassen sich nur schwer eruieren.[77] Eine gutgehende Privatpraxis konnte sehr lukrativ sein, aber auch Kassenpatienten sorgten für ein regelmäßiges Einkommen. Da die Zahl der pflichtversicherten Patienten ständig zunahm, wuchs die Bedeutung der Kassenzulassung für Ärzte.[78] Es gab dafür im Deutschen Reich eine Vielzahl unterschiedlicher Modelle: Die meisten Kassen stellten ursprünglich bestimmte Ärzte an, zu denen die Versicherten gehen mußten, wollten sie ihre Kosten von der Krankenkasse bezahlt bekommen. Dagegen wandte sich der ›Verein für freie Arztwahl‹, der in München ungewöhnlich früh zu Abschlüssen mit den

Kassen gelangte.[79] Dies gab auch den Ärztinnen bessere Chancen der Kassenzulassung: Sie wurden von den Kassen, die mit dem Verein zusammenarbeiteten, ohne Probleme akzeptiert.[80] So auch sehr früh Hope Adams Lehmann. In Würzburg hingegen blieb noch über Jahre gerade für verheiratete Ärztinnen offenbar die Kassenzulassung so gut wie unmöglich:[81] Ein Beruf, so die dahinter sichtbare Argumentation, sei nicht mit dem Hauptberuf einer Ehefrau und Mutter zu vereinbaren. Voraussetzung für die Zulassung war in aber jedem Falle die Approbation: Bevor Frauen in Deutschland approbiert werden konnten, scheiterten die vereinzelten Versuche von Krankenkassen, Frauen als Kassenärztinnen für ihre weiblichen Mitglieder anzustellen, an den Einsprüchen der Aufsichtsbehörde, die oft von den Ärztevertretern aus Konkurrenzneid auf die Spur gesetzt wurde.[82]

Über Hope Adams Lehmanns Verdienst zumindest im Jahr 1914 sind wir etwas genauer informiert. Sie selbst gab an, nach Abzug der großen Unkosten für die Wohnung, das Auto (das Ehepaar Lehmann besaß es wohl seit 1906[83]), ein zweites Dienstmädchen für die Praxis und ärztliche Instrumente nur noch so viel Geld übrig gehabt zu haben, um 2400 Mark im Jahr für eine Altersversicherung bezahlen zu können.[84] Das ist nicht unglaubwürdig, bedenkt man ihren großen Einsatz für wenig bemittelte Patientinnen. Sie machte auch konkrete Angaben über die Kostenerstattung durch die Krankenkassen: »Von der Kasse konnte ich für eine Ausräumung des Uterus, wenn sie von der Vagina aus, also ohne Schnitt erfolgte, früher zehn Mark, seit heuer 15 Mark beanspruchen. In diesen Fällen habe ich häufig noch draufbezahlt, da ich dem zweiten zur Operation zugezogenen Arzt zehn Mark und dann, wenn Narkose notwendig war, auch dem narkotisierenden Arzt zehn Mark zu bezahlen hatte... Bei Operationen, bei denen es sich nicht nur um Ausräumung der Gebärmutter, sondern auch um Entfernung des supravaginalen Teiles der Gebärmutter handelte u. bei denen daher der Leibschnitt erfolgen mußte, konnte ich von der Kasse 50 Mark beanspruchen; hiervon blieben mir nach Auszahlung von je 10 Mark für den assistierenden und den narkotisierenden Arzt noch 30 Mark; Narkose war allerdings nicht immer notwendig. Privatpatientinnen waren es nicht viele. Für eine Ausräumung von der Vagina aus beanspruchte ich zwischen 30 bis zu 200 Mark, je nach den Vermögensverhältnissen der Patientin; für Fruchtentfernung mit Leibschnitt beanspruchte ich zwischen 100 und 1200 Mark. Den letzteren Betrag, den ich nur bei einem einzigen Falle bei einer Versicherungsdirektorsfrau K. verlangte, habe ich aber nicht erhalten; der Ehemann teilte mir mit, daß ich seine Verhältnisse überschätzt hätte; ich forderte ihn auf, die Gebühr selbst nach seiner Vermögenslage zu berechnen, worauf er mir 900 Mark schickte. Dieser Fall ist der einzige, in dem ich 900 M bekam; in einem anderen Fall habe ich 600 Mark beansprucht, aber nur 200 Mark bekommen; die weitaus meisten Fälle bewegen sich zwischen 100 und 200 Mark. Man darf also nicht etwa glauben, daß ich zahlreiche Operationen gemacht hätte, bei denen gleich Hunderte von Mark für mich herausgesprungen wären. Die vielfach verbreitete Anschauung, daß ich eine sehr einträglich Praxis gehabt hätte, ... ist ein großer Irrtum.«

Wer waren nun ihre Patientinnen, welche Krankheiten hatten sie, wie erlebten sie die Ärztin? Vieles ist im Einzelnen nicht mehr nachvollziehbar und auch die überlieferten Aussagen sind oft unpräzis, da sie in einer besonderen Situation, nämlich während polizeilicher Vernehmungen, entstanden sind. Doch manches ist daraus doch zu entnehmen. So meinte Mieczyslaw Epstein, da Hope Adams Lehmann einer der ersten weiblichen Ärzte Deutschlands sei, gingen »gerade zu ihr Frauen, noch dazu in solch heiklen Angelegenheiten, lieber als zu einem männlichen Arzt. Das von ihr verfaßte, für Frauen bestimmte populäre Werk hat ebenfalls dazu beigetragen, ihren Ruf gerade bei den weiblichen Patientinnen zu begründen. Sie hat also auf diese Weise einen großen Patientinnenkreis, wie ihn kaum ein anderer Münchner Arzt aufzuweisen hat.«

Zunächst war es offenbar unter den wohlhabenden Frauen Mode, zu ihr zu gehen: »Konsultiert wird Frau Dr. Lehmann-Adams vorzugsweise von Damen besseren Standes und hat dieselbe reichlich zu tun«.[85] Doch das wandelte sich. Daran war vor allem ihre soziale Grundeinstellung schuld. Dr. Anton Hengge berichtete darüber:[86] »Ich bin überhaupt der Anschauung, daß sich der Krankenkreis, der von Frau Dr. Lehmann behandelt wird, im Laufe der Jahre geändert hat: Die Gepflogenheit der Frau Dr. Lehmann, zwischen ihren Patientinnen, gleichgiltig ob zahlende oder Krankenkasse oder überhaupt Arme, bei Abhaltung der Sprechstunden durchaus keinen Unterschied zu machen, hat wohl viele Patientinnen, die den begüterten Klassen angehören, von ihr weggetrieben. Dr. L. hält nicht gesonderte Sprechstunden für Kassenmitglieder, und besteht darauf, daß alle Patientinnen, gleichgiltig wer sie sind, in der Reihenfolge vorgelassen werden, wie sie sich eingefunden haben; da muß natürlich die reiche Dame auf die arme Frau warten, was manche Patientin verschnupft. Hinzu kommt, daß Frau Dr. Lehmann sich um ihre armen Patientinnen nicht nur in ärztlicher Beziehung, sondern auch anderweitig sehr bemüht, ihnen Stiftungsgelder zu verschaffen sucht, Arbeitsgelegenheit vermittelt, für manche auch im Roten Kreuz bezahlt; das bewirkt, daß sich die Armen besonders zu ihr drängen.«

Aus den Angaben, die Hope Adams Lehmann über ihre Patientinnen machte, sowie aus den Vernehmungen, läßt sich weiteres rekonstruieren. Zunächst Auszüge aus ihren Aufzeichnungen von 1914: »Frau T. Sch., Zeitungsträgerin, Alter 43, 13 Geburten, 7 lebende Kinder, Bei den vier letzten Geburten Placentalösung mit schwerer Blutung«, »Frau E.K., Tagelöhnersfrau, Strickerin, Alter 44, 12 Geburten, 6 lebende Kinder. 10., 11. und 12. Entbindung Querlagen in der Klinik. Varicen. Stechen im Rücken. 7. Kind lungenkrank, 9. Kind Tbc gestorben,... Rechte Spitze verkürzt, Expirium verlängert, 8 Wochen beobachtet, Tbc pulm.«

Eine weitere Patientin, die Frau eines »Ausgehers« gab bei ihrer Befragung an:[87] »Ich habe 11 mal entbunden, zuletzt am 26. Januar 1912. Zur ersten Entbindung – Zangengeburt – mußte ein Arzt herangezogen werden. Die übrigen Entbindungen sind den Verhältnissen entsprechend verlaufen. Ich leide schon seit vielen Jahren an Gelenkrheumatismus. Ich bin infolge der vielen Entbindungen herzleidend und stand deshalb schon öfters bei Dr. Löwenthal, Schellingstraße 102/I, in Behandlung. Als ich im August 1912 wieder schwanger wurde, stellte sich heftiges Erbrechen ein, ich wurde fast täglich ohnmächtig. Ich wendete mich schließlich am 13. September 1912 an Frau Dr. Lehmann, welche mir von einer Frau, deren Namen ich nicht weiß, empfohlen wurde. Dieselbe untersuchte mich nur einmal am Herzen und im Unterleibe und erklärte, daß ich das Kind nicht austragen könne, daß vielmehr ein Abgang oder eine Frühgeburt eintreten werde, was für mich infolge meines Herzleidens sehr bedenklich erscheine. Sie empfahl mir eine Operation und bemerkte dabei, daß nur dadurch mein Leben gesichert werden könne. Auf dieses hin entschied ich mich zur Operation, welche am 16. September 1912 im Roten Kreuz unter Anwendung eines Leibschnittes durch Frau Dr. Lehmann und ihren Ehemann vorgenommen wurde. Ob noch ein weiterer Arzt zugegen war, weiß ich nicht. Es wurde mir die Gebärmutter und die Leibesfrucht entfernt und außerdem wurden, wie mir Frau Dr. L. sagte, die Eileiter durchschnitten. ... Ich war damals Mitglied der hiesigen Ortskrankenkasse, durch welche die Operationskosten bezahlt wurden.«Da die hier zitierten Patientinnen im Rahmen der Untersuchung gegen Adams

Lehmann wegen Schwangerschaftsabbruch vernommen worden waren, ging es dabei um die Frage, ob die Krankheiten der Frauen eine ausreichende Grundlage für eine medizinische Indikation geboten hatten. Dem zeitgenössischen Forschungsstand nach wußte man, daß sich beispielsweise Tuberkulose während einer Schwangerschaft deutlich verschlimmerte und das Leben der Mutter bedroht war; auch die Lebenserwartung der Kinder solcher Frauen war nur gering. Daher sah die ›Münchner Medizinische Wochenschrift‹ die Tuberkulose »in jedem Fall« als Grund für einen Abbruch an.[88] Die Diskussionen im Umfeld dieses Verfahrens werden an anderer Stelle behandelt.[89] Hier ist es wichtig festzuhalten, daß sehr viele der von Hope Adams Lehmann behandelten Patientinnen offenbar an Krankheiten wie Tuberkulose, Anämie oder Erschöpfungszuständen litten.

Im Gegensatz zu anderen Ärzten hatte sich ihre Praxis immer mehr zur Armenpraxis entwickelt, mit all den Problemen, die das mit sich brachte. Und sie verschloß sich den Problemen nicht, sondern war bereit, die Sicht ihrer Patientinnen einzunehmen, auch und gerade wenn es um Schwangerschaft und Geburt ging:[90] »Aber das ist doch lediglich eine Sittlichkeitsfrage, heißt es. Warum haben die Mädchen mit sechzehn Jahren ein Verhältnis? Ja, warum? Geradezu entsetzt über dieses frühe Geschlechtsleben, habe auch ich moralische Ermahnungen versucht. Ein nettes achtzehnjähriges Mädchen in ihrer zweiten Schwangerschaft habe ich auch gefragt warum, und wollte ihr klar machen, daß für alles im Leben eine richtige Zeit da sei; erst die Schulzeit, dann nach der Schule die Zeit, in der man schauen müsse, weiter zu lernen und sich zu einem tüchtigen Menschen auszubilden, und dann erst, mit zweiundzwanzig, fünfundzwanzig, käme die Zeit für die Liebe. Darauf erzählte sie mir ihren Lebensgang. Er war einfach. Ihre Eltern waren gestorben, sie war allein in der Welt. Von früh bis auf die Nacht stand sie in der Fabrik, die sie auch nicht in der kurzen Unterbrechung zum selbstbereiteten Mittagessen verließ – man arbeitete im Akkord und verlor keine Zeit –, und ihre einzige Beschäftigung in einem zehnstündigen Arbeitstag war das Plätten von Metallpapier. Tag für Tag und Jahr für Jahr hatte das junge, lebenslustige Mädchen im ersten Drang seiner Entwicklung und mit der selben Berechtigung zur Anteilnahme an den unschuldigen Freuden der schönen Welt wie unsere eigenen Töchter, keinen anderen Lebensinhalt als das Plätten von Metallpapier. In dieser Wüste für Gemüt, Geist und Körper erschien als einziges Licht die Liebe eines einfachen Burschen, der auch der Vater des zweiten Kindes war. Ich schwieg beschämt und ließ das Moralisieren sein. Nicht bei den Mädchen muß man's angreifen, sondern beim Regime, das sie zu dem macht, was sie sind. Sind auch die meisten grenzenlos leichtsinnig, so sind die Verhältnisse darnach. Solange die Gesellschaft den Töchtern des Volkes keine menschlicheren Arbeitsbedingungen zu verschaffen weiß, hat sie keinerlei Berechtigung, sich über ihre Lebensführung aufzuhalten.«

Themen wie Sexualaufklärung, Empfängnisverhütung oder Schwangerschaftsabbruch wurden von weiblichen Medizinern meist anders diskutiert als von männlichen Ärzten: Die besonderen Bedürfnisse und die Not der Frauen hatten bei ihnen einen größeren Stellenwert. Hope Bridges Adams Lehmann schrieb 1896 einen Gesundheitsratgeber für Frauen, ebenso Anna Fischer-Dückelmann fünf Jahre und Jenny Springer zehn Jahre später; Rahel Straus verfaßte ein Buch zur Sexualaufklärung.[91] Doch das besondere an Adams Lehmanns ärztlichem Blick auf die Frauen und ihre medizinischen Probleme blieb ihr hohes soziales Engagement, ihre warme Bereitschaft, sich auf die Menschen auch der »niederen Schichten« ohne Vorurteile und bürgerliche Sichtweisen einzulassen. Das unterschied sie von den meisten ihrer Kolleginnen, die keine Sozialdemokratinnen waren.[92] Ob nun Hope Adams Lehmann dies mit Blick auf die Zukunft für richtig hielt oder nicht: Sicherlich kamen auch viele Patientinnen deshalb zu ihr, weil sie eine Frau war, von der sie sich mehr Verständnis für ihre Probleme erhofften. Daß inzwischen auch Männer zu weiblichen Ärzten gehen, wie es Hope Adams Lehmann bereits 1896 für normal und notwendig hielt, zeigt erneut ihre Fähigkeit, sich aus den Begrenzungen zeitgenössischen Denkens zu lösen und weit voraus zu denken.

Anmerkungen

1 Hessisches Hauptstaatsarchiv Wiesbaden 405 Nr.8423
2 Walther, Zum anderen Ufer, S.17
3 Walther, Zum anderen Ufer, S.18 f.
4 Stadt Frankfurt, Institut für Stadtgeschichte, Meldekartei
5 Bayerisches Hauptstaatsarchiv MK 40626, Schreiben der Münchner Polizeidirektion an das bayerische Innenministerium vom 20.5.1903 (»unbefugte Übertretung des Art. 25 Polizeistrafgesetzbuch«) sowie Münchener Post, 12.11.1903
6 Auch Anita Augspurg wies darauf hin, daß dies eine der wesentlichen Zumutungen bei der Eheschließung darstelle. Augspurg, Ein typischer Fall der

Gegenwart. Offener Brief (1905), in: Janssen-Jureit, (Hrsg.), Frauen und Sexualmoral, S.102
7 Adams Walther, Die Hebammenfrage
8 Gewerbeordnung für das Deutsche Reich von 1871, § 30 II, zur Kurierfreiheit; vgl. Bornemann, Erste weibliche Ärzte, S.30
9 Straus, Wir lebten in Deutschland, S.138.
10 Vgl. Brinkschulte (Hrsg.), Weibliche Ärzte
11 Walther, Zum anderen Ufer, S.20 f.; Eichler, Sozialistische Arbeiterbewegung in Frankfurt a.M., S.135, 179-188; Klausmann, Politik und Kultur der Frauenbewegung; Evans, Sozialdemokratie und Frauenemanzipation
12 Bebel, Woman in the Past, Present and Future
13 Bebel, Woman in the Past, Present and Future
14 Bebel, Ausgewählte Reden und Schriften, Bd.2.2, S.193 u. 228, Brief Bebel an Engels vom 5.7.1885 und Bebels an Hermann Schlüter am 20.3.1885 ; um den Druck einer angeblich zweiten Auflage, die aber nur neu gebundene Restexemplare der ersten englischen Auflage enthielt, gab es dann Anfang der neunziger Jahre erneut regen Briefwechsel. Hope Adams Walther hatte sich nicht extra die Rechte sichern lassen, deshalb konnte auch Bebel nichts ausrichten.
15 Hessisches Hauptstaatsarchiv Wiesbaden, 405 Nr.1208, Bl. 190-192
16 Eichler, Sozialistische Arbeiterbewegung in Frankfurt a. Main, S.135, 183; Walther, Zum anderen Ufer, S.20 f.
17 Condrau, Lungenheilanstalt, S.42
18 Walther, Zum anderen Ufer, S.21-23. Zu dieser Phase vgl. die im Selbstverlag erschienenen Schriften des verstorbenen Offenburger Heimatforschers Dittler, Erinnerungen an Dr.Carl und Dr.Hope Bridges Adams Lehmann (zusammen 110 Seiten, zit. als Adams Lehmann 1) sowie ders., Dr.Carl Lehmann (zit. als Adams Lehmann 2), S.441-460. Dittler hat viel gesammelt und druckt es hier teils paraphrasierend, teils in gekürzten Originalzitaten ab. Seine Materialien liegen inzwischen im Stadtarchiv Offenburg.
19 Geck, Hope Adams Lehmann +
20 Walther, Zum anderen Ufer, S.15 f.; Kluckert, Nordrach, S.250-269
21 u.a. Götze, Clara Zetkin
22 Ich danke Mary Ann Elston (University of London) für Ihre freundlichen Hinweise
23 Condrau, Lungenheilanstalt, S.123
24 Fendrich, Hundert Jahre Tränen, S.48 f.
25 Fendrich, Hundert Jahre Tränen, S.49 f.
26 Fendrich, Hundert Jahre Tränen, S.59
27 Walther, Zum anderen Ufer, S.24
28 Belli, Die rote Feldpost unterm Sozialistengesetz, S.211-216, ein Abschnitt über Carl Lehmann, den »Lederstrumpf«
29 Geck, Sozialistengesetz in Baden
30 Eine Kopie des Prozesses wurde von mir eingesehen im Staatsarchiv Hamburg
31 Generallandesarchiv Karlsruhe, Nachlaß Geck 95, Nr.3, Schreiben Hope Adams Walther an Geck vom 11.10.1888; zitiert nach Dittler, Adams Lehmann 1, S.23-25
32 Geck, Sozialistengesetz

33 Belege bei Dittler, Adams Lehmann 1, S.43
34 Walther, Zum anderen Ufer, S. 24
35 Belli, Die rote Feldpost, S.211-216
36 Staatsarchiv Hamburg, Altonaer Adreßbuch 1885: Dort war Lehmann als Kürschner und Mützenmacher gemeldet.
37 Amtliches Verzeichnis des Personals und der Studierenden der Universität Straßburg, 1872-1918
38 Brief Hope Adams Lehmann an Adolf Geck vom 14.6.1915, zit. nach Dittler, Adams-Lehmann 2, S.22 f.
39 Es ist sicherlich nicht verfehlt, ihr in einem Artikel geäußertes Lob auf Lehmann zu beziehen, Adams Lehmann, Die Arbeit der Frau, S.1037
40 Das bestätigen vielfältige Zeugnisse über diese Beziehung; vgl. z.B. Generallandesarchiv Karlsruhe, Nachlaß Geck, Brief Clara Zetkins an Adolf Geck
41 Walther, Zum anderen Ufer, S.24
42 Walther, Zum anderen Ufer, S.28 f.; vgl. Blasius, Ehescheidung in Deutschland
43 Brief Rosa Luxemburgs an Hans Diefenbach vom 2.10.1907, in: Luxemburg, Gesammelte Briefe, Bd. 2, S.312; Gerda Walther, Zum anderen Ufer, S.19
44 Dazu meine Korrespondenz mit einer Enkelin, Clelia Maggiolo de Cabuto Etchegaray
45 Adams Walther, Das Frauenbuch
46 Adams Walther, Das Frauenbuch; Adams Lehmann, Die Gesundheit im Haus
47 Sarasin, Reizbare Maschinen, S.147-172
48 Wobbe, Gleichheit und Differenz
49 Zitiert nach Dittler, Adams Lehmann 2, S. 1
50 Eine vollständige Bibliographie im Anhang; viele ihrer Artikel waren als Rezensionen angelegt, die jedoch die Basis für weitergehende Reflexionen boten.
51 Diese sind jedoch nicht gezeichnet, daher bleibt die Autorschaft Spekulation; vgl. Pohl, Münchener Arbeiterbewegung, S.358 f.
52 Vgl. Pohl, Münchener Arbeiterbewegung, S.358 f.
53 Auch Carl Lehmann setzte sich dafür im Gemeindebevollmächtigtenkollegium ein. Vgl. Münchner Gemeindezeitung 1910, Sitzungsberichte, S.384-386, Sitzung vom 10.2.1910 und S.432, Sitzung vom 22.2.1910
54 Pohl, Münchener Arbeiterbewegung, S.360-363
55 Tennstedt, Vom Proleten zum Industriearbeiter, S.555-572; außerdem s.u. das Kapitel »Ein politisches Paar und seine Freunde«
56 Burchardt, Die Durchsetzung des medizinischen Frauenstudiums, S.16.
57 Universitätsarchiv München, Sen 109, Schreiben Franz von Winckels vom 11.2.1894 und Schreiben des Ministeriums vom 20.2.1894. Außerdem Sen 126, Verzeichnis der Volontärärzte an der Kgl. Universitäts-Frauenklinik München 1.1.1891-31.12.1885: Dort sind sieben Frauen genannt, die aus Rußland, den USA und Frankreich stammten.
58 Bleker/Schleiermacher, Ärztinnen im Kaiserreich, zu den Rahmenbedingungen dieser Ärztinnen
59 Staatsarchiv München und Oberbayern, Staatsanwaltschaft 1834, Urteil des Bayerischen Obersten Landesgerichts vom 26.2.1904 mit allen Begründungen; Augsburger Abendzeitung, 28.5.1904

60 Pohl, Hope Bridges Adams Lehmann, S.295-307
61 Adams, Frauenstudium und Frauentauglichkeit, S.28 f.
62 Krauss, »Ein voll erfülltes Frauenleben«, S.236-241
63 Ebd., S.139.
64 Vogt, Erste Ergebnisse. S.166: Die Stichprobe von 168 bis 1910 approbierten Ärztinnen zeigt 52 in Berlin, 13 in München und acht in Frankfurt praktizierende Ärztinnen. Vgl. Krauss, Sozialprofil und Berufsausübung, S.139-151 sowie die Artikel in Brinkschulte (Hrsg.), Weibliche Ärzte; dort auch weitere Literatur
65 Zu den Kliniken wurden die Personalverzeichnisse der Universität München 1900 bis 1933, die Klinik- und die Assistentenakten des Münchner Universitätsarchivs (dazu waren Sen 25/16, 25/20, 25/21 25/24, 25/33, 25/34, 25/37; Sen 57, 109, 126, 560 ergiebig), des Münchner Stadtarchivs (Krankenanstalten 207, 208, 211, 230; Krankenhaus rechts der Isar 19, 20; Krankenhaus München-Schwabing 24, 75) sowie des Bayerischen Hauptstaatsarchivs herangezogen.
66 Geyer-Kordesch, Realisierung und Verlust ›weiblicher Identität‹ bei erfolgreichen Frauen, S.213-236. Zu frauenspezifischen Bedingungen an den Universitäten Benker/Störmer, Grenzüberschreitungen
67 Knauer-Nothaft, »Wichtige Pionierinnen«, S.152-163; außerdem dies., Frauen unter dem Einfluß von Kirche und Staat
68 Stadtarchiv München, Meldebogen für Mally Kachel
69 Straus, Wir lebten in Deutschland, S.108
70 S.u. das Kapitel »Medizinische Indikation«
71 Staatsarchiv München und Oberbayern, Staatsanwaltschaft 1834, Protokoll vom 18.7.1914
72 Dazu ausführlich s.o. das Kapitel »Frauenstudium«; für die anderen Angaben die Münchner Stadtadreßbücher 1896-1916
73 Staatsarchiv München und Oberbayern, Staatsanwaltschaft 1834, Vernehmungen von Dr. Hengge, Dr.Epstein, Prof. Dr.Gustav Klein und anderen; Bericht von Dr. Hans Albrecht
74 Staatsarchiv München und Oberbayern, Staatsanwaltschaft 1834, Protokoll des Überwachungskommissars vom 24.3.1914
75 Staatsarchiv München und Oberbayern, Staatsanwaltschaft 1834, Verhör der Hebamme Rauhenzahner, 13.5.1914
76 Staatsarchiv München und Oberbayern, Staatsanwaltschaft 1834, Vernehmung vom 28.7.1914
77 Vergleiche die Tabellen bei Huerkamp, Der Aufstieg der Ärzte, S.209-216
78 Zum Gesamtthema vgl. ausführlich Tennstedt, Vom Proleten zum Industriearbeiter
79 Pohl, Die Münchener Arbeiterbewegung, S.330-353
80 Dies legt der Bericht von Rahel Straus nahe, die nur schreibt, sie habe sich »zur Kasse gemeldet«; Straus, Wir lebten in Deutschland, S.140
81 Kaiser, Spurensuche, S.37
82 Dazu den Fall von Friederike von Geldern-Egmont, vgl. Bußmann (Hrsg.), Stieftöchter, S.110 f.; zu einem anderen Fall Ziegler, »Zum Heile der Moral«, S.33
83 Vgl. Monacensia Literaturarchiv, Fotoalbum
84 Alle diese Angaben nach dem Vernehmungsprotokoll in Staatsarchiv Mün-

chen und Oberbayern, Staatsanwaltschaft 1834
85 Staatsarchiv München und Oberbayern, Staatsanwaltschaft 1834, Protokoll vom 18.7.1914
86 Staatsarchiv München und Oberbayern, Staatsanwaltschaft 1834, Vernehmung vom 25.7.1914
87 Ebd., Fall Nr. 30
88 Münchner Medizinische Wochenschrift vom 5.12.1911, S.2625
89 Dazu das Kapitel »Medizinische Indikation«
90 Adams Lehmann, Die Unterbrechung der Schwangerschaft, S.178 f.
91 Fischer Dückelmann, Die Frau als Hausärztin; Springer, Die Ärztin im Haus; Straus, Wege zur sexuellen Aufklärung; Adams Walther, Das Frauenbuch
92 Zu dem Vergleich der drei Autorinnen Bleker, Die ersten Ärztinnen und ihre Gesundheitsbücher für Frauen, S. 65-83

Mann und Weib und Weib und Mann

Hope Adams Lehmanns Bemühungen als Ärztin und Publizistin galten vor allem der Veränderung weiblicher Lebensbedingungen und weiblicher Lebensentwürfe, dies auch unter dem Aspekt des Verhältnisses von Mann und Frau. Ihre Vorstellungen entwickelte sie in ihrem ›Frauenbuch‹, dem zweibändigen Gesundheitsratgeber von 1896, aber auch in vielen Artikeln, die in den ›Sozialistischen Monatsheften‹ oder der ›Neuen Zeit‹ erschienen. Manchmal nutzte sie Rezensionen der Bücher von Havelock Ellis, Laura Marholm, Ellen Key und anderen dazu, ihre grundlegenden Gegenpositionen zu entwickeln.[1] Die ausführliche Darlegung von Adams Lehmanns Positionen dient daher auch dazu, eine weitere Stimme in dieses bereits vielfach untersuchte Konzert einzubringen.

Hope Adams Lehmann schrieb 1905:[2] »Warum weist ihr uns immer auf die Natur und habt doch selbst so wenig Vertrauen zu ihr? Ihr dürft ohne Sorge sein. Wir werden nicht aufhören, euch zu lieben, wir werden nicht aufhören, Kinder zu gebären, Kinder zu säugen, Kinder zu erziehen. Wir werden auch nicht aufhören, mit Mann und Kind ein Heim zu begehren ... Der Kleinbürger, in seiner ganz richtigen Wertschätzung dieser Urgesetze ..., in seiner Unfähigkeit, sich einen besser organisierten Betrieb als den heutigen vorzustellen, in seinem mangelhaften Verständnis des weiblichen Geistes, und in dem eng umgrenzten Egoismus, der ihm verbietet, im Weib etwas anderes als eine Dienerin zu sehen, kommt unvermeidlich zu dem Schluß, daß die Frau von der Natur auf Haus- und Kinderpflege in aller Ewigkeit angewiesen ist. Mit einem Körnchen mehr Intelligenz würde er ... begreifen, daß die reife Frau nicht anders denkt und handelt als der reife Mann, daß die Unterschiede zwischen den Geschlechtern Erziehungsunterschiede sind; daß der Frau derselbe Drang innewohnt, wie dem Mann, nach Tätigkeit, nach Freiheit, nach neuen Bahnen, nach Ausleben des eigenen Wesens, nach Mitarbeit an der Lösung der Welträtsel; ... er würde auch verstehen, daß die Frau eine Bürde trägt, die zum Teil die seine ist, daß seine Bequemlichkeit durch ihre rastlose Tätigkeit erkauft wird.«

Damit war ein Thema angeschnitten, das um die Jahrhundertwende ein zentraler Diskussionspunkt zwischen Mann und Frau aber auch zwischen Frau und Frau war, wenn es um die Bestimmung dessen ging, was als »weiblicher Geschlechtscharakter« definiert wurde: die »Natur«.[3] Hausarbeit und Muttersein wurden im Rahmen naturwissenschaftlich-medizinischer Definitionen von Ärzten und Biologen als »sexuelle Rolle« und »Lebensglück« der Frau klassifiziert. Die körperlichen Verschiedenheiten zwischen den Geschlechtern erklärte man zur ›natürlichen‹ Instanz für die Bestimmung auch der sozialen Positionen von Männern und Frauen.[4] Auch etliche Frauen machten sich diese Position zu eigen.

Nicht so Hope Adams Lehmann; sie trat mit Konzepten über Mann und Frau in diese Diskussion ein, die sich teilweise deutlich von denen anderer Protagonistinnen unterschieden. Das lag unter anderem daran, daß sie Mann und Frau in ihren Anlagen, Bedürfnissen und Wünschen als grundlegend gleich begriff. Verhaltensunterschiede, die jenseits der biologischen Gegebenheiten sichtbar wurden, entsprangen ihrer Anschauung nach der Erziehung, nicht der »Natur«. Das galt auch für die weibliche Sexualität. »Es ist wohl möglich,« hatte sie 1899 geschrieben,[5] »daß die Eröffnung des Feldzuges gegen ein System, welches die heutige Frau zur Untauglichkeit verdammt, der Initiative von weiblichen Ärzten vorbehalten ist, weil sie nicht nur mit dem Verstand, sondern auch mit dem Gefühl erfahren haben, was not tut. Mit dem Verstand allein ist noch keine Revolution gemacht worden und auch die Revolution, welche die Frau von ihrer Schwäche befreien soll, braucht als bewegende Kraft den Schmerz, den Groll und die Empörung der von der Schwäche geknechteten Frau... Die Minderwertigkeit der Frau ist nicht Natur sondern Unnatur.«

Zunächst sind nun die von anderen Frauen ihrer Zeit vertretenen Positionen kurz zu diskutieren, bevor Hope Adams Lehmanns eigene Konzepte ausführlich dargelegt werden. Es ist vorweg dazu anzumerken, daß sich alle diese Frauen auf ein zeitgenössisches ›Normalmodell‹ von Frauenleben bezogen, das uns heute nur noch teilweise nachvollziehbar ist. Am leichtesten erschließt sich das bürgerliche Frauenleben um die Jahrhundertwende wohl noch durch die schöne Literatur:[6] Eine Effi Briest von Theodor Fontane steht genau für die musterhaft erzogene bürgerliche Kind-Frau, die ohne Kenntnis des Lebens oder ihrer eigenen Gefühle heiratet, weder in der Ehe noch mit den Kindern einen wirklichen Lebensinhalt findet und letztlich durch eine Ehebruchsaffäre in Scheidung und Schande gerät. Selbst der blitzgescheiten Gymnasiallehrerstochter Corinna Schmid aus Fontanes Roman »Jenny Treibel« bleibt letztlich kein anderer Weg als der in die Ehe; sie bekommt zwar dann einen Mann, der besser zu ihr paßt als der wohlsituierte bourgeoise Schwächling, den sie sich zunächst erobern wollte, doch dies ist eher ein guter Kompromiß als die große Liebe. Das ›Normalmodell‹ der einfachen Arbeiterin war schlimmer:[7] Sehr frühe und viele Schwangerschaften, die Doppelbelastung von Kindern und eigener Arbeit in der Fabrik, enge und unhygienische Wohnverhältnisse, schlechte Ernährung und Infektionskrankheiten prägten ihren Alltag. Die meisten Diskussionsbeiträge der bürgerlichen Frauenbewegung bezogen sich auf das bürgerliche Frauenleben, nur die Vertreterinnen der proletarischen Frauenbewegung nahmen sich auch der Probleme der Arbeiterinnen an.[8]

Zunächst zu einigen für die Fragen von ›Mann und Weib‹ wichtigen Gedanken aus dem Umfeld der Frauenbewegung: Eine der männlichen entsprechende weibliche Sexualität wurde von vielen Frauen negiert. Helene Stöcker, Gründerin des ›Bundes für Mutterschutz‹, schockierte die bürgerliche Frauenbewegung mit ihrer Forderung nach »weiblicher Genußfreudigkeit«; diese Idee unterminierte das bisher propagierte Sittlichkeitsverständnis der Frauenbewegung, das hier einen grundsätzlichen Unterschied zwischen Mann und Frau sah und daraus die Forderung nach männlicher Selbstbeherrschung und Enthaltsamkeit ableitete, männliche Sexualansprüche kritisierte und den »männlichen Trieb« negativ bewertete.[9] Als Mütter und Ehefrauen verwiesen die Vertreterinnen der bürgerlichen Frauenbewegung die Frauen auf die Bereiche ›Natur‹ und ›Liebe‹. Intellektualität und Genußfreudigkeit waren für sie nicht vorgesehen.

Die konservative Frauenrechtlerin Gertrud Bäumer wandte sich heftig gegen Helene Stöcker und ihre Thesen, die sie als Verfallssymptom der Moderne betrachtete: Propagiere man die »unberechenbare Willkür der menschlichen Leidenschaft« auch für Frauen, so werde der Mann seiner sozialen Verantwortung gegenüber Frau und Kind enthoben. Die Institution der Ehe galt als sozialer Rahmen, der allein Frauen gegenüber Ehegatten und Vätern die Möglichkeit zur Vertretung ihrer Ansprüche sicherte. Diese Ansicht teilte auch Marianne Weber, wichtige Mitdiskutandin und Ehefrau des Soziologen Max Weber, für die die Ehe eine gegenseitige Verpflichtung zwischen Mann und Frau bedeutete, dank derer »die ursprüngliche brutale Mannesgewalt durch Vertrag abgeschwächt wurde«.[10]

Bei allen unterschiedlichen Zugängen verband Stöcker, Bäumer und Marianne Weber die Überzeugung, letztlich seien Frauen anders. Die an der Arbeit der Männer orientierte Emanzipation werde der Rolle der Frauen als Mütter nicht gerecht. Der Andersartigkeit der Frau entspräche, so Bäumer, auch eine andere Arbeits- und Lebenssphäre. Männer und ihre Form der Liebe kamen bei allen dreien schlecht weg: Dem Mann erscheine, so Stöcker, Liebe und Sinnlichkeit meist identisch, jede »Durchseelung, Vergeistigung der Sinnlichkeit« werde ihm zur »unmännlichen Schwärmerei und Überspanntheit«.[11] Auch laut Gertrud Bäumer war »das Liebesverlangen der Frau anders als das des Mannes, geistiger, abhängiger von individuellen, seelischen Werten.«[12]

Hope Adams Lehmann stand hier auf einer anderen Position. Sie machte bei ihrem Blick auf die Sexualität keinen Unterschied zwischen Mann und Frau. Beide waren für sie gleichermaßen zur Liebe, zur Geschlechtsliebe, befähigt.[13] Zunächst schildert sie den Geschlechtstrieb als einen Instinkt, der bei Mann und Frau vorhanden sei: »Aber so gebieterisch dieser Instinkt auch ist, wird er doch bei einem geistig so vielseitig entwickelten Wesen wie dem Menschen durch andere Triebe und Bedürfnisse wesentlich beeinflußt und sogar eingeschränkt. Es entsteht eine Wechselwirkung zwischen Körper und Geist, welche zu der höchsten Blüte menschlichen Vermögens geführt hat: der ausdauernden, individuellen Geschlechtsliebe. Wo diese sich findet ... können wir erst der Bedeutung des Geschlechtes in seinem vollen Umfang gewahr werden... Der Trieb, welcher erst jeder Person des entgegengesetzten Geschlechtes galt, beschränkt sich jetzt auf eine... Das Besitzergreifen ist unmöglich geworden ohne die Hingabe. Die Tat, durch welche der Einzelne sein individuelles Ich am intensivsten zum Ausdruck bringen muß, wird zugleich zum vollständigen Aufgehen in einem anderen... Und schließlich entspringen der Geschlechtsliebe alle Eigenschaften, welche das Leben verschönern: die Geduld, die Verträglichkeit, die Nachsicht und Milde, das Verständnis für Andere, das Bewußtsein der Verantwortlichkeit, die Selbstbeherrschung, der sittliche Ernst. Ein derartiges Verhältnis zwischen Mann und Frau ist nur möglich auf Grund des Geschlechtes, es ist nur vollkommen, wenn beide sich körperlich und geistig nahestehen. Seine erste und unentbehrliche Bedingung aber ist das Geschlecht. Daran scheitern mehr Ehen als man ahnt.«

Ihre Kritik gilt vor allem der Frau, die nur in den seltensten Fällen »aus Liebe heiratet, d.h. aus einem echten, kräftigen Verlangen nach körperlicher und geistiger Gemeinschaft mit einem bestimmten Mann«. Schuld daran sei aber die Erziehung der Mädchen. In ihrem

»*Italienische Radtour, Ostern 1901. C. und H.*« Hope und Carl Lehmann unternahmen gemeinsam eine Radreise über die Alpen – Hope, damals 46 Jahre alt, mit Kniehose

›Frauenbuch‹ von 1896 schreibt sie:[14] »Die Meisten unter uns sind gewöhnt, in der Frau den Menschen und das Weib durch eine unüberschreitbare Gasse von einander zu sondern. Wir betrachten sie als Wesen zweierlei Art, welche ganz unvereinbar sind. Und je nach unserer Richtung stellen wir die eine als bewunderungswürdig, die andere als ebenso verabscheuungswürdig hin. Der Durchschnittsphilister (Sie kennen ihn doch, liebe Leserin, nicht wahr? Manchmal trägt er auch Unterröcke –) will nun einmal durchaus nichts davon hören, daß ein Mädchen dasselbe lernen soll wie ihr Bruder, und wenn sie ihm gar mit der Zumutung käme, daß sie in Kniehosen radfahren wollte, so würde der gute Mann kaum wissen, ob er auf den Füßen oder dem Kopf stünde. Dergleichen Torheiten würde er seiner Tochter schon auszutreiben wissen. Er würde schon dafür sorgen, daß sie ›weiblich‹ bliebe, denn er weiß, daß eine Frau, die sich nicht verheiratet, das Beste versäumt. Auf der anderen Seite gibt es Frauen, und nicht gerade die schlechtesten, welche so durchdrungen sind von dem Elend des durchschnittlichen Frauenloses, daß sie in gerechtem Zorn über die Verkümmerung der weiblichen Kraft ihr ganzes Dichten und Streben auf die Erhebung des Menschen in der Frau konzentrieren und dabei das Weib in der Frau vollständig aus den Augen lassen. Der Philister und die Frauenrechtlerin haben beide Recht und Unrecht. Der Philister steckt aber im Sumpf der Überlieferung, und der Frauenrechtlerin ist die Aussicht durch den Staub des Kampfes versperrt. Diesen beiden gegenüber steht eine dritte Lehre...Und sie heißt? Die Frau ist nur dann ganz Weib, wenn sie ein ganzer Mensch ist, und nur ein ganzer Mensch, wenn sie ganz Weib ist. Es besteht kein Gegensatz zwischen Kraft und Leidenschaft, zwischen Denkfähigkeit und Mutterliebe, zwischen Entschlossenheit und Geduld, zwischen Bildung und praktischem Verstand. Im Gegenteil, diese Eigenschaften bedingen sich wechselseitig.«

Betrachtet man gerade für diese Frage die einige Jahre später erschienenen ärztlichen Ratgeber von Jenny Springer (1903) oder Anna Fischer-Dückelmann (1901),[15] so wird Hope Adams Lehmanns besondere Position auch mit Blick auf diese ersten weiblichen Ärzte deutlich. Jenny Springer konstatiert ganz im Geiste der bürgerlichen Frauenbewegung, es bestehe ein scharfer Unterschied im sexuellen Empfinden der beiden Geschlechter. So sei das Empfinden eines Jünglings für ein von ihm geliebtes Mädchen immer stark mit Begehren durchsetzt, während dies beim Mädchen nicht der Fall sei.[16] »Daß es sich dabei um eine Naturanlage des Weibes handelt, geht aus der Tatsache hervor, daß zahllose verheiratete Frauen, die ihrem Gatten mit inniger Liebe zugetan sind, den rein geschlechtlichen Teil der Ehe als abstoßend und widerwärtig empfinden.« Soweit Dr. Jenny Springer. Hope Adams stand mit ihrer Sicht des weiblichen Lebens deutlich an einem anderen Punkt als ihre Kolleginnen, die stärker dem Frauenbild ihrer Zeit verhaftet blieben.

Einig sind sich die Ärztinnen jedoch in ihrem Wunsch nach einem Umdenken in vielen Bereichen des Alltags. Besonders heftig verurteilen alle Medizinerinnen das Korsett. In Hope Adams Lehmanns ›Frauenbuch‹ heißt es:[17] »Nichts ist charakteristischer für die Unnatur, welche unsere ganze Lebensführung und Anschauungsweise beherrscht, welche unseren Frauen – Gott sei es geklagt – in Fleisch und Blut übergegangen ist, als das sklavische Festhalten an einer Mode, welche der Gesundheitspflege und dem Schönheitssinn Hohn spricht ... Zunächst ist es notwendig, vorauszuschicken, daß, wenn im Folgenden vom Corset die Rede ist, keine Panzermaschine darunter verstanden werden soll, die nur unter angestrengter Mithilfe einer Kammerzofe oder eines Bettpfostens geschnürt werden kann, sondern das gewöhnliche, hausbackene Durchschnittscorset, von dem jede ›vernünftige‹ Bürgersfrau und jede ›einfache‹ Bürgertochter dem untersuchenden Arzt gegenüber mit Überzeugung behaupten wird: ›Mein Corset ist gar nicht fest.‹ Denn wir dürfen uns nicht etwa einbilden, daß dieses ›harmlose‹ Corset einige Zeit getragen werden kann, ohne dauernde und empfindliche Beeinträchtigung der Körpergestalt herbeizuführen. Dies wird hinlänglich durch die Tatsache bewiesen, daß unter 100 Frauen nur 10 annähernd normal gebaut sind. ... Mit dem Corset ist überhaupt kein Pakt zu schließen. Gegen das Corset an und für sich, ob weit oder eng, und ebenso gegen das anliegende, steife Kinderleibchen, welches das unglückliche Kind zum Corset vorbereiten soll, ob mit oder ohne Stäbe, muß der gewissenhafte Arzt einen unerbittlichen Krieg führen.« Dieses Durchschnittskorsett also, so führt sie im folgenden aus, drückt die Rippen zusammen und verhindert die Ausdehnung des unteren Teils des Brustkorbes, der in der künstlichen Form verknöchert. Die Atmung wird flach wie bei Lungenschwindsucht. Die Eingeweide werden nach hinten und unten verschoben und drücken auf die Beckenorgane. Die Leber erhält tiefe Eindrücke, Vernarbungen, teilweise sogar Abschnürungen. Der Druck auf den Magen unterdrückt auch das Hungergefühl und führt daher zu Unterernährung. Es stört Bewegung und Muskelentwicklung, da man mit dem Korsett weder Turnen noch Wandern kann.

Doch die Ärztin kennt auch die Argumente der Befürworterinnen des Korsetts: »Nicht leichten Herzens habe ich mich zum Angriff auf das Corset entschlossen, denn ich weiß, wie sein Cultus durch den Gebrauch geheiligt ist und ich höre schon im Geiste den Chor der Trägerinnen, die in allen Tonarten, von milder Vorstellung bis zu entrüstetem Widerspruch, das hier Gesagte entkräftigen und verneinen. Das Corset vereinige alle Vorteile der Schönheit und der Zweckmäßigkeit, es stütze den Rücken, trage die Last der Röcke und schone die Kleider, halte warm, sei, für verheiratete Frauen zumal, aus den einfachsten Anstandsrücksichten geradezu unentbehrlich. Und was den angeblichen Schaden für die Gesundheit anlange, könne es damit auch nicht so schlimm bestellt sein, denn es gebe Frauen genug, die Corsets, und enge Corsets, ihr Lebtag getragen, darin ihren redlichen Teil Arbeit geleistet und dabei alt geworden seien... Doch die Behauptung, das Corset sei zweckmäßig, beruht – abgesehen von der anatomischen Seite der Frage – auf der Voraussetzung, daß die Frauen naturgemäß eines Gestells bedürfen, um ihre nicht entwickelte Rückenmuskulatur zu ersetzen, und daß es ebenso naturgemäß und unabänderlich sei, einige Kilo Röcke an den Hüften tragen zu müssen. Wer nie ein Corset getragen hat, wird nie das Bedürfnis danach empfinden, und wer daran gewöhnt ist und es ablegt, wird es während der ersten Wochen schmerzlich entbehren. Das ist Sache der Gewohnheit und der Rückenmuskulatur ... Es gibt aber einfachere und weniger schädliche Mittel als das Corset, um diese Übelstände zu beseitigen.«

Das Korsett ist jedoch nur der Anfang. In ironischer Verzweiflung schildert sie auch den Kampf mit dem Frauenrock:[18] »Macht sich der Mann überhaupt einen Begriff davon, was die Frau von ihrem Rocke zu leiden hat? Stellt er sich jemals vor, wie sie um Beweglichkeit, Elastizität, Muskelentwicklung, Luft, Zeit, Reinlichkeit durch den Rock gebracht wird? Das ist allerdings kaum zu erwarten, denn er hat den Rock niemals getragen. Er hat auch niemals dem Rock zuliebe ein Korsett getragen; er ist niemals durch den Rock an jedem freien Ausschreiten, an jeder ungehinderten Gymnastik gestört worden; er hat den Rock nicht stundenlang mit einer Hand über den Schmutz gehoben; er hat den Rock bei Regenwetter nicht mit jedem Schritte um die Füße schlagen gefühlt; er ist nicht nach einem Morgengang über die betaute Wiese mit dem triefenden Rocke nach Hause gekommen; er hat nicht das Bootwasser bei einer Ruderpartie durch den Rock bis an die Knie aufgesogen; er hat nicht Treppen und Trambahntrittbrett mit dem Rocke gefegt; er hat nicht Straßenschmutz, Pferdemist und menschlichen Auswurf am Rocke ins Haus gebracht; er ist nicht bei schlechtem Wetter am Fenster gestanden und hat nicht Spaziergang und Geschäft versäumt, um den Rock nicht zu verderben... Meinen die Herren, das sei übertrieben und trivial? O nein! Das ist eine Reihe von großen und kleinen Hemmungen, deren Summe einen sehr bedeutenden Verlust an Kraft und Glück ausmacht und welche der Frau durch den Rock ganz überflüssigerweise auferlegt werden. Und warum müssen wir ihn tragen, sintemal auch wir zwei Beine haben und nicht einen ungeteilten Körper, der mit einem ungeteilten Gewand bedeckt werden könnte?«

Das Besondere von Hope Adams Position war jedoch, auch mit Blick auf andere Ärztinnen und Frauenrechtlerinnen, ihre Berücksichtigung beider Geschlechter: Das eigentliche Ziel ihrer Reformen liegt in der Umgestaltung des Verhältnisses zwischen Mann und Frau. Es geht ihr dabei nicht nur um Frauenrecht, sondern um Menschenrecht, also eine Veränderung von Frauen und Männern.

Zunächst ist die Frauenfrage für Hope Bridges Adams Lehmann, in der Tradition Bebels und Vollmars, ein Teil der sozialen Frage.[19] Sie vergleicht daher auch den Kampf der Frauen um Emanzipation mit dem Klassenkampf: Es gehe um die Beseitigung der Klassen unter den Geschlechtern.[20] Für alle Frauen arbeitet sie auf Bildungsreform, Sozialreform, Hygienereform und auf Rechtsreformen vor allem im Ehe- und Abtreibungsrecht hin. Sie differenziert jedoch zwischen der bürgerlichen Frau und der Arbeiterin: Geht es für erstere eher um Veränderung von Kleidung, Bewegung, Ernährung, Genußfähigkeit, Sitte und Ehre sowie Bildung und Beruf, so steht für die Arbeiterin die Umgestaltung der sozialen und ökonomischen Verhältnisse im Zentrum, zur Verminderung von Hunger, zur Verbesserung von Hygiene, medizinischer Versorgung und für ein menschenwürdigeres Leben.

Doch diese Reformen bilden für Hope Adams Lehmann nur die Voraussetzung einer elementaren Entwicklung der zur Zeit noch meist »inferioren« Frau zum gleichwertigen und zu Partnerschaft fähigen Menschen. Unter der Überschrift »Die Frau als Weib« zeichnet sie die Konturen der Frau der Zukunft.[21] Sie wünscht sich die freie, kräftige und selbstbestimmte Frau, die einer eigenen Arbeit nachgeht, aber dennoch nicht auf Ehe und Kinder verzichten muß; die Freude an der geschlechtlichen Liebe empfindet, dadurch sich und ihrem Mann ein erfülltes Leben ermöglicht und die Prostituierte verdrängt – ein großes Thema der Frauenbewegung dieser Zeit;[22] die sich durch Sport, Radfahren und Spaziergänge kräftigt,[23] auf Modetorheiten zugunsten praktischer und hygienischer Kleidung verzichtet; die in die Welt des Mannes eintritt, mit ihm konkurriert, und dadurch erst zu einer Partnerin für ihn wird.

Denn ein sexuell erfülltes Verhältnis zwischen Mann und Frau war für Hope Adams Lehmann die Voraussetzung für ein harmonisches Zusammenleben. Dies müsse vor allem in der Erziehung der Mädchen einen wichtigen Stellenwert bekommen, die bisher nur zur Sittsamkeit, aber nicht zum Frausein erzogen würden. Sie setzte dabei auf die Zukunft, sah sie doch in der Gegenwart noch viel zu kritisieren:[24] »Es wird angenommen, daß auch die gesunde Frau einen weniger regen Geschlechtstrieb besitzt als der Mann. Im allgemeinen ist dies wahrscheinlich richtig, aber selbst die gesunde Frau heutzutage ist immer noch ein entartetes Wesen, das von dem Mann an Körpergröße, an Muskelmasse und Muskelkraft, an Nervenmasse und Nervenkraft bedeutend übertroffen wird. Das war nicht von aller Anfang so, das ist auch heute bei vielen Völkerstämmen nicht

»H., Frl. Ria Scheib, St. Georgenberg, 1908«. Beim Wandern in den Tiroler Bergen erwies sich praktische Kleidung als unabdingbar

so, und das braucht nicht so zu bleiben. Wir dürfen nicht die heutige Frau als die Normalfrau hinstellen. Wie der Geschlechtstrieb der Normalfrau beschaffen sein wird, wissen wir noch nicht. Jedenfalls brauchen wir uns keineswegs in die Voraussetzung zu fügen, daß die Frau immer und unter allen Umständen hinter dem Mann herhinken muß, überall unfähig, Schritt zu halten, im Handeln, Denken und Lieben der schwache Abglanz einer unerreichbaren Herrlichkeit.«

Doch es ging Hope Adams Lehmann nicht nur um neue Rechte und Pflichten für die Frauen. Sie wollte auch für Männer die traditionellen Geschlechterrollen aufbrechen. »Die Frauenfrage ist die Männerfrage«, heißt es in ihrem Aufsatz »Das Weib und der Stier«.[25] Auch der Mann müsse Fesseln zersprengen, aussichtslos sei jeder Kampf um die Befreiung der Frau, der nicht den Mann mit befreie. Einerseits werde daher die Frau sich die jahrtausendelang geübten männlichen Tugenden aneignen, sich mit Männern messen, ihren Umgang, ihre Kritik und ihre Erziehung suchen. Auch der Mann solle jedoch von der Frau ihre Tugenden übernehmen, wie Rücksichtnahme, Takt, Teilnahme, Mitleid und Mitfreunde, Selbstverleugnung, Verzicht zu Gunsten anderer. Diese »Sklaventugenden« seien unabdingbare soziale Eigenschaften für das Leben unter Gleichberechtigten.[26] Die neue Kultur werde für Mann und Frau gleiche Entwicklungsmöglichkeiten bereitstellen, werde Egoismus und Altruismus zu einem Lebensmotiv verschmelzen. Die Lebenskunst müsse für beide dann weniger darin bestehen, das eigene Recht zu wahren, als anderen das ihre zu lassen.

Auch ihr Blick auf den Mann unterscheidet sich dabei grundlegend von dem der Stöcker, Bäumer und Weber:[27] »Wahr ist es, daß jede normale Frau sich nach Liebe und Mutterglück sehnt. Aber liegt darin etwa eine Geschlechtseigentümlichkeit des Weibes? Sehnt sich nicht auch jeder normale Mann nach Liebe und Vaterglück? Es ist meines Erachtens eine schwere und beleidigende Verkennung des Mannes, zu behaupten, daß ›nur der Geschlechtstrieb ihn zum Weibe führt‹ und daß er ›mit der Vollendung des Kopulationsaktes aus der geschlechtlichen Sphäre heraustritt‹... Was die Kindersehnsucht betrifft, so ist sie im Leben des Mannes sicher ein ebenso wichtiger Faktor wie beim Weibe... Muß man da nicht sagen, daß es ebenso Beruf des Mannes ist, Gatte und Vater zu sein, als der des Weibes, Gattin und Mutter zu sein?« Die Kindersehnsucht sei Männern und Frauen gleichermaßen gegeben.

Daher plädiert Hope Adams Lehmann für Männerrecht auch mit Blick auf die Kinder.[28] Hier wird der Unterschied zu den übrigen Frauenrechtlerinnen besonders sichtbar. Da sie eben nicht von einer Verschiedenheit von Mann und Frau ausging, sah sie hier große Entwicklungsmöglichkeiten – für den Mann:[29] »Das Kind hat aber nicht nur Anspruch auf die Mutter, sondern auch Anspruch auf den Vater, und zwar nicht nur auf den Vater, der die ganze Woche zum Verdienen außer dem Hause ist, dem es abends ›Gute Nacht‹ sagt und mit dem es Sonntags spazieren geht, sondern zu dem es in der

Intimität der persönlichen Dienstleistung steht. In einer besseren Zeit werden sich Vater und Mutter bei der Kinderpflege unterstützen und ablösen. Nur so wird der Geist des Vaters in vollem Umfang auf das Kind einwirken, nur so wird der Vater dahinterkommen, was Kinderpflege eigentlich bedeutet, nur so wird er die Leistung der Frau in ihrer ganzen Größe würdigen lernen... Und nur so wird er auch seinerseits vom Kinde lernen und des Himmelreiches teilhaftig werden, welches denen versprochen wird, die wie ein kleines Kind geworden sind.« Dies sei, so Hope Adams Lehmann, in der zukünftigen sozialistischen Gesellschaft dadurch zu erreichen, daß beide Eltern sich bei einem sechs- bis achtstündigen Arbeitstag, der in den ersten Erziehungsjahren auch durch Halbtagsarbeit zu verkürzen sei, die Kinderpflege gleichberechtigt teilen könnten.

Mit ihrem Kampf für geschlechterunabhängiges Menschenrecht, für ein Leben ohne überkommene Tabus und für neue Rollenverteilungen von Frau und Mann stand Hope Adams Lehmann nicht nur im Gegensatz zu vielen bürgerlichen Frauen ihrer Zeit. Auch bei sozialistischen Vordenkern der Frauenfrage wie bei August Bebel finden sich keine solchen Gedanken zur »Männerfrage«, die Befreiung der Frau wird dort als ein nur sie betreffender Prozeß gesehen. Clara Zetkin entwickelte zwar auf dem Mannheimer Parteitag der SPD von 1906 Ansätze einer »sozialistischen Familientheorie«, indem sie die traditionelle Stellung des Mannes in Frage stellte;[30] wenn Frauen als Arbeiterinnen nicht mehr die Kinder erziehen könnten, »dann bedingten es die Umstände ganz von selbst ..., daß der Mann ohne Rücksicht auf weibliche oder männliche Arbeit ihr helfend zur Seite tritt. Wir haben in den Umständen ... einen Fortschritt zu erblicken«. Gleichzeitig versicherte sie aber, damit nicht die Arbeitsteilung der Geschlechter beseitigen zu wollen. Auch sie hielt an der Existenz eines spezifischen »weiblichen Wesens« fest und war gegen eine Beschränkung der Geburtenzahl von Arbeiterinnen.[31] Viele (männliche) Vertreter der Arbeiterbewegung waren ohnehin zutiefst in den traditionellen Familienmodellen, Weiblichkeitsvorstellungen und dem zeitgenössischen Sittlichkeitsdenken befangen. So bekam beispielsweise Kurt Eisner durch seine Scheidung größte Schwierigkeiten mit den Genossen und dies kostete ihn seinen Posten als Chefredakteur in Nürnberg sowie seine Reichstagskandidatur in Dessau.[32]

Interessant sind daher die Gedanken, die Hope Adams Lehmann für die Organisation des Verhältnisses von Mann und Frau und Kindern in einer zukünftigen sozialistischen – sprich: idealen – Gesellschaft entwickelte:[33] Nach einer gesunden, anregenden und glücklichen Jugend, in der die Eltern den Kindern genügend Spielräume für freie Entwicklung geboten haben und in einem vertrauensvollen Verhältnis auch alle Fragen besprochen wurden, soll das Kind zunehmend selbständig werden. Das Mädchen ist dabei zum Weib, nicht zur Ehefrau zu erziehen, jede Lektüre, außer Pornographie, ist erlaubt. Onanie ist normal, sie gehört in gewissem Umfang zur Entwicklung. Bis zu einem bestimmten Alter gilt ein Minderjährigenschutz, der das Zeugen und Gebären untersagt. Danach darf jeder und jede geschlechtliche Beziehungen eingehen, ohne daß sich Staat und Gesellschaft darum kümmern. Wenn daraus Kinder entstehen, gelten die Eltern für drei bis fünf Jahre als Eheleute mit gemeinsamer Sorge für die Kinder; der Vater übernimmt die Hälfte der Erziehung. Danach können sie auseinandergehen und sich frei über die Kinderversorgung einigen. Bei Uneinigkeit entscheidet das Gericht. Für Kinder ohne Eltern sorgt die Gesellschaft, doch das werden wenige sein, da die Frauen unerwünschte Schwangerschaften während der ersten fünf Monate ärztlich unterbrechen lassen können. Die Frau arbeitet während der Erziehungsphase ihrer drei oder vier Kinder sechs bis zehn Jahre lang halbtags, sonst ganztags. So kann sie am Leben von Mann und Kindern teilhaben, Liebe, Mutterschaft und Arbeit leben.

Und immer wieder gibt Hope Adams Lehmann ihrer Überzeugung Ausdruck, daß solche Vorstellungen keineswegs nur Utopien seien: »Die Natur hat die Frau mit den gleichen Kräften ausgerüstet wie den Mann und darum auch zu gleichen Leistungen bestimmt ... Nicht in der Rückkehr zu einer ohnedies unwiderruflichen Vergangenheit liegt die Erlösung der Frau, sondern in einer naturgemäßen und darum zweckmäßigen Anpassung an die Bedingungen der neuen Zeit ... Die Welt braucht die Arbeit der Frau und sie muß sie leisten. Es kommt also für sie darauf an, Verhältnisse zu schaffen, welche es ihr ermöglichen, die neue Arbeit mit den Aufgaben der Mutterschaft zu vereinen, um beiden gerecht zu werden ... Denn die neue Zeit mit ihren neuen Forderungen verlangt auch ein neues Geschlecht.«

Was waren nun Gegenmodelle zu diesen Vorstellungen und wie stellte sich Hope Adams Lehmann dazu? Daß sie das Leben mit dem Mann favorisierte, geht aus allen ihren Schriften hervor. Doch wie stellte sie sich zu anderen Lebensentwürfen, beispielsweise zu gleichgeschlechtlicher Liebe? In ihrem ›Frauenbuch‹ spricht sie dies offen und mit wissenschaftlicher Toleranz an.³⁴ Sie diskutiert die Bedingungen, denen solche Beziehungen unterworfen sind und weist dafür die Begriffe »natürlich« und »unnatürlich« zurück: Streng auf den Begriff der Natur bezogen müsse man auch heterosexuelle Beziehungen, die nicht der Kinderzeugung gälten, als »unnatürlich« bezeichnen, obwohl dies bei den meisten Menschen üblich sei; Geschlechtsverkehr würde nicht unnatürlich, nur weil keine Zeugungsabsicht oder -möglichkeit bestünde. Das gelte dann auch für gleichgeschlechtliche Beziehungen. »Ein Gefühl können wir nicht nur darum für unnatürlich erklären, weil es von den meisten nicht geteilt wird... Wir werden einsehen, daß wir mit der Bezeichnung natürlich und unnatürlich vorsichtig umgehen müssen, daß das, was wir gewöhnlich so benennen, nur die beiden Extreme einer langen Reihe darstellen, deren einzelne Glieder durch die subtilsten Abstufungen ineinander übergehen, daß wir schließlich überhaupt kein Recht haben, von natürlich oder unnatürlich, sondern höchstens von normal und anormal zu reden. Die Norm ist die Regel. Das Abnorme ist die Ausnahme... Sehen wir, daß zwei Frauen wie Mann und Frau zusammengehören, in guten und in schlechten Tagen zueinander stehen, und durch ihre gegenseitige Liebe das Gleichgewicht mit sich selber, die Kraft zur Pflichterfüllung, den Mut zum Leben, die Fähigkeit zum Genuß gewinnen, so werden wir anerkennen müssen, daß hier etwas vorliegt, daß sich unserem Verständnis entzieht, dessen Wirkung wir aber unsere Achtung und Sympathie nicht versagen können. Was berechtigt uns, über ein derartiges Verhältnis den Stab zu brechen? Sind denn normale Verhältnisse ausnahmslos so voll Glück und sittlicher Stärke, daß man niemand gestatten dürfte, anders als in ihnen seine Befriedigung zu finden und seine Kraft zu schöpfen?«

Auf der anderen Seite warnte sie auch vor den Gefahren, die diese Lebensform enthalten könne: die Ablehnung und Angriffe der Außenwelt könnten auch viel festere Liebesbeziehungen erschüttern. Oft sei daher gleichgeschlechtliche Liebe viel mehr von ständigem Wechsel bedroht, fehle doch meist die Möglichkeit, die andere Beziehungen stabilisiere: einander vor aller Welt anzugehören. Aus diesem Grund müsse man junge Mädchen und Knaben durch rechtzeitige Aufklärung vor »Verführung« zu gleichgeschlechtlicher Liebe schützen.

Gleichermaßen distanzierte sie sich von den Lebensentwürfen einiger Vertreterinnen der Frauenbewegung, die das Alleinleben als weiblichen Lebensentwurf propagierten. Mit Toleranz, aber nicht ohne Ironie kommentierte sie deren Lebensentwürfe:[35] »Es gibt auch eine kleine Schar, welche behauptet, die alleinstehende, unabhängige Frau sei glücklicher dran als die glücklichste Mutter und Gattin. Sie allein sei frei, gesund und schaffenstüchtig und ihr Los das einzig ideale. Wir dürfen wohl in dieser Behauptung den gutgemeinten und mutigen Versuch einiger alleinstehender Frauen erblicken, sich über das Unvermeidliche ihres eigenen Schicksals hinwegzusetzen, indem sie das, was ihnen versagt blieb, für wertlos erklären. Wir werden sie um dieses Schicksal bemitleiden und um ihre tapfere Lebensfreudigkeit bewundern, sowenig wir auch ihrem Dogma beipflichten können.«

Hier werden deutliche Abgrenzungen zu anderen Vertreterinnen der Frauenbewegung sichtbar, die entweder das Alleinleben propagierten oder aber gleichgeschlechtliche Paar- und Arbeitsbeziehungen lebten wie Gertrud Bäumer und Helene Lange, wie Ika Freudenberg und Sophia Goudstikker. Auch Anita Augspurg und Lida Gustava Heymann hatten ein ganz anderes Lebensmodell gewählt als Hope Adams Lehmann:[36] Mit ihrer Partnerschaft entschieden sie sich gegen Ehe und Kinder, aber auch gegen die Abhängigkeit von einem Mann, gegen die bürgerliche Konvention. Damit verzichteten sie jedoch nicht auf einen großbürgerlichen, extravaganten Lebensstil mit Reiten und Radfahren, einem Gutshof in den Alpen und Reisen durch ganz Deutschland im selbstgesteuerten Auto. Zutiefst politisch engagierten sie sich, hier wieder Hope Adams Lehmann sehr nahe, auch gegen den Krieg: Sie gehörten 1915 zu den Initiatorinnen der Haager Frauenfriedenskonferenz.

Von Frauenzirkeln versprach sich Hope Adams Lehmann jedoch insgesamt keine Impulse für die Entwicklung der Frau der Zukunft:[37] »Die Mädchenschule und der Frauenverein sind zwei zur Zeit gewiß notwendige Übel, mit denen wir jetzt möglichst bald aufräumen sollten. Sie bieten uns kein Beispiel, dem wir nachstreben, keinen Maßstab, an dem wir die eigenen Leistungen beurteilen können. Jede ausschließliche Frauenvereinigung wird unvermeidlich mehr oder weniger zu einer Brutstätte der spezifischen weiblichen Eigenschaften, welche die Frau für die Aufgaben des Lebens... untauglich macht. Darum muß die Frau... die gemischte Schule, die gemischte Arbeit, die gemischte Erholung erkämpfen. Das wird zunächst vielleicht auch eine sehr gemischte Freude sein. Die Männer werden uns nicht mit offenen Armen empfangen und wir werden auch nicht mehr so hübsch unter uns sein... Aber... wir brauchen das Magenbitter der männlichen Kritik... Diese Kritik ist für uns ein äußerst wertvolles Gegengewicht gegen die Selbstgefälligkeit, welche der liebenswürdige Beifall der Mitschwestern in den Vorkämpferinnen bei deren ersten bescheidenen Erfolgen großzuziehen geeignet wäre.« Das ging sicherlich auch gegen die in München wirkenden Frauenvereine und Frauenzirkel, die Hope Adams Lehmann gut kannte. Liest man die oft sehr idealisierten Artikel dieser Frauen übereinander, so wirkt die Kritik nicht mehr ganz unverständlich.

Eine Repräsentantin dieser Münchner Frauenkreise war Ika Freudenberg. 1904 hatte der von ihr geleitete »Verein für Fraueninteressen« bereits 1 000 Mitglieder.[39] Zunächst sollte die freiwillige Wohltätigkeitsarbeit von Frauen außerhalb des eigenen Hauses aufgewertet werden. Um die Jahrhundertwende ging es dann um die Verbesserung der beruflichen Bildung und die Professionalisierung weiblicher Arbeit, um die Beschäftigung von Frauen in angeseheneren pflegerischen wie erzieherischen Berufen und im Büro: Die Frauenfrage ist die Bildungsfrage, ließe sich Ika Freudenbergs Maxime resümieren. Daher kämpfte der Verein für die Mädchenschulreform; er unterhielt auch eine Rechtsschutzstelle für Frauen, ebenso eine ärztliche Beratungsstelle für Wöchnerinnen und bemühte sich in einer »Kommission zur Behandlung der Arbeiterinnenfrage« um die Verbesserung der Lage der arbeitenden Frauen. In der »Abteilung für soziale Arbeit« bildete der Verein ehrenamtliche Helferinnen aus. Mit Ernst von Wolzogen, August Endell, Hermann Obrist und Karl Thieme von der ›Münchener Rückversicherung‹ und rund zwanzig weiteren Männern war es kein reiner Frauenverein; sie blieben jedoch unter über 700 Frauen eine kleine Minderheit.

Die wichtigste Vorkämpferin der Frauenbewegung in München war zweifellos Anita Augspurg. Zwischen ihren Vorstellungen und denen von Hope Adams Lehmann finden sich, trotz vieler Unterschiede, auch manche Übereinstimmungen. Augspurg war eine Vorkämpferin der Radikalen; gemäßigte und radikale bürgerliche Frauenbewegung bemühten sich wie auch Hope Adams Lehmann um bessere Bildung der Frauen, um bessere Rechtsstellung und um bessere Berufschancen. An der Politik und an der Moral schieden sich jedoch die Geister: Die Forderung nach einem allgemeinen und gleichen Frauenwahlrecht wurde nicht von allen unterstützt. Von Adams Lehmann gibt es dazu keine Aussagen, im Rahmen ihres Gleichheitsgedankens war sie jedoch sicherlich dafür. Umstritten waren in der Frauenbewegung auch die Bemühungen um eine Abschaffung der Paragraphen 218 und 219, also um eine Freigabe der Abtreibung, ebenso die Forderung des radikalen Flügels, von Männern die gleichen Standards zu verlangen wie von Frauen, beispielsweise den Verzicht auf außerehelichen Geschlechtsverkehr. Dazu Anita Augspurg in einem Vortrag:[40] »Eine gebildete Frau, die sich auf eigenen Füßen in der Welt behauptet, wird nicht blindlings jede Ehe eingehen, nur weil ihr eingeredet wird, sie müsse heiraten, weil es so hergebracht sei, oder weil sie sonst am Hungertuche nagen darf. Vielleicht werden alsdann weniger Ehen geschlossen. Die Frau wird aufhören, die Sittlichkeit des Mannes und des Weibes mit zweierlei Maß zu messen, sie wird vom starken Manne auch ein gewisses Quantum sittlicher Stärke verlangen. Das ist unbequem für das Geschlecht, für welches es bisher in moralischer Beziehung weder Gesetz noch Schranke gab.« Als Redakteurin, Verbandsvorsitzende und Agitatorin für Frauenrechte vertrat Anita Augspurg auch später die Position, die Frauenfrage sei in erster Linie eine Rechtsfrage: Ohne die Anerkennung der Frauen als gleichwertiges und gleichberechtigtes Rechtssubjekt neben dem Mann würden alle Einzelerfolge von Frauen gewissermaßen privat und vorübergehend bleiben. Damit verband sie die Forderung nach vollem Frauenstimmrecht. Obwohl sie mit Hope Adams Lehmann viele Überzeugungen teilte, setzte sie also an einem anderen Punkte an.

In München gab es jedoch noch weitere unkonventionelle Lebensentwürfe. Dazu gehört auch der von Franziska zu Reventlow. Ohne daß es hierfür Belege gäbe, ist davon auszugehen, daß Adams Lehmann mit Reventlows Lebensmodell nicht viel anfangen konnte, so wie es auch umgekehrt wenig Berührungspunkte gab. Reventlows Vorstellungen standen in diametralem Gegensatz zu dem Lebensentwurf der beruflich tätigen Frau: Sie blickte mit Mitleid auf die engagierten Frauenrechtlerinnen und spottete über gleichgeschlechtliche Frauengemeinschaften. Berufstätige Frauen waren ihr suspekt: »Der liebenswürdige Tipus der studierenden Geliebten, den Wolzogen in seiner Claire de Fries im ›Dritten Geschlecht‹ schildert, begegnet uns im Leben fast nie. Wir lernen in der Praxis immer nur überarbeitete nervöse Berufsfrauen kennen, die der Welt und ihrer Lust abhold sind, weil sie eben beides nicht miteinander vereinigen können.« Claire de Fries, so ist hier anzumerken, war nach dem Vorbild von Hope Adams Lehmanns Schwägerin Maria Blei, geborene Lehmann entstanden.[41] Oder, an anderer Stelle, ganz in Stil und Schreibweise des Herausgebers, in Oscar Panizzas »Zürcher Diskuszionen«: »Die extremsten Bewegungsdamen haben die

Behauptung aufgestellt: Das Weib kann alles, was der Mann kann, es ist nur durch jahrhundertelange Unterdrückung und Gewohnheit um die Möglichkeit zu fisischen und geistigen Kraftleistungen gebracht worden...Hat es irgendeinen Zweck..., die Geschlechtsunterschiede, die alle anderen bedingen, zu verwischen, damit eins dem anderen ähnlicher wird? ... – Die geschlechtliche Attacke ist die Urleistung des Mannes... Das Weib erwartet, verlangt sie, gibt sich ihr hin. Das ist seine Funkzjon.« Sie zog also genau die umgekehrten Schlüsse wie Hope Adams Lehmann. Letztlich pflegte Franziska zu Reventlow, trotz aller Verstöße gegen die Konvention, trotz heidnischer Ausschweifungen, einen adeligen Lebensstil: Sie hatte zwar immer das Ziel, »Großes zu schaffen«. Doch Anstrengung oder gar ein Beruf waren für sie nicht erstrebenswert.

In der Diskussion um Mann und Weib nahm Hope Adams Lehmann eine ganz eigene Position ein, die in vieler Hinsicht zeitgenössischen Vorurteilen und Kampfplätzen fern lag. In ihrem Nachruf auf Hope Adams Lehmann schrieb Lida Gustava Heymann:[42] »Dr. Adams Lehmann war keine der Unseren im wahren Sinne des Wortes, d. h. organisiertes Mitglied der Frauenbewegung, deren Forderungen ihr so selbstverständlich erschienen, daß sie... ihre Kraft anderen Aufgaben widmete. Dennoch nehmen wir sie für uns in Anspruch, denn sie war eine Frau wie wir, die wir für Freiheit und Gleichheit unseres Geschlechts kämpfen, um die befreite Frau der Zukunft zu schaffen.«

Anmerkungen

[1] Janssen-Jureit (Hrsg.), Frauen und Sexualmoral, Einleitung S.30: Sie vergleicht Marholms Thesen mit denen von Esther Vilar. Auch die Schwedin Ellen Key vertrat Thesen, die mit denen Hope Adams Lehmanns in direktem Widerspruch standen.
[2] Adams Lehmann, Die Arbeit der Frau, S.1032
[3] Ebd. S. 1034
[4] Mit umfänglicher Diskussion u.a. Wobbe, Gleichheit und Differenz; Evans, The Feminist Movement in Germany
[5] Adams Lehmann, Die Vorbereitung der Frau zur Lebensarbeit, S.11
[6] Fontane, Romane, darin »Effi Briest« und »Frau Jenny Treibel«
[7] Vgl. Plößl, Weibliche Arbeit in Familie und Betrieb
[8] Als neuere Beispiele einer inzwischen umfassenden Literatur Weber-Kellermann, Frauenleben im 19. Jahrhundert; Herrad Schenk, Die feministische Herausforderung; Frevert, »Mann und Weib und Weib und Mann«; Planert, Antifeminismus im Kaiserreich

9 Wobbe, Gleichheit und Differenz, S.114
10 Weber, Sexual-ethische Prinzipienfragen, S.38-41
11 Stöcker, Weibliche Erotik, S.91; Bäumer, Die neue Ethik, S.711. Zu Stöcker auch Hackett, Helene Stöcker: Left Wing Intellectual and Sex Reformer, S.109-130; Evans, The Feminist Movement in Germany
12 Bäumer, Was bedeutet in der deutschen Frauenbewegung, S.325
13 Hier befand sie sich in Übereinstimmung mit August Bebel und vielen anderen Autoren und Autorinnen ihrer Zeit; die Literatur über freie Liebe boomte in diesen Jahren. Vgl. auch Janssen-Jureit (Hrsg.), Frauen und Sexualmoral, S.28-34; Evans, The Feminist Movement in Germany
14 Adams Lehmann, Frauenbuch, Bd.2, S.1 f.
15 Bleker, Die ersten Ärztinnen
16 Springer, Die Ärztin im Haus, Bd.II, S.745
17 Adam Lehmann, Das Frauenbuch, Bd. 2, S.124-131
18 Adams Lehmann, Die Schule der Zukunft, S.343
19 Adams Lehmann, Die Vorbereitung der Frau zur Lebensarbeit, S.12
20 Hope Bridges Adams Lehmann, Zur Psychologie der Frau, in: Die Neue Zeit 15 (1897), S.591-596
21 Adams Lehmann, Die Gesundheit im Haus, S.460-487
22 Wobbe, Gleichheit und Differenz
23 Zum Frauensport dieser Zeit Müller-Windisch, Aufgeschnürt und außer Atem
24 Adams Lehmann, Frauenbuch, Bd.2, S.42
25 Adams Lehmann, Das Weib und der Stier, S.5
26 Adams Lehmann, Die Vorbereitung der Frau zur Lebensarbeit, S.21-25
27 Adams Lehmann, Das Weib in seiner Geschlechtsindividualität, S.743
28 Adams Lehmann, Die Arbeit der Frau, S.1035
29 Adams Lehmann, Die Arbeit der Frau, S.1035
30 Bussemer, Bürgerliche und proletarische Frauenbewegung, S.48 f.
31 Lewinsohn, Die Stellung der deutschen Sozialdemokratie zur Bevölkerungsfrage; Niggemann (Hrsg.), Frauenbewegung und Sozialdemokratie
32 Grau, Eisner, S.281
33 Adams Lehmann, Sexuelle Pädagogik, S.749-760; dies., Die Arbeit der Frau, S.1035-1037
34 Adam Lehmann, Frauenbuch, Bd.2, S.169 f.
35 Adams Lehmann, Die Gesundheit im Haus, S.487
36 Vgl. Dünnebier/Scheu, Die Rebellion ist eine Frau, aber auch Heymann/Augspurg, Erlebtes-Erschautes
37 Adams Lehmann, Die Vorbereitung der Frau, S.21 f.
38 Vgl. Zitate in Dünnebier/Scheu, Die Rebellion, aber auch in Heymann/Augspurg, Erlebtes-Erschautes
39 Verein für Laueninteressen, 100 Jahre Verein für Fraueninteressen
40 Dünnebier / Scheu, Die Rebellion, S.31
41 Krauss, Es geschah im Fotoatelier Elvira
42 Heymann, Dr.Hope Bridges Adams Lehmann +, S.79

Hopes München

Der Blick der Nachgeborenen auf das München der Jahrhundertwende, in dem Hope Adams Lehmann als Ärztin und Reformerin wirkte, zeigt Gegensätze und Widersprüche. Für die einen ist es die Stadt der Toleranz, der klassenübergreifenden Gemütlichkeit der Bierkeller, der politischen Integrationskraft und Reformfähigkeit, der Künstler und der Boheme;[1] andere sehen es als die Stadt des Katholizismus und der Sittlichkeitsbewegung, der Esoteriker um Stefan George und Ludwig Klages, des Kunstgewerbes und des Kitsches – als »Hitlers München«, in dem die »Hauptstadt der Bewegung« der zwanziger und dreißiger Jahre, die »Stadt der Deutschen Kunst« und Ausstattungsmetropole des Dritten Reiches, in mancher Hinsicht vorweggenommen wurde.[2] Zweifellos war München eine »bäuerliche Großstadt«, die ihre schnell wachsende Industrie schamhaft hinter Bürgerhausfassaden versteckte,[3] deren Lokomotivfabriken Krauss und Maffei mehr »Industriehandwerker« als ungelernte Fabrikproletarier beschäftigten[4] und deren Sozialdemokratie ihren Beinamen als »königlich bayerische« Partei nicht ganz zu unrecht trug.[5] Als Lenin 1901 an einer Maifeier der Münchner Sozialdemokraten teilnahm, war er zutiefst enttäuscht, wie seine Frau berichtete: »Und nun zogen die deutschen Sozialdemokraten in ziemlich großen Kolonnen mit Kind und Kegel und mit den üblichen Rettichen in der Tasche schweigend im Eilmarsch durch die Stadt, um später in einem Vorortrestaurant Bier zu trinken... An eine Demonstration aus Anlaß des ‚Weltfeiertages der Arbeiterklasse' erinnerte diese ›Maifeier‹ in keiner Weise.«[6]

Aber München war auch die schnell wachsende Metropole des südlichen Deutschlands: Zwischen 1885 und 1910 zogen 300 000 Menschen nach München,[7] das als Industrie-, Handels- und Verkehrsstadt sowie als Verwaltungszentrum Arbeit und Lohn versprach. Neben den großen Brauereien und der Industrie einer Kunststadt mit Möbel- und Farbenfabriken, Druckereien und Verlagen waren es Firmen wie die Gummifabrik Metzeler, die Waggonfabrik Rathgeber oder die großen Lokomotivfabriken, die neben vielen Klein- und Mittelbetrieben München prägten und der Stadt 1905 bereits 80 Nebeltage im Jahr bescherten.[8] Mit seinen schnell expandierenden Banken und Versicherungen wurde es in diesen

Jahren auch zum bedeutenden Finanzplatz.[9] Im Jahr 1913 betrug das jährliche Pro-Kopf-Einkommen der etwa sieben Millionen Bayern 625 Mark, 1 700 Einkommen überschritten 50 000 Mark und es gab 1 400 Millionäre. Zwar hatten Berlin und Hamburg mehr Bewohner mit sehr großem Einkommen und die Klassengegensätze traten dort schärfer zutage; doch auch in München trennten Welten einen wohlsituierten Großbürger vom einfachen Dienstmädchen.

Die Fremdenführer stützen ebenso wie autobiographische Erinnerungen von Neumünchnern dieser Jahre das Bild der biedersinnigen, vielleicht etwas provinziellen, aber lebenswerten Großstadt, einer Kunststadt mit Bierkellern.[10] München galt als die Stadt der Künstlerfürsten Franz von Lenbach, Franz von Stuck und Adolf von Hildebrand, der sehr unterschiedlichen Literaturlöwen Paul Heyse, Thomas Mann, Frank Wedekind oder Ludwig Thoma. In München entstand die reichsweit gern gelesene gesellschaftskritische Zeitschrift ›Simplicissimus‹ eines Albert Langen, Th. Th. Heine oder Olaf Gulbransson, aber auch Georg Hirths ›Jugend‹, Namensgeberin für den Jugendstil. Es gab das Kabarett der ›Elf Scharfrichter‹, Theater, Musiksäle und Museen, seit 1906 sogar das ›Deutsche Museum der Technik‹.[11] Bis 1912 dominierten die Liberalen im Bayerischen Landtag und verstanden es immer wieder, zusammen mit der hohen bayerischen Beamtenschaft den Einfluß des katholischen ›Zentrums‹ zurückzudrängen. Doch bereits 1906 war der ›Münchner Männerverein zur Bekämpfung der öffentlichen Unsittlichkeit‹ auf den Plan getreten[12] mit dem Ziel, das konservativ-katholische Lager und seine Anliegen in der Öffentlichkeit zu stärken. Es ging gegen das moderne Theater, gegen die künstlerische Behandlung sexueller Themen, gegen Prostitution und gegen den Verkauf von Aktfotografien. Der Sittlichkeitsverein überschwemmte die Polizei mit Anzeigen und die Polizeidirektion mußte sich zunehmend für ihre als zu tolerant empfundene Praxis rechtfertigen. Als kurz vor dem Ersten Weltkrieg der konservativ-klerikale Einfluß in der Politik stärker wurde, deuteten sich bereits stärkere Polarisierung, Konflikt und Restriktion an.

Vor diesem Hintergrund ist die Frage zu stellen, wie Hope Adams Lehmanns München aussah, wie sie – die englische Nonkonformistin, die geschiedene und wiederverheiratete Frau, die Medizinerin und Reformerin, dieses München erlebte, das von 1896 bis zu ihrem Tod 1916 ihr Wohnort war. Aufzeichnungen gibt es von ihr dazu nicht. Doch offensichtlich wurde ihr München zur Heimat: Hier führte sie ihre ausgedehnte Praxis, plante ihre großen Reformprojekte und konnte auf viele Freunde zählen; Carl Lehmann wiederum trat zehn Jahre nach seinem Zuzug als Landrat, und wenig später als Münchner Gemeindebevollmächtigter in den Dienst seiner neuen Heimat – Ämter, wie sie auch sein Vater in Offenburg ausgeübt hatte, nur nicht für die Sozialdemokraten, sondern für das Zentrum.[13] Dies macht die politischen Veränderungen deutlich, die in München ein Stück deutlicher ausfielen als im übrigen Reich: Noch wenige Jahre vorher galten die Sozialdemokraten als Staatsfeinde, nun waren sie akzeptierte Kollegen im Stadtrat.

Über die Gründe der Lehmanns, nach München zu ziehen, läßt sich nur spekulieren: Carl Lehmann hatte 1883/84 seinen Militärdienst hier absolviert und wohl damals an der Stadt Gefallen gefunden.[14] Er kam dann von seinem Studienort Straßburg 1895 nach München, um hier zu promovieren.[15] Seine Schwester Maria studierte in dieser Zeit in Zürich Medizin, ebenso ihr späterer Mann, der Schriftsteller Franz Blei;[16] seitdem waren die beiden mit der in München lebenden und in Zürich Jura studierenden Frauenrechtlerin Anita Augspurg befreundet, die sie auch manchmal in München besuchten: Die Stadt entwickelte sich gerade in diesen Jahren zu einem blühenden Zentrum der Frauenbewegung.[17] Außerdem – und das könnte für Hope ausschlaggebend gewesen sein, die für ihre Berufsausübung als Ärztin immer noch Protektion benötigte – lehrte hier Franz von Winckel, der große Gönner der Medizinstudentinnen; er war inzwischen Leiter der Münchner Universitätsfrauenklinik.[18] All dies mag zusammengewirkt haben, daß sich das Paar in München niederließ.

Da eigene Eindrücke fehlen, ist hier auf Lehmanns aus Wien stammenden Schwager Franz Blei zurückzugreifen, der ebenfalls um die Jahrhundertwende nach München zog:[19] »München war die Stadt der Fremden, die sich ohne Reibung in das Landesübliche der Sitten und Bräuche fanden, denn diese waren locker, leicht, zuweilen ein bißchen komisch, anspruchslos; verbanden alle Kasten und Stände, distinguierten sich nicht danach; die Schichten waren nicht gestaffelt, sondern lagen auf der gleichen Ebene eines sozusagen demokratischen Konvenüs.«

Dieser demokratische Konvenü sagte sicher auch Hope Adams Lehmann zu, die dem Badischen nicht unverwandte Mundart, die leichte und schichtenübergreifende Lebensweise ihrem Mann. Trotz des Mangels an autobiographischen Texten läßt sich, auch mit Hilfe der überlieferten Fotoalben, etwas von »Hopes München« rekonstruieren: Die Wohnung und deren Umgebung, einige der

»*Gabelsbergerstraße. Bei Nr. 20 a unser Baby. Gegenüber der Ostermeier-Garten. 1906.*« Das Auto »Baby« war eine neue Errungenschaft der Lehmanns

Freunde, das Münchner Leben mit Fasching und Oktoberfest, mit Ausflügen ins Umland und vor allem in die Berge. Das Wandern war die große Leidenschaft von Carl Lehmann, und seine Tätigkeit im Vorstand der Sektion Oberland des Deutschen und Österreichischen Alpenvereins muß viel seiner Zeit in Anspruch genommen haben. Seine Bergleidenschaft war daher vermutlich ein weiterer Grund, der für die Wahl Münchens als Wohnort nahe den Alpen gesprochen hatte.

Ihr Stadtviertel war die Maxvorstadt, eines der ersten Münchner Stadterweiterungsgebiete, in dem 1810 der Hofgärtner Friedrich Ludwig von Sckell und der Architekt Karl von Fischer ein musterhaft erschlossenes Siedlungsgebiet geplant hatten, offen und durchgrünt, das damals besonders als Wohngegend für den die Residenznähe schätzenden Hofadel geeignet erschienen war.[20] Hierhin zog es nun die Lehmanns: Ihre erste Wohnung lag in die Schwindstraße 26, ab Ende 1897 lebten sie in der Gabelsbergerstraße 20 a im zweiten Stock. Um 1900 war die Gabelsbergerstraße eine bürgerliche

»Sylvester 1911, Gabelsberger Straße 20 a«

Straße.[21] Doch viele der hier ansässigen rund achthundert Haushalte hatten mit dem Hof zu tun: Es wohnte hier zwar nicht der Hofadel, aber Offiziere, höhere Beamte, Kammerdiener. In den ungünstiger gelegenen Wohnungen unter dem Dach oder in Nebengebäuden lebten aber auch Gesellen und Tagelöhner.

Die 280 Quadratmeter große Wohnung[22] bestand aus insgesamt sieben Zimmern, zwei Kammern, Vorplatz, Gang sowie Küche und Badezimmer. Es fand darin auch die Praxis des Arztehepaares mit gemeinsamem Warte- und Sprechzimmer Platz. In dieser Wohnung lebten Hopes Kinder Heinz und Mara während der Schulzeit, ebenso über lange Zeit Clara Zetkins Söhne Maxim und Kostja. Hinzu kamen zwei Dienstmädchen, eines davon für die Praxis. Außerdem wohnten Freunde wie August Bebel oder Clara Zetkin oft auch länger bei Lehmanns. Die Wohnung war auch ein wichtiger Treffpunkt für eine Vielzahl unterschiedlicher Münchner Kreise und Zirkel, die hier immer einer gastlichen Aufnahme gewiß sein konnten.[23]

Von der Wohnfläche her gehörte das Arztehepaar zweifellos zur Oberschicht der Stadt; als Ärzte waren sie wie Rechtsanwälte und Architekten Mitglieder der sozialen Gruppe von freiberuflichen Akademikern, die in München zwischen 40 und 50 Quadratmeter pro Person für sich beanspruchten. Dies verweist auf den großbürgerlichen Lebensstandard des Paares: Im Vergleich mit Unterschichtenquartieren war die Wohnung der beiden Sozialdemokraten Lehmann fürstlich. Die genaue Höhe der Miete für diese Woh-

»*Garten, Gabelsberger Straße 20a. mit Glypthotek und Propyläen. 1898*«

»*Anbau der Technischen Hochschule, 1910*«. Von Lehmanns Wohnung aus dem zweiten Stock waren die Bauarbeiten gut zu beobachten

nung ist nicht bekannt, doch ähnliche Domizile kosteten um die 200 Mark im Monat.[24]

Das Haus in der Gabelsbergersteraße war relativ neu entstanden und eines der vielen mit großen Wohnungen ausgestatteten Gebäude, die als lukrative Spekulationsobjekte in der rapide wachsenden Großstadt München gebaut wurden. Über einen kleinen Park hatte man nach Südwesten einen freien Blick aufdie Rückseite der Glyptothek und auf die Propyläen des Königsplatzes. Gegenüber, auf der anderen Seite der Gabelsbergerstraße, steht heute der von 1910 stammende Erweiterungsbau der Technischen Universität; der Bau ist im Fotoalbum dokumentiert. Ursprünglich gab es hier ebenfalls einen kleinen Park, er gehörte dem mit Lehmanns befreundeten Kunstmaler Otto Obermeier.

Attraktiv waren die Nähe der Altstadt, der Universitäten, der großen Kunstsammlungen, aber auch das viele Grün rundum. Da Hope sich nach ihrer offiziellen Approbation 1904 immer mehr auf Operationen spezialisierte, legten sich die Lehmanns um 1906 ein Auto zu, ihr »Baby«;[25] ein Auto war um diese Zeit noch etwas sehr Ungewöhnliches: Erst im April 1899 war in München das erste Autokennzeichen vergeben worden. Der Anschaffungspreis für ein Auto lag bei drei- bis viertausend Mark, der Unterhalt kostete jährlich rund 1500 Mark.[26] Hope wäre nicht die Tochter ihres Vaters gewesen, wenn sie nicht auch selbst den Führerschein gemacht hätte; mit dem Auto wurden die Wege ins Rotkreuzkrankenhaus an der Nymphenburger Straße für sie kürzer, wo sie über Belegbetten verfügte. Sie fuhr aber auch oft mit der Straßenbahn,[27] dies vor allem dann, wenn Carl Lehmann mit dem Auto in den Bergen unterwegs war.

In Hope Adams Lehmanns Sprechstunde fanden sich Frauen aus der ganzen Stadt ein und auch einige von auswärts; viele kamen jedoch aus der Umgebung und aus den Arbeitervierteln östlich der Isar. Sie wird bei ihren Hausbesuchen daher oft nach Haidhausen oder Giesing gefahren sein.[28] In der Innenstadt lagen die sozialdemokratischen Versammlungslokale, in denen Hope wie ihr Mann manchmal Vorträge hielt,[29] ebenso das Gebäude der sozialdemokratischen »Münchener Post« am Altheimer Eck, mit deren Chefredakteur Adolf Müller beide Lehmanns eine enge Freundschaft verband. Das Universitätsviertel war ihr ebenfalls vertraut: Anfangs operierte sie im Josephinum in der Schönfeldstraße; um die Ecke lag das »Hofatelier Elvira«, das Anita Augspurg und Sophia Goudstikker aufgebaut hatten und das wie das Wohnhaus der beiden in der

»C. und H. Oberländerball, Fastnacht 1911«. Für den oberbayerischen Fasching zog selbst Hope Adams Lehmann ein Dirndl an

Kaulbachstraße zum Treffpunkt vieler frauenbewegter Zeitgenossinnen geworden war; Carl Lehmann ließ sich 1898 von Sophia Goudstikker fotografieren.[30] Und wie in Straßburg frequentierte Hope sicherlich die Staatsbibliothek, um ihre Artikel zu untermauern. Sie verfügte jedoch auch über viele Kontakte nach Schwabing: Der von ihr 1909 gegründete Versuchskindergarten lag in der Clemensstraße nahe der Münchner Freiheit, die offizielle Adresse des Vereins war ein Haus in der Leopoldstraße; etliche ihrer Patientinnen wohnten in Schwabing und sie schickte vielfach Frauen zur Beobachtung ins Schwabinger Krankenhaus.[31] Carl Lehmann wiederum, kein Verächter von Bier und Wein, saß oft mit politischen Freunden in Gastwirtschaften, wo in Bayern üblicherweise die meisten Kontakte gepflegt wurden.[32] Als Gemeindebevollmächtigter nahm er an Sitzungen im Rathaus teil, traf sich aber auch mit seinen Freunden im Landtag, der damals noch an der Prannerstraße

»Pasing. Maxim, C., und Frau Müller im Baby, 1906«. Das neue Auto war bei einem Besuch Carl Lehmanns und Maxim Zetkins bei der Familie von Adolf Müller eine Sensation

lag. Vom Oktoberfest oder dem berühmten Münchner Fasching gibt es ebenfalls Fotos. Doch war dies nicht der Bohemefasching einer Franziska von Reventlow,[33] sondern eher der bürgerliche Fasching der Freunde vom Alpenverein: so der »Oberländerball« oder das »Fischessen der Innthaler«.

Gemeinsame Besuche bei Münchner Freunden galten Adolf Müller und seiner Familie, sei es in der Kanalstraße nahe dem Isartor oder ab 1906 in Pasing bzw. Laim, dies dann mit dem eigenen Auto.[34] Dokumentiert sind in den Fotoalben viele Ausflüge des Ehepaars Lehmann ins Münchner Umland, zu zweit oder mit Freunden, mit den Kindern, mit Maxim und Costja Zetkin. Sie unternahmen Wanderungen in Wessling, Bootsfahrten auf dem Ammersee oder dem Wesslinger See, Radtouren durch den Forstenrieder Park nach Starnberg, Spaziergänge im Isartal, einen Ausflug zum Taubenbergturm in Thalham. Sie besuchten auch die Blockhütten von Freunden in Maisach, Obermenzing oder Stockdorf. Hinzu trat, zumindest bei Lehmann alles überwölbend, das Bergwandern.

Zu der Stockdorfer Hütte des Freundes Luigi Krüger, Chef der ›Bayerischen Landeskorrespondenz‹, gibt es eine schöne lokale Überlieferung: In dieser ›Filseralm‹, auch ›Thomaalm‹ oder ›Jägerhäusl‹, soll nicht nur Ludwig Thoma, sondern auch Lenin verkehrt haben; angeblich war sie um einen Eisenbahnwaggon gebaut, der mit 16 Pferden durch den Wald an diese Stelle gezogen worden war.[35] Vor dieser ›Filseralm‹ wurde 1915 vom späteren Bürgermeister Eduard Schmid ein ›Marterl‹ für Carl Lehmann enthüllt.[36] Die Verbindung zwischen Ludwig Thoma und den Lehmanns ist tatsächlich nachweisbar: Er gehörte zu den Unterstützern von Hope Adams Lehmanns ›Frauenheim‹ und trat 1914 gemeinsam mit den Sozialdemokraten in einer großen politischen Veranstaltung zugunsten der russischen Opfer des Zarismus auf.[37]

Die Lehmanns unternahmen jedoch auch viele Reisen, beispielsweise mit dem Fahrrad über die Alpen nach Italien, mit der Bahn oder später dem Auto nach Dalmatien oder England. Die »kognitive Karthographie« des Ehepaares Lehmann ist also nicht auf die Stadt München allein zu beschränken, sie muß einige Orte im Umland und vor allem auch in den Alpen mit einbeziehen. Hinzu kamen die für Münchner fast schon obligatorischen Fahrten nach Italien. Vor allem das Wandern ermöglichte beiden das naturnahe Leben mit frischer Luft und Bewegung, das in der Stadt aufgrund der großen Arbeitsüberlastung nicht möglich war. Lehmann war hier ganz und gar zu Hause, in Aussehen und Kleidung nicht von den Einheimischen unterscheidbar. Diesen Grad an Integration erreichte Hope sicherlich nicht, doch auch sie scheint hieran ihre Freude gehabt zu haben. »Hopes München« war daher auch Hopes Oberbayern – ein Phänomen, das bis heute bei den Bewohnern dieser Stadt häufig zu beobachten ist.

Diese Informationen mögen dazu beitragen, die Wege und die Begegnungsorte des Ehepaares Lehmann etwas sichtbarer zu machen. Leider reichen sie aber nicht aus, um eine »mental map«, eine Art persönlichen Stadtplan von Hope Adams Lehmann und ihrem Mann zusammenstellen zu können. Dies entspräche der Forderung der Stadtethnologie wie der Regionalgeschichte, die subjektive Verortung von Menschen in dem für sie überschaubaren Raum, ihre »kognitive Kartographie«, zu erarbeiten.[38] Die Stadt München, die gerade in dieser Zeit tolerantes Inkubationszentrum des Neuen und Treffpunkt verschiedenartigster Temperamente und Weltanschauungen wurde, erwies auch in diesem Falle ihre Integrationskraft. Gerade die Jahre, die die Lehmanns in dieser Stadt verlebten, können als eine eigene Epoche in der Stadtgeschichte gelten: Mitte und Ende der neunziger Jahre zogen viele derjenigen in die Stadt, die das quicklebendige und zukunftsorientierte Münchner ›fin de siècle‹ prägten; dazu gehörten die kreativen Architekten und Möbelbauer rund um die ›Vereinigten Werkstätten‹ ebenso wie die Zeichner des

›Simplicissimus‹ oder die Schwabinger ›Enormen‹ des Stefan-George-Kreises.[39] Es entstanden diskussionsfreudige Zirkel und Kreise, die sich in der besonderen Münchner Atmosphäre schnell mit politischen Zirkeln verbanden und dazu beitrugen, daß Reformideen nicht nur Kaffeehausprojekte blieben. In diesem vielstimmigen Konzert hatte auch das Ehepaar Lehmann eine wichtige Stimme.

Anmerkungen

1. Prinz/Krauss (Hrsg.), München – Musenstadt; Pohl, Münchener Arbeiterbewegung; Pohl, Müller
2. Large, Hitlers München
3. Walter, Zwischen Heimatstil und Funktionalismus, S.114-118
4. Döbereiner, Industrielle Arbeitswelt in München um 1900, S. 175-180
5. Pohl, Münchener Arbeiterbewegung
6. Höpfner/Schubert, Lenin in Deutschland, S.87 f.
7. Neumeier, Königlich bayerisch Wohnen?, S.119
8. Andersen Falter, Die ›Rauchplage‹, S.191-194
9. Haertle, Münchens ›verdrängte‹ Industrie, S.164-174; Krauss, Banken, Sparer, Spekulanten, S.26-34
10. Karch, Das München-Bild und seine Vermarktung, S.316-323
11. Insgesamt die Beiträge in Prinz/Krauss (Hrsg.), München – Musenstadt sowie in Götz/Schack-Simitzis (Hrsg.), Die Prinzregentenzeit
12. Besonders Engelmann, Öffentlichkeit und Zensur, S.267-276
13. Ausführlich Dittler, Adams Lehmann 1
14. Literaturarchiv der Stadt München, Fotoalbum
15. Stadtarchiv München, Meldebogen Carl Lehmann
16. Eisenhauer, Der Literat Franz Blei
17. Dünnebier/Scheu, Die Rebellion ist eine Frau, S.34; Krauss, Es geschah im Fotoatelier Elvira
18. Biographisches Lexikon der hervorragenden Ärzte aller Zeiten und Völker, Bd. 5, S.953
19. Blei, Erzählung meines Lebens, S.348-350
20. Bauer/Graf, Stadt und Vorstadt, Einleitung S.10
21. Pohl, Müller, S. 38
22. Lokalbaukommission München, Plan der Wohnung
23. Dazu s.u. das Kapitel »Ein politisches Paar und seine Freunde«
24. Krauss, Schwabingmythos und Bohemealltag, S.292-294; so z.B. Max Halbe, Ludwig Thoma oder Thomas Mann
25. Vgl. Monacensia Literaturarchiv, Fotoalbum
26. Vgl. Krauss/Beck (Hrsg.), Leben in München, S.126-128
27. Walther, Zum anderen Ufer
28. Staatsarchiv München und Oberbayern, Staatsanwaltschaft 1834, Vernehmung von Rudolf Schollenbruch
29. Pohl, Münchener Arbeiterbewegung, S.372
30. Bruns/Herz (Hrsg.), Das Hof-Atelier Elvira

31 Vgl. die Kapitel »Krankenhaus und Schule von morgen« und »Medizinische Indikation«
32 Krauss, Wirtshaus und Politik, S.157-164
33 Als Schlüsselroman dazu Reventlow, Herrn Dames Aufzeichnungen
34 Zu den Adressen Pohl, Müller, S.38; vgl. zum Besuch bei Müllers in Pasing Monacensia Literaturarchiv, Fotoalbum
35 Gespräche mit Lorenz Filser, Ottilie Kaiser und Dr. Gertraud Rösch
36 Monacensia Literaturarchiv, Fotoalbum
37 Dazu vgl. die Kapitel »Ein politisches Paar und seine Freunde« sowie »Krankenhaus und Schule von morgen«
38 Dazu z.B. Hannerz, Exploring the City; Hengartner, Forschungsfeld Stadt; Reulecke, Regionalgeschichte heute, S.23-32
39 Insgesamt Prinz/Krauss (Hrsg.), München – Musenstadt

Ein politisches Paar und seine Freunde

Das Ehepaar Lehmann wurde in München bald Mitglied verschiedenster Kreise und Zirkel. Einmal waren dies politische Kreise im engeren Sinne, die aus ihrer Verbindung zur Sozialdemokratie entstanden. Bald kamen überparteiliche Reformkreise hinzu; zu nennen ist hier die ›Kommission für Arbeiterhygiene und -statistik‹ um den sozialdemokratischen Arzt Mieczyslaw Epstein. Die Lehmanns öffneten aber auch ihre Wohnung als konspirativen Treffpunkt für die russische Exilkolonie in München, vor allem für Lenin und die Redaktion seiner Zeitung ›Iskra‹. Mit Alexander Parvus-Helphand unternahm Carl Lehmann auch eine Reise in die russischen Hungergebiete. Lehmann war jedoch auch ein aktiver Alpinist und wirkte im Vorstand des Alpenvereins, Sektion Oberland, mit; ›politisch‹ war dieses Engagement insofern, als es ihm darum ging, die Berge für die Wanderbewegung zu erschließen und er viele seiner sozialdemokratischen Freunde ebenfalls zu einem Beitritt in den Alpenverein motivieren konnte. Das Wandern erwies sich als wichtiger Faktor der politischen Integration der Sozialdemokraten, dies nicht zuletzt dadurch, daß es zu einer engen Verbindung mit dem katholischen Milieu kam. Eine Art Zusammenschau der Lehmannschen Kontakte und Verbindungen zeigt dann der Unterstützerkreis für Hope Adams Lehmanns großangelegtes Krankenhausprojekt ›Frauenheim‹: Hier findet sich ein Querschnitt durch das politische, reformorientierte, frauenbewegte und mäzenatische München der Jahrhundertwende.

Bevor diese Kreise genauer vorgestellt werden, ist zu klären, welche Rolle die Politik – hier in einem weiteren Sinne definiert – in Hope Bridges Adams Leben spielte. Dies soll dazu dienen, nach ihrem Beruf als Ärztin und ihrem Einsatz für die Fragen einer Reform des Lebens von Mann und Frau nun auch ihr politisches Engagement besser zu verstehen.

Sie war eine idealistische Sozialistin, ihre beiden Ehemänner überzeugte Sozialdemokraten. Clara Zetkin, die wichtigste Streiterin für die sozialistische Frauenbewegung, gehörte zu ihren besten Freundinnen, deren beide Söhne verbrachten große Teile ihrer Jugend und ihres Studiums bei Hope und ihrem Mann. Ob in Frankfurt, in Nordrach oder in München, stets gingen die Spitzen der

»*Clara Zetkin, München, Schwindstraße, 26. II. 1896*«. Selbst die sozialistische Freundin gab sich bei ihrem Besuch ganz münchnerisch

regionalen und nationalen Sozialdemokratie in Hopes Familie ein und aus.

Dennoch schrieb Clara Zetkin nach Hope Adams Lehmanns Tod, im Oktober 1916, an den gemeinsamen Freund Adolf Geck, den langjährigen Vorsitzenden der badischen Sozialdemokratie:[1] »Hope war nie eine Politikerin und wollte nie für eine gelten. Sie hatte wohl eine Meinung, sogar eine fanatische Meinung ihrem Wesen nach, war aber weit davon entfernt, sich damit als Autorität und Beispiel zu dünken. Ihre Meinung bildete sie sich eben nicht durch eingehendes selbständiges Quellenstudium, sondern durch Auszüge und Berichte aus zweiter und dritter Hand. Mit der Wahrheitsliebe echter Bildung hat sie das nie verheimlicht, sie sagte mir, es sei ihr unmöglich, die sozialistische Literatur über den Meinungsstreit zu verfolgen, für sie sei maßgebend, was Karl ihr berichte und wie Karl urteile sowie die Leute, mit denen er ... zusammenarbeitete. Das ist in Wirklichkeit die ganze Erklärung für Hopes Stellung; sie sah mit Karls Augen und hörte mit Karls Ohren. Hopes große Stärke lag in ihrer Weiblichkeit, lag auch ihre große Schwäche; sie empfand das Bedürfnis, Karl selbst an sich und seine Überlegenheit glauben zu machen und da sie sich auf politischem Gebiete nicht selbständig betätigte, war es das gegebene Reich seiner Überlegenheit.«

Dieser Brief stellt in mancher Hinsicht einen Schlüssel dar. Zunächst einmal natürlich für Clara Zetkins eigene Position: Politik war für sie Parteipolitik; die Bereiche, in denen sich Hope Adams Lehmann sehr wohl umfänglich politisch selbständig betätigte – so zum Beispiel Gesundheits- und Krankenhauspolitik, Schul- und

Erziehungsreform – zählten für Zetkin offenbar nicht zur ›eigentlichen‹ Politik.

Ein zweites ist anzumerken: In der Auseinandersetzung zwischen der Linken und der reformistischen Rechten innerhalb der Sozialdemokratie stand Hope auf der Seite von Georg von Vollmar und Adolf Müller, um nur zwei der wichtigsten Vertreter dieser Position zu nennen.[2] Sie war stets für Kooperation mit anderen, auch bürgerlichen Kräften, so sie nur letztlich in die richtige Richtung mitgingen. Dazu ein Ausschnitt aus ihrem Artikel »Mutterschutz« in der ›Neuen Zeit‹:[3] »Es hat eine Zeit gegeben, in der Sozialisten nichts von Bewegungen wissen wollten, die anderweitig herkamen. Jetzt sind wir, Gott sei Dank, erfahrener und verständiger geworden; wir haben eingesehen, was es mit dem Hineinwachsen in den Sozialismus für eine Bewandnis hat; wir haben begriffen, daß unsere Bewegung darum so groß geworden ist, weil sie alles mit sich zieht, weil nicht nur Wissende sondern auch Unwissende mit ihr marschieren, ihre Diener geworden sind. Ist der Sozialismus der Heerstrom unserer Zeit, so müssen alle Nebenströme in ihn hineinfließen und dürfen von ihm darum freudig und kameradschaftlich begrüßt werden, denn sie bedeuten ein Anschwellen der Kraft, mit der er alle Hindernisse des Flußlaufs überwindet.«

Diese integrative Position entsprach in vieler Hinsicht ihrer eigenen, an der »Fabian Society« geschulten Haltung, sie entsprach aber auch ihrem persönlichen Pragmatismus: Adams Lehmann war keine Utopistin, die sich mit theoretischen Überlegungen für die Zukunft zufriedengegeben hätte.[4] Sie hoffte zwar auf eine zukünftige ideale sozialistische Gesellschaft, ermunterte aber ihre Leserinnen stets zum konkreten Handeln in der Gegenwart. So schrieb sie: »Wir dürfen nicht müßig zusehen, bis uns der Sozialismus von allen unseren unsozialen Eigenschaften befreit, sondern müssen den Tag der Erlösung durch eine bewußte Selbsterziehung, durch eine Revision unserer Anschauungen, durch ein Umarbeiten der Praxis heute schon vorbereiten. Darum möchte ich bei dieser Praxis ein wenig liebevoll verweilen, denn von ihr hängt das Tempo des Fortschritts und die Erträglichkeit der Gegenwart ab.«[5] In ihrem Vortrag »Die Vorbereitung der Frau zur Lebensarbeit«, gehalten 1899 in der ›Union für Frauenbestrebungen in Zürich‹, heißt es:[6] »Daß die Frauenfrage selbst durch diese Einsicht des Einzelnen allein nimmermehr gelöst werden kann, brauche ich kaum vorauszuschicken. Dazu gehört nichts weniger als eine Reorganisation der ganzen Gesellschaft. In anderen Worten, die Frauenfrage ist nur ein Teil der sozialen Frage.

... Aber wenn auch die Frauenbewegung von der sozialen Bewegung abhängt, so übt sie doch auch zugleich eine gewaltige Rückwirkung auf die soziale Bewegung aus, und die Vorbereitung der einzelnen Frau für die sozialen Aufgaben unserer Zeit... ist ein Schritt weiter nach dem gemeinsamen Ziel.« Es steht zu vermuten, daß sich Hope nicht mit Clara Zetkin über diese Fragen streiten wollte, vor allem nicht nach Kriegsausbruch, als sich die Standpunkte bis hin zur Spaltung der SPD verhärteten. Hopes Stellungnahmen zu Krieg und Frieden mündeten jedenfalls in die Forderung nach einem europäischen Staatenbund unter Einschluß Amerikas[7] – und nicht nach einer sozialistischen Weltrevolution.

Doch der Glaube an den heraufziehenden Sozialismus bildete für Hope Adams Lehmann, die angeblich in ihrer Jugend sehr religiös gewesen war,[8] eine der Grundlagen ihres idealistischen Optimismus. In einer Rezension aus der ›Neuen Zeit‹ von 1897 zu einer Broschüre von Prof. Runge über »Das Weib in seiner Geschlechtsindividualität« schreibt sie:[9] »In der sozialistischen Zukunft, welche wir erkämpfen, sehen wir ein von den Fesseln der heutigen ökonomischen und sittlichen Verhältnisse befreites, gesundes, denk- und tatkräftiges Weib, welches in Gemeinschaft mit dem Mann zur vollen Entfaltung seines Geschlechts gelangt und an Kulturarbeit und Lebensgenuß sich ebenbürtig beteiligt. Freilich, nichts weniger als der Sozialismus kann der Frau diese Stellung erringen. Innerhalb der heutigen Gesellschaft ist ihre Befreiung ebenso undenkbar wie die des Proletariats, und für den, dessen Horizont durch die heutige Gesellschaft begrenzt ist, ergiebt sich der Pessimismus von Runge und seinesgleichen von selbst.«

Nur auf der Basis der sozialistischen Zukunft war für sie vieles von dem denkbar, was uns noch heute bei ihr höchst frisch und modern anmutet – auch wenn wir damit nicht den Sozialismus verbinden, sondern es ›soziale Errungenschaften‹ nennen. Sie fand selbst dafür unterschiedliche Begriffe,[10] es ging jedoch immer um die Lösung der sozialen Frage und um gesellschaftliche Umgestaltung. Hierfür erschienen Adams Lehmann die gemeinwirtschaftlichen und genossenschaftlichen Lösungsansätze vielversprechender als die »bürgerlichen«, sprich kapitalistischen, des freien Marktes. Als Beispiel nennt sie die Milchversorgung für Kleinkinder, für die selbst ein bürgerlicher Autor Kommunalbewirtschaftung forderte, um Pantschereien zu verhindern.[11]

Der »bürgerliche« Standpunkt, den Hope kritisierte, enthielt für sie ein ganzes Bündel an rückwärtsgewandten, überholten Anschauungen, so von der Frau und ihrer angeblich naturgegebenen Lebensaufgabe, von der Organisation der Familie. Dies geht auch aus einer Rezension zu Laura Marholms ›Zur Psychologie der Frau‹ hervor, von ihren Thesen her eine Esther Vilar des 19. Jahrhunderts:[12] »Ihre Theorien sind durch dieselben zwei Umstände verworren und beengt, welche das Denken so vieler anderer guter und gescheiter Menschen lahmlegen, nämlich: der bürgerliche Standpunkt und der Mangel an naturwissenschaftlicher Bildung... In einem Wort: Frau Marholm hat weder den Sozialismus, noch die Hygiene studiert. Darf man aber heute über die Frau und die soziale Frage schreiben, ohne den Sozialismus studiert zu haben? Und darf man Theorien über weibliche Leistungs- und Genußfähigkeit aufstellen, ohne von der ›physischen Praxis‹ der ›Menschnatur‹ auch nur eine dunkle Ahnung zu haben?«

Sozialismus als Mittel zur Lösung der sozialen Frage, das wird deutlich, griff für Hope Adams Lehmann in fast alle Bereiche des menschlichen Lebens ein. Gleichzeitig läßt sich bei ihr – und das unterscheidet sie von anderen Sozialisten – ein ausgeprägter Individualismus feststellen: So forderte sie den Rückzug des Staates aus vielen Bereichen, die das Zusammenleben von zwei Menschen, Ehe, Kinder und Familienplanung angingen. Auch ihr Krankenhausprojekt und ihren Versuchskindergarten versuchte sie, ganz in angelsächsischer Tradition, auf privater Basis zu verwirklichen.[13] Es ist daher zu fragen, ob ihr »Sozialismus« nicht eher mit Demokratie und »Sozialstaat« übersetzt werden sollte. Mit den Modellen, die im Zwanzigsten Jahrhundert unter dem Namen des Sozialismus versucht wurden, hätte sie vermutlich – wie viele Sozialisten und Sozialdemokraten ihrer Zeit – wenig anzufangen gewußt.

Als drittes sind in Clara Zetkins Brief die Bemerkungen zu Hopes »Weiblichkeit« bemerkenswert: Sie klingen kritisch, ja etwas mokant. Das Lebenkonzept, das hinter Hopes Verhalten stand und das diese immer wieder in ihren Schriften propagierte, konnte Zetkin offenbar nicht mitvollziehen. Sichtbar wird hierbei erneut, wie sehr Hope Adams Lehmann und ihr Mann in manchen Bereichen als Paar, als politisches Paar, auftraten und wahrgenommen wurden: Er hatte in diesem Stück den Part des Politikers übernommen, sie den der Ärztin und Publizistin.

Nun zu den vielfältigen Kontakten und Freunden dieses ungewöhnlichen Paares. Die Lehmanns, bürgerlich etablierte Ärzte und engagierte Sozialdemokraten, agierten in München im Schnittpunkt

»*Tour Walchensee, Zirl, Fernpass 1913. A.M., Frau Müller, Herr und Frau von Vollmar, C., H.*« Die Ehepaare Lehmann und Müller besuchten den Vorsitzenden der bayerischen SPD, Georg von Vollmar, und seine Frau in Urfeld

unterschiedlichster Kreise.[14] Inoffizielle Kreise boten zu dieser Zeit wie auch heute eine wichtige Plattform für politische Gespräche und Projekte jenseits von Parteigrenzen. Durch Kommunikation entstanden Netzwerke, die wiederum in anderen Zusammenhängen wirksam werden konnten.[15] Besonders für die Sozialdemokraten, die lange Zeit durch Abgrenzungsstrategien der bürgerlichen Parteien in ihre eigene Gegen- oder Subkultur abgedrängt worden waren, entstanden auf diesem Wege ungemein wichtige persönliche und politische Beziehungen, die erst eine Vernetzung der politischen ›Newcomer‹ in die allgemeine Politik ermöglichten. In München, und das ist das Besondere, fand dieser Prozeß um gut zwanzig Jahre früher statt als in den meisten anderen Städten des Deutschen Reiches.

Einige der Kreise, die bei den Lehmanns verkehrten, wirken auf Anhieb unvereinbar: Was hatte etwa die sehr erdgebundene Wanderbewegung mit der parteiübergreifenden Sozialhygienebewegung oder mit russischen Revolutionären wie Lenin zu tun? Und doch schlossen sich die Kreise keineswegs aus: Die Frauenrechtlerin Anita Augspurg war beispielsweise eine begeisterte Radlerin, Schwimmerin und Wanderfreundin; Adolf Müller wiederum, ein zentraler politischer Kopf der Münchner Sozialdemokratie, war Mitglied im Alpenverein, ebenso Maxim und Kostja Zetkin. Und Lida Gustava Heymann, Anita Augspurgs Lebensgefährtin, unterschrieb ebenso wie Adolf Müller als Mitglied des ›Vereins Frauenheim‹.

Die Menschen, die in der Wohnung der Lehmanns in der Gabelsbergerstr. 20 a verkehrten, vermitteln einen Eindruck von der Offenheit der Gastgeber. »In ihrem schönen, gastfreien Heim in München trafen sich Ärzte, Künstler und Gelehrte mit verschiedenen Parteigenossen in zwangloser und freier Geselligkeit. Sich zu ihren Freunden zählen zu dürfen, wurde von jedermann als Auszeichnung empfunden«, schrieb Luise Kautsky.[16] So war Adolf Müller, Chefredakteur der ›Münchener Post‹ und sozialdemokratischer Landtagsabgeordneter, ein enger Freund beider Lehmanns. Mit ihm wurden viele politische Aktionen geplant, man unternahm aber auch Ausflüge und Wanderungen.[17] Weitere wichtige sozialdemokratische Landtagsabgeordnete und Gemeindebevollmächtigte wie Georg von Vollmar, Franz-Josef Ehrhardt, Eduard Schmid und Johannes Timm gehörten zum Freundeskreis, ebenso der Journalist Max Kegel. Clara Zetkin war häufig zu Besuch, die sich von Hope auch medizinisch betreuen ließ.[18] Es kamen aber auch Lehmanns Freunde aus dem Alpenverein. Mit dem Fotografen Fritz Goergen, dem Kunstmaler Otto Obermeier und dem Bildhauer Max Abt verband Lehmann eine herzliche Freundschaft. Der Schriftsteller Franz Blei, der mit Lehmanns Schwester Marie verheiratet war, brachte weitere Künstler und Intellektuelle mit.[19] Zu den Medizinerfreunden der Lehmanns gehörten seit 1899 der sozialdemokratische Arzt Mieczyslaw Epstein und seine Frau;[20] auch mit anderen Kollegen arbeiteten sie eng zusammen, so mit Dr. Anton Hengge, Professor Gustav Klein, Rudolf Schollenbruch.[21] Daß auch der »Kathedersozialist« und Sozialreformer Lujo Brentano, der einflußreiche sozialliberale Arzt Georg Hohmann und möglicherweise der Schulreformer Georg Kerschensteiner zum häuslichen Zirkel der Lehmanns gehörten, kann vermutet, aber nicht bewiesen werden.[22]

Und immer wieder kam August Bebel zu Besuch. Hans Diefenbach, ein Freund Rosa Luxemburgs, schilderte ein Gespräch zwischen Hope Adams Lehmann und Bebel: »Bebels sympathisch vornehmen weißhaarigen Löwenkopf, die herrliche Leidenschaftlichkeit seines klugen Kämpferhauptes im Verein und im Gespräch mit Hope Lehmanns klassisch-schönen, ruhig belebten Zügen zu sehen, war ein einzigartiger Anblick, das Sinnbild zweier dominierender Elemente, die sich im glücklichen Gleichmaß und in inniger Würdigung für einander die Waagschale hielten.«[23]

Doch das Spektrum reichte noch weiter. Auf Empfehlung von Zetkin und Bebel nahmen sich die Lehmanns des in Rußland geborenen Journalisten Dr. Israil Lasarewitsch Helphand an, der sich Alexander Parvus nannte.[24] Er war Ende 1898 wegen seiner Tätigkeit für die ›Sächsische Arbeiterzeitung‹ zusammen mit Dr. Julian Marchlewski aus Sachsen ausgewiesen worden. Die Lehmanns kümmerten sich um ihn und Hope berichtete an die besorgten Genossen Kautsky und Bebel in einem Brief an Karl Kautsky:[25] »Objektiv haben Sie und August ja recht. Garantieren können wir nicht, aber so wie die Dinge liegen, glaube ich, daß er hier ziemlich sicher ist... Sein Äußeres hat sich auch schon verändert. Anstatt der grimmen Kampfesmiene, die das Jahrhundert in die Schranken forderte, ziert jetzt sein Gesicht meist ein zufriedenes bürgerliches Lächeln... Kurz, seine Sitten sind milder. Sagen Sie das Gradnauer. Es wird ihn sehr freuen, daß so rasch aus dem Stier vom Ural ein braver Gartenlaubenleser geworden ist.« München und die gesellschaftlich etablierten Genossen boten Parvus Sicherheit, und dies beschleunigte seine Anpassung. Parvus blieb viele Jahre in München und bekehrte sich hier sogar in Teilen zum Kurs der bayerischen Sozialdemokraten: Hatte er noch wenige Jahre früher gegen die von den badischen und bayerischen Genossen praktizierte Zustimmung zum jeweiligen Staatshaushalt gewütet, die er als Verrat am Kurs der Partei ansah, so änderte sich dies in München bald.[26]

Doch zunächst einmal kam es zu einem bemerkenswerten Projekt: Parvus-Helphand und Carl Lehmann reisten wenige Monate nach ihrem ersten Treffen gemeinsam nach Rußland, um sich einen unmittelbaren Eindruck über die Zustände in den dortigen Hungergebieten zu verschaffen. Sie traten die Reise im Mai an. Sie führte den gebürtigen Russen[27] und den deutschen Arzt 8000 Kilometer durch die russischen Hungergebiete: Über Petersburg nach Moskau, von dort mit der Eisenbahn nach Nischni-Nowgorod, dann die Wolga hinunter und die Kama hinauf nach Mursicha im Bezirk Spassk. Von dort aus folgte zu Pferd eine Rundreise; mit dem Wagen ging es weiter in den angrenzenden Bezirk Tschistopol, von dort nach Pjani-Bor in Wjatka und mit dem Kahn durch überschwemmte Gebiete nach Menselinsk. Von Mensesinsk zu Pferd bis zur sibiri-

»*Reise in das russische Hungergebiet. Mai - Juni 1899, Parvus und Dr. C. A. Lehmann*«.

schen Eisenbahn, mit der sie bis Ssamara und Ssimbirsk kamen; dann über Moskau, Wilna, Warschau zurück nach Deutschland. Die beiden befragten Bauern und Tagelöhner, Journalisten und Beamte. Lehmann nahm medizinische Untersuchungen vor allem an Skorbutkranken vor und führte ein medizinisches Tagebuch. Die gesamte Reise dauerte wohl etwas über zwei Monate.[28]

Der Hunger in Rußland hatte bereits Friedrich Engels beschäftigt;[29] im Januar 1898, als wieder eine große Hungersnot ausbrach, befaßte sich Rosa Luxemburg in der ›Leipziger Volkszeitung‹ mit Rußland: Auch sie bezog sich auf das Nebeneinander von Moderne und Beharren, hochentwickelter Industrie und zurückgebliebener Landwirtschaft, außenpolitischen Erfolgen und Hungersnot. In dem Buch, das Lehmann und Parvus über die Reise verfaßten, wird als Grund der Reise genannt:[30] »Der russische Absolutismus ist eine längst anerkannte Gefahr der europäischen Demokratie. Von der Politik des Zaren hängt es ab, ob die europäischen Völker in Kriege verwickelt werden. Von der wirtschaftlichen Entwicklung Rußlands hängt die Zukunft der europäischen Industrie ab. Unsere Schrift soll ein Beitrag sein zur Klarlegung der russischen Zustände.

Ihre besondere Aufgabe ist, die Wahrheit über die regelmäßig wiederkehrende Hungersnot, ihre Ursachen und Wirkungen, aufzudecken.« Für Parvus diente die Reise wohl auch dazu, Kontakte in Rußland zu knüpfen; angeblich traf er in Sewastopol den russischen Schriftsteller Maxim Peschkow, alias Gorkij und handelte mit ihm einen Verlagsvertrag über sein »Nachasyl« aus.[31] Auch von anderen Begegnungen mit Gesinnungsgenossen ist die Rede.

Die ›Wahrheit‹ über Rußland, und hier liegt wohl der Schlüssel für die Reise, sollte in eigener Anschauung gewonnen werden. Ein zentraler Satz lautet daher: »Wir haben es mit eigenen Augen gesehen.«[32] Das 536 Seiten umfassende Buch enthält aber auch eindrückliche Reiseschilderungen, präzise medizinische Daten, sorgfältige politische Analysen, bewegende Detailbeschreibungen des Elends und Fotos, die die beschriebenen Eindrücke illustrieren. Es ist insofern eine besondere Form von politisch-medizinisch-journalistischem Reisebericht. Ein Großteil des Textes stammt von Carl Lehmann, wie den Bemerkungen des Ich-Erzählers zu entnehmen ist, Parvus war offenbar für die politischen Schlußfolgerungen zuständig. Er wandte sich scharf gegen den zaristischen Absolutismus und das ausbeuterische Steuersystem, argumentierte aber keineswegs nur polemisch; kritisiert wurden vor allem die strukturellen Ursachen der Hungersnöte, die durchaus zu beheben wären. Er zog interessante Vergleiche zur Entwicklung Nordamerikas.[33] Dort sei durch ständigen Technologietransfer über den Ozean, durch Handelsbeziehungen und die Förderung persönlicher Initiative eine blühende Entwicklung zustande gekommen, wohingegen in Rußland traditionelle gutsherrliche Beziehungen und politische Überwachung regierten. Die nächste große Hungersnot sei vorprogrammiert.

Die Frage, warum sich die beiden auf diese abenteuerliche Fahrt begaben, ist nicht abschließend zu beantworten. Für Parvus war es die Wiederbegegnung mit seiner Heimat, die er vor vielen Jahren zum letzten Mal gesehen hatte. Außerdem bot sich ihm hier die Möglichkeit, wieder als Augenzeuge für russische Fragen mitsprechen zu können. Auf Lehmanns Seite entsprang die Reise vermutlich sowohl politisch-medizinischem Interesse wie persönlicher Abenteuerlust; in späteren Jahren fuhr er zwei Mal als Schiffsarzt nach Südamerika,[34] unternahm mit Hope Reisen nach England, Italien und auf den Balkan. Auch seine Arbeit für den Alpenverein, mit Hüttenbau in unwegsamem Gelände, Winterbesteigungen der Zugspitze oder des Ankogel, enthielt hohe körperliche Herausforderungen und Risiken. Der Einsatz, die Gefahr und ihre Bewältigung, sei es bei konspirativen Aktionen oder im Gebirge, scheint für Lehmann stets ein zentrales Stimulanz gewesen zu sein.

Lehmanns und Parvus Erfahrungsbericht wurde prägend für die Haltung eines wichtigen Teils der bayerischen Sozialdemokratie gegenüber dem zaristischen Rußland. So blieb beispielsweise für Adolf Müller Rußland das aggressive Element in Europa, er sprach von der »Mordregierung des Zaren« oder dem »unerträglichen russischen Despotismus« und betrachtete das Regime als zutiefst reaktionär und reformunfähig. Als das ›Deutsche Hilfscomitee für die politischen Gefangenen und Verbannten Rußlands‹ im Mai 1914 in München einen Vortrag mit dem Sozialdemokraten Ulrich Rauscher veranstaltete, kam es zu umfänglichen politischen Manifestationen, zu denen der Münchner Vorstand des Comitees – Ludwig Thoma, Ludwig Ganghofer, Adolf Müller, Ludwig Quidde und Georg von Vollmar –, aufgerufen hatten. Der linke SPD-Landtagsabgeordnete Max Süßheim betonte, angesichts der zaristischen Greuel verschwänden »alle Unterschiede der Konfession und Politik... Es sind dort Zustände, wie sie sich der Mensch kaum ausdenken kann. Da begreift man, daß es in Rußland Leute gibt, welche sagen: ›Gegen den Zaren und seine Ratgeber ist jedes Mittel erlaubt!‹« von dieser Auffassung aus war es nur noch ein kleiner Schritt dahin, in der Julikrise 1914 Rußland als den eigentlichen Kriegstreiber zu sehen. Zu dieser Haltung der Sozialdemokraten hatte das Buch von Lehmann und Parvus einen nicht unbeträchtlichen Beitrag geleistet. Nach Kriegsausbruch schlossen sich dann Hope und Carl Lehmann, Adolf Müller, Parvus, Johannes Timm und Ignaz Heinsfurter im ›Münchner Kreis‹ zu einer internationalen Friedensinitiative zusammen. Nicht zuletzt dies zeigt, wie weitreichende Aktionen aus diesem Kreis erwuchsen.[35]

Und um die Jahrhundertwende verkehrte nicht nur Parvus bei Lehmanns. Auch russische Emigranten wie Vera Sassulitsch[36] und Lenin kamen in die Gabelsberger Str.20a. Bereits am 10. Oktober 1900 fügte Uljanow einem Brief an einen russischen Sozialdemokraten hinzu: »Merken Sie sich diese Adresse: Sie ist sowohl für Geld als auch für Briefe und Bücher geeignet.«[37] Seitdem war Lehmann, in Fortsetzung seiner Erfahrungen unter dem Sozialistengesetz, einer der wichtigsten und sichersten Mittelsmänner für die Verbindungen der ›Iskra‹-Redaktion mit Rußland, aber auch in die Schweiz, und ein wesentlicher Teil von Lenins Auslandskorrespondenz lief in seiner Münchner Zeit über diese Adresse.[38] Das ist unter anderem dadurch zu erklären, daß die Lehmanns ohnehin vielfältige Post aus dem Ausland erhielten und dadurch konspirative Sendungen weniger auffielen. Die Nachrichten wurden in Kunstbüchern, medizinischen Schriften, aber auch in Kissen versteckt. Angeblich sagte Lehmann nach dem Erhalt eines solchen Kissens voller russischer Drucksachen, er werde künftig auch einen ganzen Zug annehmen, wenn dieser auf seinen Namen und seine Anschrift anzuliefern sei. Sollte Lehmann nicht da sein, gingen Sendungen und verschlüsselte Telegramme an »die Zahnärztin«, das war Lehmanns Schwester Marie Blei, in der Arcisstraße 19. Auch nach seiner Abreise nach London schrieb Lenin an seine Schwester Anna: »Die Adresse des hiesigen Doktors kann auf jeden Fall benutzt werden: er schickt alles nach«. In der Wohnung der Lehmanns fanden sich die russischen Emigranten auch regelmäßig zur Donnerstags-Teestunde zusammen und Uljanow nutzte Lehmanns reichhaltige Bibliothek.[39]

Franz Blei beschreibt einen Abend mit Lenin bei Lehmanns:[40] »In einem Notizbuch, das ich zeitweilig führte, finde ich unter dem 27. Oktober des Jahres 1901 die folgende Eintragung: Bei meinem Schwager zur Begrüßung (er war zusammen mit dem Russen, der sich als Journalist Parvus nannte, fünf Monate in den Hungerprovinzen Rußlands gereist und hat darüber in einem Buch »Das hungernde Rußland« berichtet). Bebel war noch da, müde und abgespannt aus Zürich vom Besuch seiner kranken Tochter eingetroffen; er ging bald. Fritz Adler,[41] Dozent der Physik in Zürich, samt seiner Frau. Adolf Müller von der Münchener Post. Und ein Russe, immer als Meier angesprochen, unter welchem Namen er in Schwabing lebt und in der Druckerei der Post ein russisches Blatt Iskra drucken läßt. Mit dem Sack russischer Lettern immer unterwegs. Ob wir uns nicht schon einmal in Genf gesehen hätten, fragte er mich, deutet Ort und Umstände an. Uljanows gutes Gedächtnis. Er hat inzwischen alle Haare verloren. Nicht seine Verehrung Plechanows. Denn er nahm es mir noch übel, daß ich eine sozusagen philosophische kleine Schrift von P. ... sehr wegwerfend besprochen hätte, vor zehn Jahren, als Student. Ich sagte, ich würde heute wohl das gleiche, nur besser, sagen. Ob ich denn immer noch ›Machist‹ sei, fragte U. Ich darauf, daß ich nicht recht wüßte, was das sei und was es mit Marx oder Plechanow zu tun hätte. Adler kommt nervös ins Sprechen. Russische Debatte, wie ich sie aus der Schweizer Studentenzeit her kenne. Mit Leidenschaft wird alles, was man im Westen philosophisch denkt, auf den Nenner Marx gebracht. Am Prüfstein der materialistischen Geschichtstheorie gerieben... Aber es stünde fatal um die Arbeiterklasse, wenn sie von der Richtigkeit oder Unrichtigkeit einer Theorie abhinge. Diese Marxisten sprechen von der russischen Arbeiterpartei. A.Müller bemerkt, es gäbe in ihr mehr Führer als Geführte. Also Uhren ohne regulierende Gewichte. Herrlich für den Revolutionär, den Verschwörer! Er kann Diktator sein. Braucht keine Ausschüsse, Sitzungen, Kommissionen. Meier ist unwiderlegbar. Was er sagt, ist weder falsch noch richtig. Ein solcher Mensch braucht nur eine Stunde. Keine Theorie. Egal, ob Marxismus oder Machismus, von dem U. spricht wie von einer Parteisekte, die es in Rußland gäbe und die eine zu bekämpfende Gefahr sei. Adler, immer etwas nervös an seinem rötlichen Spitzbart ziehend, blieb nichts als Physiker in der Debatte und verteidigte Mach. Ich ging um zwei.«

Lehmanns Unterstützung für Lenin entsprang sicherlich einmal einer Parteisolidarität, wie sie ein Teil der deutschen Sozialdemokraten gegenüber den russischen Emigranten übte. Es war aber auch seine eigene Erfahrung mit der illegalen Arbeit unter dem Sozialistengesetz, die sein Handeln bestimmte. Angst vor Entdeckung war für ihn ohnehin ein Fremdwort. Außergewöhnlich ist das Nebeneinander von Konspiration und Etabliertheit, von Revolution und Revisionismus, von Abenteuer und politischer Zukunftsvision. Hier wird eine besondere Qualität des Lehmannschen Kreises spürbar, diese Offenheit für das scheinbar Unvereinbare, die wohl auch ihren besonderen Stellenwert in München ausmachte.

Die Aktivitäten der Lehmann entfalteten sich in den Jahren nach der Jahrhundertwende weiter. In ihrer Wohnung wurde auch immer stärker Politik gemacht:[42] »Man diskutierte intensiv über Sozialpolitik, bereitete das Zusammengehen von Liberalen und Sozialdemokraten vor und initiierte Ansätze einer gemeinsamen Bildungspolitik von Liberalen und Sozialdemokraten.« Da es keine Quellen dazu gibt, lassen sich diese Dinge im einzelnen leider nicht mehr nachvollziehen. Hinweise finden sich jedoch zu einer sozialdemokratisch-gesundheitspolitischen Initiative, deren süddeutscher Zweig eng mit dem Namen der Lehmanns verbunden war: In einem Kreis mit eminent politischer Bedeutung sammelten sich Ärzte um Mieczyslaw Epstein in der ›Kommission für Arbeiterhygiene und -statistik‹.[43] Sozialdemokratisch-freigewerkschaftliche Krankenkassenvertreter und sozialdemokratische Ärzte arbeiteten hier mit bürgerlichen Sozialreformern zusammen, um sozialhygienische Bestrebungen voranzutreiben.[44] Die wechselseitige Beeinflussung von Arbeiterbewegung und Sozialhygiene lief über eben solche Kontak-

»*Max Kegel, A. M., Dr. Epstein und Frau. 1900*«. Die sozialdemokratischen Journalisten Max Kegel und Adolf Müller arbeiteten ebenfalls eng mit Mieczyslaw Epstein zusammen.

te, über die die Lehmanns verfügten: Auf seiten der Arbeiterbewegung gehörten für Süddeutschland dazu Paul Kampffmeyer und Erhard Auer für die Krankenkassenbewegung, für die sozialdemokratischen Ärzte neben den Lehmanns und Epstein auch Lehmanns badischer Landmann Friedrich Bauer,[45] der ebenfalls seit 1896 in München wirkte, ein Verfechter der freien Arztwahl, Mitglied des Vereins für Mutterschutz und auch des Ausschusses von Hope Adams Lehmanns ›Frauenheim‹.[46] Die Zusammenarbeit in dieser Kommission war einerseits exemplarisch für die Zwischen- und Mittlerfunktion, die sozialdemokratische Ärzte, darunter viele Juden, im Kaiserreich einnehmen konnten, sie zeigte aber auch das typische »Münchner Profil« partei-, klassen- und konfessionsübergreifender Zusammenarbeit in Sachfragen.

Inhaltlich entsprachen die meisten der von Epstein und der Kommission propagierten Maßnahmen der Sozialhygiene den Konzepten, die auch Adams Lehmann bereits in ihrem Frauenbuch und in vielen Artikeln vertreten hatte: Es ging um Krankheitsprophylaxe, um Erholungsstätten für Tuberkulöse, um eine Verbesserung der

Milchversorgung, um Gewerbe- und Werkstatthygiene sowie um die Aufklärung der Krankenkassenmitglieder über hygienische Fragen, besonders mit Blick auf zweckmäßige Ernährung, Belüftung der Wohnräume, Information über Infektionswege und über die Gefahren des »Kurpfuschertums«.[47] Es sollten aber auch durch ausführliche Enqueten epidemologische Daten gesammelt werden über die sozialen und hygienischen Verhältnisse der Erkrankten, ihr Alter, Beruf und Geschlecht, um Zusammenhänge zwischen sozialen Verhältnissen und Krankheiten sichtbar zu machen. In Werkstättenbefragungen sollten Untersuchungen zur Schädlichkeit von Arbeitsbedingungen und -materialien die Grundlage für Verbesserungen legen. Das geschah in enger Zusammenarbeit mit dem Direktor des Münchner statistischen Amtes, Dr. Karl Singer. Hope Adams Lehmann beteiligte sich an solchen Untersuchungsreihen unter anderem durch Datenerhebungen bei ihren Patientinnen.

Der Bericht von 1907 zeigt beispielhaft die Verbindungen zwischen der Kommission und den Themen und Projekten von Adams Lehmann: Mit der Hebammenfrage beschäftigte sich der Frauenarzt Dr. Hermann Faltin, Mitglied von Adams Lehmanns ›Verein Frauenheim‹; eine Erhebung über die »Ernährung des tuberkulösen Arbeiters« leitete Professor Martin Hahn, ebenfalls Mitglied des Vereins. Weitere Themen waren eine Reform der Krankenpflege und eine Untersuchung der Wohnungshygiene, letzteres unter besonderem Hinweis auf die Zusammenhänge von Wohnung und Tuberkulose. Diese Themen hatte man auch mit dem ›Verein Mutterschutz‹ gemeinsam, in dem mit der Professorengattin Rosalie Schönfliess und Amalie Nacken zwei Vertreterinnen der Münchner bürgerlichen Frauenbewegung im Mittelpunkt standen: 1907 wurden mit Adams Lehmann, Faltin, Epstein und Friedrich Bauer wichtige Exponenten der ›Kommission für Arbeiterhygiene und -statistik‹ in den Ausschuß des Vereins gewählt; Bauer war 1905 zweiter Vorsitzender.[48]

Die Kommission hielt etwa die Mitte zwischen bürgerlicher Sozialhygiene und Sozialismus,[49] sie umfaßte Sozialdemokraten und Bürgerliche. Ihre Initiativen wurden auch konkret in Kommunalpolitik umgesetzt; so wurde eine ›Zentrale für Säuglingsfürsorge‹ gegründet mit Beratungsstellen für stillende Mütter, es entstanden Milchküchen und es wurde von der Regierung ein Landesgewerbearzt angestellt.[50] Als Gemeindebevollmächtigter sorgte Carl Lehmann dann immer wieder dafür, daß die Themen der Kommission auch im Münchner Gemeindebevollmächtigtenkollegium behan-

»*Städtische Etatkommission im Quellengebiet, 1. Oct. 1910. Beim Mittagessen in der städtischen Wirtschaft in Gotzing, C.*« Carl Lehmann war als sozialdemokratischer Gemeindebevollmächtigter problemlos in den Kollegenkreis integriert

delt wurden. So fragte er beispielsweise im August 1909 nach der »Schwesternnot« in den städtischen Krankenhäusern, im Oktober 1909 erhielt er für ihn zusammengestelltes Material über die Verpflegung des Personals in Krankenhäusern und im Februar 1910 gab es eine Anfrage Lehmanns zur Milchversorgung.[51] Medizinische, sozialdemokratische und kommunale Anliegen verschränkten sich hier in bester Weise.

Diese Zusammenarbeit in der Kommission war sicherlich nicht ohne Einfluß auf das Unterstützerspektrum des von Hope Adams Lehmann initiierten ›Frauenheims‹. Die genaue Geschichte dieses wegweisenden Projektes wird später dargestellt.[52] Doch die Prominenz der Vereinsmitglieder zeigt den großen Kreis an tonangebenden Münchnern, Männern wie Frauen, zu dem die Lehmanns inzwischen Kontakt hatten und den sie für ein solches Projekt mobilisieren konnten.[53] Die genaue Art der Verbindungen zwischen den Lehmanns und den Unterzeichnern ist im einzelnen nicht mehr zu rekonstruieren. Manche mögen dazu gestoßen sein, weil sie von der

Idee angetan waren, und nicht wegen ihrer persönlichen Verbindungen zu Hope Adams Lehmann. Doch bei vielen war dies nachweislich anders. Und es wird, wie bei der Kommission für Arbeiterhygiene und -statistik oder der Wanderbewegung, auch an diesem Projekt deutlich, daß die Zugehörigkeit der Lehmanns zur Sozialdemokratie diesen Kreis prominenter Münchner und Münchnerinnen keineswegs von der Unterstützung des Projektes abhielt. Damit ist die Mitgliederliste auch höchst politisch, zeigt sie doch, wie sehr die beiden sozialdemokratischen Ärzte in die Münchner Gesellschaft integriert waren.

Zunächst zu den Mitgliedern von 1914: Ministerpräsident a.D. Clemens von Podewils gehörte ebenso dazu wie Oberbürgermeister Wilhelm von Borscht, wie der Aufsichtsratsvorsitzende der MAN Theodor Freiherr von Cramer Klett, wie der Direktor der ›Münchener Rückversicherung‹ Carl Thieme und seine Frau Else oder wie Karl Wildt, Direktor des großen Bauunternehmens ›Heilmann und Littmann‹. Neben den Genannten saßen im »Ausschuß« des Vereins der Mitbesitzer der ›Münchner Neuesten Nachrichten‹ und der ›Jugend‹ Georg Hirth neben Adolf Müller von der Münchener Post. Es fehlten auch nicht die Landtagsabgeordneten und Gemeindebevollmächtigten Eduard Schmid und Johannes Timm, der SPD-Vorsitzende und Gemeindebevollmächtigte Sebastian Witti, der Gemeindebevollmächtigte Karl Pailler und der Landtagsabgeordnete Ludwig Pickelmann. Ausschußmitglieder waren auch die inzwischen in München praktizierenden Ärztinnen Dr. Ida Democh Maurmeier, Dr. Mally Kachel, Dr. Martha von Reding-Biberegg, Dr. Rahel Straus sowie mehrere Ärzte, darunter Dr. Mieczyslaw Epstein und Dr. Friedrich Bauer. Es wirkten mit die Ortsvorsitzende des Vereins für Mutterschutz Rosalie Schoenflies sowie Amalie Nacken, Schriftführerin des Waisenpflegeverbandes. Unter den einfachen Mitgliedern fanden sich viele weitere für München wichtige Namen: Amalie von Auer, Frau des vielfachen Aufsichtsratsvorsitzenden und Reichsratsvizepräsidenten, die Bankiersgattin Rosa Aufhäuser, die Frau des Buchdruckereibesitzers Oldenbourg, der Prokurist der Münchener Rückversicherung Victor Bernhardt, der sächsische Generalkonsul Dr. Theodor Wilmersdoerffer, die SPD-Magistratsräte Georg Birk und Maximin Ernst, Besitzer der Druckerei der ›Münchener Post‹, ebenso deren Redakteur Paul Kampffmeyer und seine Frau Margarethe, die Hope Adams Lehmanns Versuchskindergarten leitete. Für den Verein für Naueninteressen die Schriftführerin Rosa Böhm und Franziska von Braunmühl aus der

Rechtschutzstelle, überdies Lotte Willich, Vorsitzende des ›Vereins für soziale Arbeit‹ und Lida Gustava Heymann, Vorsitzende des Vereins für Frauenstimmrecht, Wanda von Debschitz, deren Mann die Debschitz-Schule für Kunstgewerbe gegründet hatte, Dr. Rosa Kempf, Schülerin von Lujo Brentano. Auch der Hochadel fehlte nicht: Zwei Gräfinnen Castell-Castell waren Mitglieder, die eine davon Hofdame, sowie Dr. Hans Graf zu Toerring-Jettenbach und seine Frau Sophia, geborene Herzogin in Bayern. Hinzu kamen etliche niedergelassene Ärzte wie Dr. Hermann Faltin und Professoren wie Martin Hahn oder Gustav Klein, Chefarzt der gynäkologischen Universitätspoliklinik. Einige Vereinigungen waren korporativ beigetreten, so der Verband der Deutschen Buchdrucker, der Verein für Volkshygiene, die katholische Gruppe Bayern der Krankenpflegerinnen Deutschlands, der Konsumverein München-Sendling. Einige Vereinigungen waren wohl auf die eine oder andere Weise über gewerkschaftliche, sozialdemokratische oder sozialhygienische Kontakte zu diesem Kreis gestoßen: Der ›Verein für Volkshygiene‹ arbeitete eng mit Epsteins Kommission zusammen. Es waren auch durchaus mitgliederstarke Vereinigungen; so verfügte der sozialdemokratisch-gewerkschaftliche Konsumverein München-Sendling 1910 bereits über 21 000 Mitglieder.[54] Auffällig sind in diesem Kontext jedoch die katholischen Krankenpflegerinnen. Für die Krankenpflegerinnen bot das neue Projekt die Chance deutlich verbesserter Arbeitsbedingungen; außerdem hatte sich die Kommission für Arbeiterhygiene und -statistik nachdrücklich für die Verbesserung ihrer Arbeitsbedingungen in den Krankenhäusern eingesetzt.[55] Auch für diese katholische Gruppierung gab es keinen Grund, eine Zusammenarbeit mit den sozialdemokratischen Ärzten zu scheuen.

Unter den sogenannten »Urgründern«, die 1906 den öffentlichen Aufruf zur konstituierenden Versammlung des Vereins Frauenheim unterzeichnet hatten, fanden sich neben bereits Genannten unter anderen der Landtagspräsident Dr. Georg von Orterer, Reichsrat Ludwig Frhr. von Würtzburg, Magistratsrat Alois Ansprenger, Stadtschulrat Georg Kerschensteiner, der Geschäftsführer des Gewerkschaftsvereins Friedrich Jacobsen, die Landtagsabgeordneten Alois Frank, Ludwig Giehrl, Dr. Friedrich Goldschmit sowie der mächtige »Bauerndoktor« Dr. Georg Heim, die Mäzene Baron Rudolf von Hirsch und Professor Karl von Linde, Gründer von ›Lindes Eismaschinenfabrik‹. Außerdem die Vorsitzende des Vereins für Fraueninteressen Ika Freudenberg sowie Therese Danner, Vorsitzende des Vereins der Bayerischen Hebammen, ihre Stellvertreterin Theodolinde Hirsch und die Kassiererin Margarethe Kupferschmid. Auch die Presse war, vermutlich dank Adolf Müllers Position im ›Landesverband der bayerischen Presse‹,[56] gut vertreten durch die Chefredakteure der Allgemeinen Zeitung Dr. Martin Mohr, des Münchner Tagblattes Georg von der Tann, der Münchner Zeitung Max Scharre, der Münchner Neuesten Nachrichten Dr. Friedrich Trefz, des Bayerischen Kurier Dr. Paul Siebertz. Hinzu kamen die Schriftsteller Max Halbe und Ludwig Thoma, der Nationalökonom Professor Lujo Brentano, der Philosoph Professor Theodor Lipps, der Maler Professor Fritz von Uhde, der mit den Lehmanns im selben Haus wohnte.

Diese umfängliche Liste ist in vieler Hinsicht wichtig. Einmal zeigt sie die große Resonanz, die das Frauenheim in allen Kreisen der Münchner Bevölkerung fand, waren doch auch viele einfache Frauen in dem Verein vertreten, darunter vermutlich auch etliche Patientinnen der Ärztin; sie macht die breite Basis deutlich, auf der Hope Adams Lehmanns Bemühungen standen. Andererseits ist sie aber auch ein Spiegel der weitreichenden persönlichen Kontakte des Ehepaars Lehmann und seiner Freunde: Es gehörten dazu neben vielen Sozialdemokraten höchste Kreise von Gesellschaft, Wirtschaft und Politik in Stadt und Staat, die Presse, Universitätsprofessoren, Schriftsteller sowie die männliche wie weibliche »Reformszene« Münchens. Nicht zuletzt mit dieser Liste erweist sich das München der Jahrhundertwende als ein Ort produktiver Innovationen, lebendiger Zusammenarbeit und ernsthaften Reformstrebens. Es verbanden sich unterschiedlichste Kreise zu zukunftsweisenden Projekten. Das Ärzteehepaar – immerhin Sozialdemokraten im wilhelminischen Deutschland, Hope sogar eine presbyterianische Engländerin, geschieden und unkonventionell – verstand es offensichtlich, diese grundverschiedenen Menschen für eine gemeinsame Sache zu begeistern. Das Scheitern des Projektes ›Frauenheim‹ zeigt jedoch auch die Grenzen solcher Offenheit: Mit dem Ersten Weltkrieg verwandelte sich auch München, die konservativen, ja reaktionären Kräfte erstarkten: In der Weimarer Republik hätte es sicherlich ein Unterstützerspektrum wie das für den ›Verein Frauenheim‹ in München nicht mehr gegeben.

Neben diesen politischen und gesundheitspolitischen Aktivitäten und Initiativen war vor allem Carl Lehmann intensiv in der Wanderbewegung engagiert: Schon 1890 war er dem Alpenverein beigetreten, während seines Studienaufenthaltes in Halle, der ›Section Mittenwald‹, wenig später der ›Section Straßburg‹.[57] In München wurde er im Jahr 1900 Mitglied der 1899 gegründeten ›Sektion Oberland‹, die sich in enger Kooperation mit dem österreichischen Alpenverein der Erschließung der Berge, der Anlage von Wanderwegen und dem Bau von Unterkunftshütten widmete.[58] Die Mitglieder des Vereins waren meist gut bürgerliche kleine Beamte, Ärzte, Kaufleute.[59] Die Zugehörigkeit Lehmanns zur Sozialdemokratie war offenbar kein Grund, ihn nicht zunächst in den Beirat, dann in den Vorstand des Vereins aufzunehmen.

Im Karwendel fand Lehmann dann seine besondere Aufgabe: Es ging darum, einen bisher der hochalpinen Jagd des bayerischen Königs, des Herzogs von Sachsen-Coburg-Gotha und des österreichischen Hochadels vorbehaltenen Teil der Alpen für alle zugänglich zu machen. Verhindert wurde das lange Zeit durch das Verbot, Wanderwege anzulegen oder Schutzhütten für Wanderer zu bauen. Andererseits war das Betreten des Jagdgebietes außerhalb befestigter Wege verboten, da man sonst als Jagdfrevler verdächtigt wurde. Ein halbes Jahrhundert früher galt bei solchen Begegnungen noch die Maxime »tot oder lebendig«: Ein potentieller Wilderer durfte nach dem erfolglosen Anrufen durch den Jäger erschossen werden.[60] Gerade bei der Hochwildjagd verstanden die Jäger keinen Spaß. Es mußte ihr Ziel sein, so lange wie möglich Wanderer fernzuhalten, von denen sie befürchteten, daß sie das Wild aufstörten. Außerdem war die Jagd in diesem Gebiet eines der wenigen Vergnügen, das dem Adel noch aus vorbürgerlichen Zeiten verblieben war.

Doch der Vorstand der ›Sektion Oberland‹ fand einen Weg, die Fronde der Jäger zu umgehen: Auf dem Lamsenjoch besaß das bei Schwaz in Tirol gelegene Benediktinerkloster Fiecht Gründe, die vermutlich als hochalpine Viehweiden genutzt wurden; hinzu kam der beträchtliche Klosterwald. Das Kloster hatte daher das Wege- und auch das Jagdrecht. Es gelang nun dem Vorstand der Sektion mit Hilfe der Schwestersektion Schwaz und ihrem Vorsitzenden Siegert, den wanderbegeisterten Pater Leo,[61] »Waldmeister« und Wirtschaftsleiter des Klosters, von ihrem Projekt zu überzeugen. Der Hauptgrund für dieses Entgegenkommen war die Bergleidenschaft von Pater Leo, der als herzhaftes Original geschildert wird; ein »katholischer Scharfmacher« war er auf keinen Fall.[62] Das Kloster verpachtete der ›Sektion Oberland‹ das entsprechende Fleckchen Karwendel, erlaubte den Bau einer Schutzhütte, das Legen einer Wasserleitung und natürlich auch das Anlegen und Markieren von Wanderwegen zu dieser Hütte. Der Pachtvertrag lief über 99 Jahre zu symbolischen zwei Kronen im Jahr. Das Kloster stellte sogar das Erd-, Sand- und Steinmaterial für den Wegebau unentgeltlich, das Bau- und Brennholz zu günstigen Preisen zur Verfügung. Einzige Bedingung: Der Pachtvertrag schreibt fest, daß die Sektion den Pächter zur »Aufrechterhaltung von Moral und guter Sitte in der Hütte« anhalten wird; und wenn der Pächter Jagdfrevel treibt, ist an das Kloster eine »Pönale«, also eine Strafe, von zehn Kronen zu entrichten.[63] Angeblich gab es anfangs noch Zusatzvereinbarungen, daß während der Jagdsaison die Hütte geschlossen bleiben mußte und niemand das Gebiet betreten durfte.[64]

Leiter des Hüttenbaus der »Lamsenjochhütte« wurde Carl Lehmann. In erstaunlich kurzer Zeit entstand die Unterkunftshütte. Die Kosten betrugen immerhin 36.000 Kronen, die vom Verein aufgebracht werden mußten; mit Hilfe von Spenden, an denen Hope und Carl Lehmann, Adolf Müller und Franz Blei maßgeblich beteiligt waren, wurde der Bau möglich:[65] Man könnte dabei also fast von einer sozialdemokratisch finanzierten Berghütte auf Klostergrund sprechen; für die Zeit vor dem Ersten Weltkrieg war dieses Ausmaß an Kooperation zwischen den vom Klerus meist verteufelten Linken und einem katholischen Kloster sicherlich einzigartig. Zwischen Pater Leo und dem Ehepaar Lehmann scheint eine Bergfreundschaft entstanden zu sein und Pater Leo kannte auch keine Berührungsängste mit weiteren sozialdemokratischen Bergfreunden Carl Lehmanns.

Der Hüttenbau war eine logistische Leistung: Alle Baumaterialien mußten mit Mulis oder auf dem Rücken hinaufgebracht werden, und zwar über die steile Route von der österreichischen Seite aus, da nur sie den Alpinisten zugänglich war. Gebaut wurde mit der Hilfe örtlicher Baumeister und Arbeiter. Das Kloster stellte Holzarbeiter als Träger zur Verfügung.[66] Aber auch Franz Blei und andere Freunde waren bei der Feier zur Grundsteinlegung dabei. Die feierliche Einweihung der fertigen Hütte nahm Pater Leo am 16. Juni 1906 vor, in Anwesenheit von 200 Gästen.[67] Als Pächter wurde das Ehepaar Johann und Margit Kofler aus Mayerhofen eingesetzt.

Doch diese erste Hütte hatte kein langes Leben: Schon eineinhalb Jahre nach ihrer Fertigstellung wurde sie im März 1908 von einer Lawine davongefegt.[68] Personen kamen nicht zu Schaden, aber die ganze Arbeit begann von vorne. Lehmann und seine Freunde ließen sich aber nicht entmutigen. Sie suchten einen lawinensichereren Platz aus, auf dem die Lamsenjochhütte bis heute steht. In Rekord-

»St. Georgenberg, C., Pater Leo, Carl Siebert. Weihnachten 1906«. Der katholische Sozialdemokrat Lehmann feiert zusammen mit dem Benediktinerpater Leo und Tiroler Bergfreunden im Wallfahrtsort St. Georgenberg Weihnachten

zeit war ein Neubau erstellt: Seit Pfingsten 1908 stand eine Nothütte für 25 Personen, die 1908 immerhin von 1100 Personen besucht wurde. Die fertige Hütte enthielt dann 29 Betten und 30 Matratzenlager und hatte sogar ein Abort mit Wasserspülung. Die Hütte wurde erneut eingeweiht:[69] »Am 26. und 27. Juni sind die Nachlager für angemeldete Gäste reserviert. Anmeldungen werden bis längstens 20. Juni an den Hüttenreferenten, praktischer Arzt Dr. C.A. Lehmann in München, Gabelsberger Straße 20 a, erbeten. Der fahrplanmäßig erst vom 1. Juli an abends 8 Uhr 10 von Schwaz nach München verkehrende Zug wird voraussichtlich schon am 27. und 29. Juni in Verkehr gesetzt.« Das Ehepaar Kofler bezog wieder sein Reich.

Schwaz, Vomp, der »Vomperhof« und seine Bewohner, Pater Leo, der »Lamsenwastl« und andere Originale – das wurden für Carl Lehmann wichtige Bezugspunkte. Er verbrachte viel Zeit rund um den Lamsen, mit Adolf Müller und anderen Freunden aus der Stadt, mit Einheimischen und Gästen. Er verlebte dort manches

»*Georgenberg 1908. H.B.A.L., Frl. Rita Scheib*«. Das Wandern im unwegsamen Gelände war für Damen mit langen Röcken schwierig und bestätigte Hope Adams Lehmanns Forderung nach der Kniehose

Weihnachten oder Sylvester, so auch mit sieben Freunden schon in der provisorischen Hütte von 1905, legte die Grundlagen für alpine ärztliche Hilfeleistung und unternahm von hier aus große Touren. Auch Hope Adams Lehmann ging immer wieder mit in die Berge, manchmal auch zusammen mit anderen Frauen. Dafür trug sie einen weiten Rock mit Hosenträgern, der für die Wanderung hochgebunden oder abgeköpft wurde, und darunter eine Hose – es war sozusagen die Erfindung weiblicher Bergkleidung. Ab 1906 hatten die Ehefrauen der Vereinsmitglieder die gleichen Rechte auf ermäßigte Unterkunft in den Hütten wie ihre Männer.[70]

Aber Lehmann wanderte nicht nur auf das Lamsenjoch. Wie die Fotos zeigen, unternahm er mehrfach Wintertouren auf die Zugspitze, machte eine Gletscherwanderung auf den Ankogel und andere große Aufstiege. Das Wandern war zu seinem Lebenselement geworden. Er wirkte auch beim Bau anderer Hütten und Alpensteige mit. Im Winter traf man ihn und auch Hope dann manchmal beim Schlittenfahren in den Bergen, beispielsweise in Vorderkaiserfelden, das ebenfalls von der ›Sektion Oberland‹ betrieben wurde. Bei etlichen Touren waren Heinz Walther, Maxim Zetkin oder Adolf Müller dabei. Lehmann nahm aber auch seine Nichte

»*Hebeweinfeier der Skihütte auf der Riesenalm, Herbst 1903, C.*« Unter den Feiernden neben den ortsansässigen Tirolern die Leute aus der Stadt und die Mädchen der sozialistischen Jugend

Elisabeth Oréans, damals ein Mädchen von 17 Jahren, bei einer solchen Winterbesteigung auf die Zugspitze mit; dafür wurde ihr noch schnell von Hope eine entsprechende Hose und ein darüber zu knöpfender Rock genäht.[71] Maria Blei und Mara Walther waren ebenfalls bei einigen Touren dabei.

Der Alpenverein bot aber mehr: In Lehmanns Alpenvereinssektion finden sich auch die Namen der Sozialdemokraten Maxim und Costia Zetkin, Eduard Schmid, Erhard Auer, Adolf Müller, Johannes Timm, Philipp Scheidemann, ebenso von Franz Blei.[72] Die engen Kontakte zu den Einheimischen ebneten alle Gegensätze ein und so gibt es Fotos, die Pater Leo einträchtig mit den sonst von der Kirche verteufelten Sozialdemokraten beim Weine zeigen. Auf dem Foto einer Firstfeier von 1913 wird auch das harmonische Miteinander von sozialistischer Jugend und Sozialdemokraten aus der Stadt mit traditionsgebundener Bayerischer und Tiroler Bevölkerung deutlich.[73]

In München pflegte die ›Sektion Oberland‹ ebenfalls ein reges geselliges Leben: Lehmann hielt seit 1903 immer wieder »Vorträge mit

Lichtbildern«, so über die Tour »Durchs Winkelkar auf die Pyramidenspitze« am 27. Januar 1903, über »Wintertouren auf die Zugspitze« am 13. März oder über »Die Lamsenspitze im Karwendel« am 3. November. Man traf sich im Vereinslokal, beriet über neue Projekte oder feierte miteinander. Es gab einen Stammtisch, »Kellerfeste«, sommerliche Treffen im Biergarten des »Augustiner«, Faschingsveranstaltungen und Ausschußsitzungen.

Der ausgewiesene Sozialdemokrat Lehmann und seine Freunde hatten keine Probleme in diesem eher bürgerlichen Verein, in dem Staatsanwälte, Beamte, Kaufleute oder mit Wilhelm Kißkalt auch ein Direktor der ›Münchener Rückversicherung‹ Mitglieder waren. Das macht erneut deutlich, daß in München die Sozialdemokraten anders in die Gesellschaft integriert waren als in übrigen Städten des Deutschen Reiches. Es ist jedoch auch nicht anzunehmen, daß sie den Verein zur Agitation benutzten; dann hätte vermutlich die Toleranz bald ein Ende gefunden. Die in der Sektion Oberland vertretenen Sozialdemokraten gehörten jedoch, und das machte ihre Integration noch ein Stück einfacher, zur selben sozialen Schicht wie die übrigen Mitglieder: Sie waren Ärzte und Medizinstudenten, Landtagsabgeordnete, Akademiker. Eine nichtproletarische, aktiv in die Kommunal- und Landespolitik eingebundene Sozialdemokratie gab sich sicherlich anders als die auf die eigene Subkultur zurückgedrängte, in mancher Hinsicht immer noch unterprivilegierte Partei in anderen Regionen des Deutschen Reiches. Dennoch bleibt vor allem Lehmanns Rolle in diesem Verein etwas ganz Besonderes.

Die verschiedenen Verkehrskreise der Lehmanns zeigen ein breites Spektrum an politischer, medizinischer, sozialer und gesellschaftlicher Tätigkeit, die sich in den beschriebenen personellen Verbindungen manifestieren. Mit ihrer großen Spannweite erweist sich das politische Paar als singulär, auch in der toleranten bayerischen Hauptstadt der Jahrhundertwende. Das ist möglicherweise dadurch zu erklären, daß sie auch ihrerseits keine Abgrenzungen vornahmen, sondern mit bemerkenswerter Offenheit die unterschiedlichsten Menschen annahmen und in ihrer Eigenart bestehen ließen.

Anmerkungen

1 Generallandesarchiv Karlsruhe, Nachlaß Geck 988, Brief von Clara Zetkin an Adolph Geck vom 18.10.1916; Anlaß des Briefes war ein Artikel von Oskar Geck gewesen, der sich darauf bezog, daß auch Hope die »nationale Sache«

und damit die Position der rechten Sozialdemokratie im Krieg befürwortet hatte.
2 Zum Gesamtkomplex Pohl, Adolf Müller; zur Gegenposition Grau, Kurt Eisner
3 Adams Lehmann, Mutterschutz, S.1243
4 Sie war zwar nicht selbst dort Mitglied, aber für ihre Schwägerin Mary Bridges Adams gibt es eine Mitgliedskarte.
5 Adams Lehmann, Das Weib und der Stier, S.8
6 Als Broschüre gedruckt
7 Anonym (Hope Bridges Adams Lehmann), Kriegsgegner in England
8 Walther, Zum anderen Ufer
9 Adams Lehmann, Das Frauenbuch, Bd. 2, S.750
10 Adams Lehmann, Das Frauenbuch, Bd. 2, S.729
11 Adams Lehmann, Der Säugling und seine Ernährung
12 Adams Lehmann, Das Frauenbuch, Bd. 2, S.596
13 Dazu s.u., das Kapitel »Schule und Krankenhaus von morgen«
14 Manches zu diesen Kreisen wird auch von Pohl berichtet, vgl. Pohl, Münchener Arbeiterbewegung; Pohl, Müller; Pohl, Sozialdemokratie und Bildungswesen, S.79-101
15 Zur soziologischen Netzwerkforschung z.B.
16 Kautsky, Rosa Luxemburg, S.16
17 Pohl, Müller; Pohl, Adams Lehmann; Angermair, Eduard Schmid
18 Generallandesarchiv Karlsruhe, Nachlaß Geck, Brief Zetkin vom 15.10.1906: »Und auf der Rückreise will ich dann zu Hope fahren und mich gründlich untersuchen lassen... Je nachdem, was Hope sagt, werde ich mich dann entscheiden.«
19 Weyer (Hrsg.), Soziale Netzwerke
20 Staatsarchiv München und Oberbayern Staatsanwaltschaft 1834, Vernehmung Epsteins am 25.7.1914
21 Staatsarchiv München und Oberbayern Staatsanwaltschaft 1834
22 Pohl, Müller, S.58
23 Zitiert nach Bäumler, Verschwörung in Schwabing, S.26; der ungenannte Berichterstatter war wohl Hans Diefenbach
24 Zu Parvus Scharlau/Zeman, Freibeuter der Revolution. Vielfach ungenau und mit einer verzerrten Perspektive Heresch, Geheimakte Parvus; so ist nach Heresch Parvus allein nach Rußland gefahren, das zusammen mit Lehmann über die Reise veröffentlichte Buch kennt sie nicht. Lehmann/Parvus, Das hungernde Rußland
25 Internationaal Instituut voor Sociale Geschiedenis, Amsterdam, Brief Hope Adams Lehmann an Karl Kautsky vom 30.1.1899. Der erwähnte Georg Gradnauer war sozialdemokratischer Journalistenkollege von Parvus und später Reichstagsabgeordneter
26 Pohl, Münchener Arbeiterbewegung, S.495; Heresch, Parvus, S.56 f. Vgl. zu seiner Tätigkeit in München auch Stern (Hrsg.), Die Auswirkungen der ersten Russischen Revolution von 1905-1907, S.39-42, Dok. Nr. 10, Bericht der Münchner Polizeidirektion an die Regierung von Oberbayern vom 30.8.1905
27 Parvus wurde keineswegs, wie vielfach behauptet, in Rußland steckbrieflich gesucht; sonst hätte er wohl kaum die im Reisebericht geschilderten ausführ-

lichen Paßkontrollen so gut überstanden; vgl. Lehmann / Parvus, Rußland, S.10-13. Parvus schildert auch, wie das aussah, wenn einem ein Geheimpolizist auf den Fersen folgte. Dies war aber bei dieser Reise nicht der Fall. Ausgewiesen worden war Parvus hingegen aus Preußen und Sachsen.

[28] Monacensia Literaturarchiv, Fotoalbum, Bildbeschriftung der Reisebilder; an anderen Stellen werden vier Monate als Reisezeit angegeben.
[29] Engels, Soziales aus Rußland (1875), S.348
[30] Lehmann/Parvus, Das hungernde Rußland, S.4
[31] Heresch, Geheimakte Parvus, S.66, 58
[32] Lehmann/Parvus, Das hungernde Rußland, S.515
[33] Lehmann/Parvus, Das hungernde Rußland, S.528
[34] Bei seiner ersten Fahrt 1912 war er für etwas mehr als 300 Passagiere zuständig, die meisten davon Auswanderer, die im Zwischendeck fuhren; hinzu kamen 30 Kinder unter zehn Jahren und neun Kinder unter einem Jahr. Hamburger Staatsarchiv 373-7 I-V, Register L, Nr. 180; außerdem Schreiben der See-Berufsgenossenschaft Hamburg an die Verf. vom 2.2.1995: Lehmann fuhr vom 23.12.1912-31.3.1913 auf der »Cordoba« nach Argentinien und vom 4.3.1914 – 4.5.1914 auf der »Rio Pardo« nach Brasilien. Hamburger Staatsarchiv Auswandererlisten VIII A1, Band 253. Diesen Teil der Biographie seines Freundes Carl Lehmann eignete sich übrigens später der SPD-Politiker und Journalist Adolf Müller an, wenn er als Gesandter in Bern in den zwanziger Jahren seiner Familie und Freunden von seiner Vergangenheit erzählte. Pohl, Müller, S.28 f.
[35] Dazu s.u. das Kapitel »Kriegsgegner in England«; dort auch weitere Literatur
[36] Die Anwesenheit von Vera Sassulitsch wird mehrfach bezeugt, obwohl diese Verbindung in der Biographie von Leitner, Die Attentäterin Vera Zasulic, S.204-208, nicht genannt wird. Vgl. Fendrich, Hundert Jahre Tränen, S.34, für Sassulitschs Anwesenheit in Offenburg.
[37] Höpfner/Schubert, Lenin in Deutschland, S.64
[38] Hitzer, Lenin in München, S.215-219
[39] Höpfner/Schubert, Lenin, S. 64, 106
[40] Blei, Erzählung eines Lebens, S.236-239
[41] Friedrich Adler war der Sohn des Führers der österreichischen Sozialdemokratie, Viktor Adler. Zu seinem weiteren Lebensweg vgl. Biographisches Handbuch der deutschsprachigen Emigration, Bd. I, S. 6 f.; Adler hatte u.a. ein Werk über Mach veröffentlicht.
[42] Pohl, Müller, S.58; vgl. auch Pohl, Münchener Arbeiterbewegung, S.343-382
[43] Tennstedt, Vom Proleten zum Industriearbeiter, S.565-572; Pohl, Münchener Arbeiterbewegung, S.343-382; Quellen dazu Epstein (Hrsg.), Bericht der Kommission für Arbeitshygiene und -statistik 1904-1906 sowie 1907-1909; ders., Ein Programmentwurf; ders., Bericht der Kommission; ders., Der Arbeiterschutz
[44] Vgl. auch Labisch, Die gesundheitspolitischen Vorstellungen, S.325
[45] Zu Bauer Stadtarchiv München, Bürgermeister und Rat 154, Biographische Notizen
[46] Adams Lehmann, Frauenheim
[47] Epstein, Ein Programmentwurf; ders., Kommission für Arbeitshygiene und -Statistik

48 Staatsarchiv München und Oberbayern Pol.Dir. 4493, Generalversammlung vom 26.3.1907
49 Tennstedt, Vom Proleten zum Industriearbeiter, S.565
50 Epstein, Kommission für Arbeiterhygiene und -Statistik
51 Vgl. z.B. Münchner Gemeindezeitung 1909, S. 1248-1250, Sitzung vom 12.8.1909 zur »Schwesternnot« in den städtischen Krankenhäusern. S.1566, zur Sitzung vom 28.10.1909; dort fragte Lehmann nach dem Material, das zur Verpflegung des Personals in Krankenhäusern gesammelt worden war. 1910, S.384-386, Sitzung vom 10.2.1910, Anfrage Lehmanns zur Milchversorgung.
52 Vgl. das Kapitel »Krankenhaus und Schule von morgen«
53 Adams Lehmann, Das Frauenheim
54 Schoßig, Konsumgenossenschaften, S.181
55 Münchner Gemeindezeitung 1909, Sitzungsberichte, S.1248-1250, 1329, 1566, Sitzungen vom August 1909
56 Pohl, Müller, S. 94 f.
57 Sektion Oberland des Deutschen Alpenvereins, Fotoalbum, S.1, die Fotos der Ausweise
58 Jahresberichte der Alpenvereinssektion Oberland, 1.Bericht 1899, hier 2. Bericht 1900, S.24
59 Da sich die politische und konfessionelle Zugehörigkeit der Mitglieder kaum mehr feststellen läßt, ist es sicherlich weit gegriffen, den Gründerkreis gerade nach diesen Kriterien bestimmen zu wollen; Pohl, Katholische Sozialdemokraten oder sozialdemokratische Katholiken, S.251
60 Eckardt, Herrschaftliche Jagd; Schulte, Ein Dorf im Verhör, S.179-288; Krauss, Herrschaftspraxis in Bayern und Preußen
61 Archiv des Klosters Fiecht: Pater Leo (Severin) Bechtler, geb. 15.6.1856 in Liechtenstein als Sohn eines k.k. Zollkontrolleurs, trat 1878 in Fiecht ein. Er war auch Wallfahrtspriester in St.Georgenberg. Er starb 1937.
62 Dies vermutet Pohl, Katholische Sozialdemokraten oder sozialdemokratische Katholiken, S.251
63 Archiv des Klosters Fiecht, Notariatsakt vom 31.10.1903
64 Information von Konrad Ott, Geschäftsführer der ›Sektion Oberland‹; ich danke Herrn Ott herzlich für seine bereitwillige Unterstützung; laut Deutscher und Österreichischer Alpenverein, Sektion Oberland, Jahresbericht 8 (1906), S.30 unterbrach die k.k. Forst- und Domänendirektion in Innsbruck 1906 die Verbindung zwischen Lamsenjochhütter und Hallerangerhaus aus »jagdsportlichem Interesse«
65 Deutscher und Österreichischer Alpenverein, Sektion Oberland, Jahresbericht 6 (1904), S.37-39, Bericht von Lehmann; Bericht 8 (1906), S.33, Ehrentafel der Stifter
66 Deutscher und Österreichischer Alpenverein, Sektion Oberland, Jahresbericht 8 (1906), S.31
67 Mitteilungen des Deutschen und Österreichischen Alpenvereins, n.F. 22 (1906), Nr. 13 S.161 f. sowie Nr. 15, S.179-182
68 Mitteilungen des Deutschen und Österreichischen Alpenvereins, n.F. 24 (1908), Nr. 6, S.80 f.; vgl. die Fotos in den Alben in der Sektion Oberland und im Monacensia Literaturarchiv
69 Mitteilungen des Deutschen und Österreichischen Alpenvereins, n.F. 25 (1909), Nr.11, S.144

70 Deutscher und Österreichischer Alpenverein, Sektion Oberland, Jahresbericht 7 (1905), S.62
71 Erzählung von Frau Schwarz, der Tochter von Elisabeth Oréans, aus Gengenbach
72 Deutscher und Österreichischer Alpenverein, Sektion Oberland, Jahresberichte 1899-1915
73 Sektion Oberland des Deutschen Alpenvereins, Fotoalbum

Krankenhaus und Schule von morgen

Hope Bridges Adams Lehmann entwickelte in ihren Büchern, Aufsätzen und Vorträgen immer wieder Entwürfe für das Zusammenleben von Mann und Frau und Kindern in einer zukünftigen Gesellschaft. Es ist für diese Frau charakteristisch und stellt einen der wichtigen Unterschiede zu anderen reformorientierten Zeitgenossen und Zeitgenossinnen dar, daß sie es nicht bei der Papierform beließ. Sie erarbeitete vielmehr mit ihrem Projekt ›Frauenheim‹ Konzepte für das Krankenhaus der Zukunft[1] und überprüfte ihre Erziehungsvorstellungen in einem siebenjährigen Schulversuch des ›Vereins Versuchsschule‹ in München durch die Gründung eines bilingualen Kindergartens.[2]

Schon bald nach ihrem Zuzug hatten Hope Adams Lehmann und ihr Mann sich in München beste Beziehungen zu städtischen und staatlichen Stellen erarbeiten können, sie wirkten in verschiedenen reformorientierten Gruppen mit, publizierten in den medizinischen Fachblättern und waren angesehene Mitglieder der örtlichen ärztlichen Vereinigungen. Wieviel Ansehen sich Hope Adams Lehmann bei ihren Ärztekollegen errungen hatte, geht aus der Begründung Bayerns auf nachträgliche Anerkennung ihres deutschen Staatsexamens von 1904 hervor, zur dem die Mitglieder des Münchner Obermedizinalkollegiums gefragt worden waren. Hier hieß es:[3] »Von fachmännischer Seite – darunter medizinische Autoritäten – wird, wie die vorgelegten Zeugnisse ausweisen, bezeugt, daß sie während der langjährigen selbständigen Ausübung der Heilkunde den Nachweis hervorragender ärztlicher Tüchtigkeit erbracht hat, wie überhaupt ihrer derzeitigen beruflichen Tätigkeit die vollste Anerkennung gezollt und ihre Gleichstellung mit den Ärzten auf das Wärmste befürwortet wird.«[4] Franz von Winckel, damals Vorsitzender dieses Gremiums, hatte seiner Stellungnahme für das Obermedizinalkollegium nur hinzugefügt, »daß Referent, der die Petentin seit 25 Jahren genau kennt, gar nichts mehr hinzuzufügen vermag und das Gesuch der Frau Hope Bridges Lehmann nur auf das Wärmste unterstützen kann.«

Zu den medizinischen Autoritäten kamen die politischen hinzu: Es ist frappierend, daß sich höchste bayerische Stellen, so Kultusminister Anton von Wehner und letztlich als Antragsteller beim

Bundesrat der bayerische Ministerpräsident Clemens von Podewils, bereit fanden, einer erklärten Sozialistin den Weg zu ihrem Doktortitel zu ebnen; Sachsen hatte es jedenfalls abgelehnt, sich für Hope Adams Lehmann beim Bundesrat zu engagieren.[5]

In einem Umfeld der wohlwollenden Unterstützung liefen auch die Planungen für das von Hope Adams Lehmann mit großer Energie betriebene Projekt ›Frauenheim‹: In einem Haus mit über 400 Betten wollte sie ihre Vorstellungen von hygienischer und dennoch frauengerechter Krankenhausgeburt verwirklichen.[6] Sie wandte sich gegen die »Poesie der Wochenstube«, wie ein Frauenarzt die Hausgeburt genannt hatte, und plädierte für die Krankenhausgeburt, um die Gefahren bei Entbindung und Wochenbett zu vermindern. Bereits 1896, also unmittelbar nach ihrem Zuzug nach München, hatte sie diese Idee zum ersten Mal zur Diskussion gestellt.[7] Ein genauerer Blick auf dieses Projekt lohnt sich schon deshalb, weil es gewissermaßen im Schnittpunkt zwischen frauenorientierter Reform und »Medikalisierung der Unterschichten« steht, die gerade in den Jahren um die Jahrhundertwende von Ärzten und Hygienikern vorangetrieben wurde.[8]

Die Dimension des Projektes wird deutlich, vergleicht man es mit den Berliner Klinken für weibliche Ärzte, wie sie die ersten in Deutschland praktizierenden Ärztinnen Franziska Tiburtius und Emilie Lehmus in kleinem Rahmen verwirklicht hatten:[9] Bis zum Ersten Weltkrieg kamen diese nicht über 19 Betten hinaus und auch der in den zwanziger Jahren verwirklichte Bau enthielt nicht mehr als 48 Betten. Beruhte die Berliner Konzeption auf der Idee eines Zusammenschlusses weiblicher Ärzte für weibliche Patienten – »alles von weiblicher Hand« –, so sollten in München weibliche und männliche Ärzte zusammenwirken. Um die »freie Arztwahl«, für die sich Hope und ihr Mann stets eingesetzt hatten,[10] auch im ›Frauenheim‹ zu garantieren, war ein umfängliches Belegarztsystem vorgesehen.[11] Es ist anzunehmen, daß Hope Bridges Adams Lehmann Chefärztin dieses von ihr konzipierten Krankenhauses geworden wäre.

Obwohl das Münchner ›Frauenheim‹ sich zunächst als Wöchnerinnenheim gab, waren doch in drei aneinander gebauten Häusern nahezu gleich viele Betten für Frauenkrankheiten wie für Entbindungen und Rekonvaleszentinnen vorgesehen, mit jeweils 20 bis 30 Einzelzimmern pro Haus; die übrigen Betten waren auf Vierbettzimmer verteilt – für eine Zeit, in der es noch Krankensäle gab und

»*Gesamtansicht des Frauenheims. Von links nach rechts: Krankenheim, Entbindungsheim, Rekonvaleszentenheim, Verwaltungsgebäude, Arztwohnung. Vorn der Nymphenburger Kanal*«. In der Planung war Hope Adams Lehmanns ›Frauenheim‹ bereits ausgereift

Achtbettzimmer als Luxus galten, ein unerhörter Vorschlag. Das Rekonvalenszentenheim sollte dazu dienen,[12] »die Insassen der beiden anderen Häuser nach Verlassen des Bettes bis zur vollen Wiederherstellung aufzunehmen, ebenso Erholungsbedürftige, welche von der Stadt eingewiesen oder von der ärztlichen Leitung nach Maßgabe des verfügbaren Raumes aufgenommen werden. Diese Sonderung sichert den Bettlägerigen mehr Ruhe und den Rekonvaleszenten mehr Bewegungsfreiheit«. Es sollte daher eher als Wohnhaus eingerichtet werden, mit Lesezimmern, Veranden, Speisezimmern und mit Waschräumen, in denen für jede Frau ein Waschbecken und für je vier eine Dusche vorgesehen war. Die Säuglinge wurden in eigenen Zimmern versorgt und nur zum Stillen den Müttern gebracht. In allen Häusern gab es Speisen-, Wäsche-, Personen- und Bettenlifte, jeweils Isolierstationen und Desinfektionseinrichtungen. Im Krankenheim waren zwei Hörsäle für ärztliche Demonstrationen, aber auch für Vorträge über Gesundheits- und Säuglingspflege für die Rekonvaleszentinnen vorgesehen, ebenso eine Bibliothek und Räume für »Mikroskopie«.

Einen entscheidenden Fortschritt sah Hope Adams Lehmann jedoch in den Einzelzimmern – für Gebärende, für Frischoperierte, aber auch in bestimmten Fällen für Rekonvaleszentinnen:[13] »In diesen Einzelzimmern liegt eine Hauptberechtigung des Namens

Frauenheim. Wer gewohnt ist, Entbindung und Krankheit in der eigenen Wohnung oder in einem Separatzimmer eines gut geleiteten Krankenhauses durchzumachen, kann sich schwerlich vorstellen, was die Arbeiterfrau unter dem Massenbetrieb ebendesselben Krankenhauses leidet, wo zwei bis sechs Frauen gleichzeitig in einem Kreißsaal entbinden und Frischentbundene und Schwerkranke unter Halbgenesenden liegen. Kein Tag vergeht ohne Aufregung, keine Nacht ohne Stöhnen und Unruhe. Das Frauenheim will auch hierin Wandel schaffen und der Frau, die von ihrer Hände Arbeit lebt, dieselbe Schonung und Erholung in schweren Stunden bieten, wie sie jetzt nur die wohlhabende Frau genießt.« Vor allem für die Entbindungen waren daher Einzelzimmer vorgesehen, in denen die Wöchnerin nach der Geburt einige Tage verbleiben konnte. Für schwierige Geburten gab es im dritten Stockwerk des Hauses Operationsräume.

Die Konzeption des Frauenheims enthielt etliche weitere für das Krankenhauswesen geradezu revolutionär reformerische Elemente, die den sozialen und volkshygienischen Überzeugungen von Dr. Adams Lehmann entsprachen.[14] So sollten unter anderem die Mitglieder des Trägervereins ›Frauenheim‹, dem die Patientinnen beitraten, den Chefarzt wählen. Durch ihre Mitgliedschaft befänden sie sich in einem Haus, das ihnen mitgehört, und nicht in einer Anstalt, so Adams Lehmann. Die Klassenmedizin war aufzuheben, arme und reiche, ledige wie verheiratete Frauen konnten in diesem Krankenhaus den gleichen Komfort genießen.[15] Hinzu kam die Forderung nach Transparenz des ärztlichen Tuns: Gründe der Behandlung, Ergebnisse und Art der Operation waren den Patientinnen mitzuteilen und schriftlich mit nach Hause zu geben.[16] Und noch einen weiteren zentralen Kritikpunkt an der Krankenhausgeburt wollte Hope Adams beheben: Keine Frau durfte ohne ihr schriftliches Einverständnis zu Untersuchungszwecken vorgeführt werden:[17] »Junge Ärzte müssen an Kranken lernen, und wenn niemand mehr untersucht sein will, hat die Wissenschaft ein Ende. Wir finden aber, daß diese Verpflichtung für alle in gleichem Maße da ist, und nicht allein für die Armen, die jetzt mit Aufgabe des Verfügungsrechtes über ihren Körper die ärztliche Behandlung erkaufen müssen...« Wie dramatisch die Mißstände in zeitgenössischen Entbindungsanstalten waren, ist vielfach bezeugt. So fanden dort Geburten oft vor einem mehr oder weniger großen Publikum statt und Untersuchungen wurden wie eine Vergewaltigung erlebt. Dr. Anna Fischer-Dückelmann, eine Arzt-Kollegin von Hope, schilderte das

1902:[18] »Ich habe ganz einfache und ältere Frauen zittern, beben und krampfhaft schluchzen sehen, wenn sie auf dem Untersuchungsstuhl angeschnallt, ihren nackten, kranken Leib von etwa 100 jungen Burschen, die, Einer nach dem Anderen, an ihr vorbeidefilierten, mußten betrachten lassen.«

Daher argumentiert Hope Adams Lehmann: »Es ist ein gewaltiger Unterschied, ob jemand sich genötigt fühlt oder freiwillig... eine Handlung an sich vollziehen läßt. In diesem Sinne hoffen wir, die Pfleglinge des Frauenheims für die Wissenschaft nutzbar zu machen, durch Kurse, welche teils für Ärzte, teils für Volontärärzte... abgehalten werden. Wir würden es als kein Unglück für die Klinik erachten, wenn diese Beschränkung der Untersuchungsfreiheit auch dort eingeführt werden würde.« Solche praktischen Kurse für angehende Ärzte in kleineren Gruppen könnten auch zu besseren Ergebnisse im Staatsexamen führen. Niedergelassenen Belegärzten böte des Frauenheim wissenschaftliche Fortbildung und Austausch über Behandlungsmethoden.

Ein weiterer wichtiger Punkt in der Konzeption war eine grundsätzliche Reform der Pflege, verbunden mit einem Abbau der Hierarchien zwischen Ärzten und Pflegepersonal.[19] »Ausschlaggebend für das Wohlbefinden der Pfleglinge ist die Qualität der Pflege. Auch hierin möchte das Frauenheim versuchen, bahnbrechend vorzugehen, indem man die Pflege zwischen jungen Ärzten beiderlei Geschlechts und langjährigen Pflegerinnen teilt. So hofft man die Vorteile der wissenschaftlichen Vorbildung und der jugendlichen Initiative mit denen der Umsicht und Erfahrung zu vereinigen.« Dafür müßten die Pflegenden von allen Arbeiten entlastet werden, »welche sich besser für ein Stubenmädchen eignen« und auch genügend Ruhepausen erhalten. »Für die jungen Ärzte...dürfte diese Erfahrung von unschätzbarem Werte sein.«

Wie ungewöhnlich diese Forderungen waren, zeigt ein Vergleich mit den sonst üblichen Bedingungen für die Krankenpflege: Der Tagesdienst einer Krankenschwester begann um 5.30 Uhr und endete um 21 Uhr; es galt die Sieben-Tage Woche und nur an einem Nachmittag in der Woche konnte die Schwester auf Absprache dienstfrei erhalten. Durch gehobene Hygienestandards waren die Reinigungsaufgaben des Pflegepersonals noch angewachsen. Durch körperliche Anstrengungen und ständige Überlastung angesichts des propagierten Leitbildes der selbstlosen und opferwilligen Krankenschwester stellte man immer mehr »Überanstrengung« und »nervliche Zerrüttung« bei den Pflegenden fest. Der sozialdemokratische Reichstagsabgeordnete Antrick machte das daher das Problem eines unausgebildeten, überarbeiteten und unterbezahlten Pflegepersonals zwischen 1900 und 1902 in mehreren Reichstagsdebatten zum Thema.

Hope Adams Lehmann bezog jedoch auch das Verhältnis zwischen Krankenhaus und Familie in ihre Überlegungen mit ein. So war für sie die Krankenhausgeburt nur durch die enge Zusammenarbeit mit einer beträchtlich erweiterten Hauspflege denkbar, um so die Möglichkeit zu schaffen, die abwesende Mutter weitgehend zu ersetzen und ihr damit auch zu einer von Sorgen unbelasteten Erholung im Frauenheim zu verhelfen. Und noch ein weiteres war bei der Pflege zu reformieren:[21] Es ging Hope Adams Lehmann um die »Vereinigung von Laien- und Fachpflege«. Daher sollte je ein Angehöriger bei Entbindungen zugelassen sein, ebenso zur Pflege nach der Entbindung; dies sei möglich, da die Geburt in Einzelzimmern stattfinden werde. Das Selbe müsse für die Pflege nach Operationen gelten oder für Rekonvaleszentinnen, die jederzeit den Besuch eines Angehörigen empfangen dürften. Die begrenzten Besuchszeiten waren abzuschaffen. »Auf den ersten Blick mögen solche Zugeständnisse kaum möglich erscheinen, und zwar wegen der Infektionsgefahr, wegen Störung der Ordnung, wegen Ungenauigkeiten der Pflege und wegen Aufregung der Pfleglinge... Auf der anderen Seite ist die Anwesenheit eines geeigneten Angehörigen im Krankenzimmer von so großen Vorteilen begleitet, sie trägt so sehr zur Gemütsruhe der Patientin bei, sie sichert ihr so viele kleine Dienstleistungen, welche nur die Liebe erfüllen kann, daß das Frauenheim das Problem... unbedingt lösen muß.«

Daher sollte der Krankenhausaufenthalt gleichzeitig für Pfleglinge wie für Angehörige einer ausgedehnten Hygieneerziehung dienen.[22] Die Besucher waren ärztlich zu begutachten, mußten baden und Anstaltskleider anlegen, bevor sie zu den Kranken gelassen wurden. Die Ärzte sollten, wie bei der Privatpflege, den Angehörigen dann genaue Anweisungen geben. Dies würde die Familie in ihrem Verhalten zu Leidenden erziehen. Hier stand Adams Lehmann ganz in der ärztlichen Tradition ihrer Zeit; durch die Verhaltensregeln der öffentlichen Hygiene, wie sie hier eingeübt werden sollten, »medikalisierte« die Ärzteschaft zunächst den Mittelstand, dem sie meist selbst entstammte, und nahm dann eine Sozialisation der Unterschichten in Angriff.[23]

Greift man jedoch aus den Reformvorschlägen nur den Gedanken der Anwesenheit eines Angehörigen bei der Geburt heraus, so wird deutlich, das dieses Konzept erst vor rund fünfzehn Jahren verwirklicht wurde, ähnlich wie die Abschaffung der fixierten Besuchszeiten, die Aufwertung der Hauspflege oder die Geburt in Einzelzimmern. Die klassenlose Krankenhauspflege ist heute wieder auf dem Rückzug und die Demokratisierung der inneren Klinikhierarchie steht in weiter Ferne. Die Vorstellungen von Adams Lehmann griffen also der Zukunft weit voraus.

Um dieses Frauenheim zu verwirklichen, benötigte Hope Adams Lehmann Geld, viel Geld:[24] »Das Projekt setzt ein Baukapital von mehreren Millionen voraus, und wenn das Frauenheim jemals im Geist eines Frauenheimes entstehen soll, so muß es eine Schöpfung der Privatinitiative sein. Kein neuer Gedanke von großer, reformatorischer Tragweite springt in die Erscheinung als behördliche Organisation. Erst muß das Fundament von einzelnen gelegt werden.« Besitzrechte und Verwaltung sollten daher auf eine genossenschaftliche Basis gestellt werden. Damit hätte das Frauenheim zu den Heilanstalten in privater Trägerschaft gehört,[25] die um diese Zeit eine bedeutende Rolle spielten. Doch es stand in vieler Hinsicht im Gegensatz zu den üblichen Häusern dieser Art, war es doch kein Sanatorium für gut zahlende Privatklientel. Es ähnelt damit eher den spezialisierten Heilanstalten in privater Trägerschaft, wie es sie für Dermatologie, Orthopädie und Ähnliches gab, hier unter dem besonderen Aspekt der Frauenmedizin. Obwohl also ein Verein als Träger eines solchen Krankenhauses durchaus denkbar war, hatte dies in den zeitgenössischen Vergleichsfällen keine Auswirkungen auf die innere Hierarchie, die im Geiste der Zeit höchst patriarchalisch organisiert war. Der genossenschaftliche Gedanke eines Mitbesitzes und der demokratischen Mitbestimmung vieler einfacher Patienten oder gar Patientinnen war bei anderen nicht vorgesehen.

Wie wichtig dieses Projekt in München genommen wurde, zeigt sich daran, daß die Stadt dem Verein ein 12 000 Quadratmeter großes Grundstück zwischen Dachauer Straße und Würmkanal – das Gelände des heutigen Dantestadions, nur noch größer – und städtische Zinserträge zur Verfügung stellte, es gab mehrere große Mäzene und kleine Spender; 1913 verfügte der Verein bereits über ein Betriebskapital von jährlich über 20 000 Mark.[26] Adams Lehmann rechnete überdies auf Verträge mit den Krankenkassen, auf Belegung der Betten aus städtischen Stiftungsgeldern, auf die Mitgliedsbeiträge des Vereins und auf Einnahmen aus Privatzimmern. Hier wird deutlich, wie sehr sie auf die Solidarität der Besitzenden mit den Armen setzte, denn es wäre wohl das Einkommen Kriterium dafür gewesen, ob eine Frau für ein Einzelzimmer bezahlen mußte oder nicht. Doch Solidarität sollte ja ohnehin die Grundlage dieses demokratisch geführten gemeinsamen »Heims« aller Schichten bilden, vom Bau über die Organisation bis zu den Betriebskosten. In gewisser Hinsicht repräsentierte es das von Hope Adams Lehmann auf die Ebene des Krankenhauses übertragene Modell ihrer »idealen Gesellschaft«.

Ganz unwichtig dürfte es für die städtische Förderung nicht gewesen sein, daß Carl Lehmann seit 1909 Gemeindebevollmächtigter war, dabei drei Jahre lang Vorsitzender des Schul- und Sanitätsausschusses sowie Krankenhausreferent des Gemeindekollegiums. Ein Beispiel für die Wertschätzung stammt von 1910; der Verein erhielt den Alten Rathaussaal für einen Vortrag von Dr. Hengge zur Verfügung gestellt, der im Auftrag des Vereins eine Studienreise nach England, Schottland und in die USA unternommen hatte und nun darüber berichten sollte: An der Veranstaltung bestand, so die Begründung, städtisches Interesse.[27] Die Mitgliederliste des Vereins liest sich in weiten Teilen wie ein ›Who is Who‹ der Münchner Gesellschaft.[28] Außer Professor Gustav Klein von der Gynäkologischen Poliklinik der Universität und Professor Martin Hahn, der in der Kommission für Arbeiterhygiene und Statistik mitarbeitete, fehlten jedoch die Spitzen der Medizinischen Wissenschaft; und auch der Hebammenverband hatte sich bis 1913 aus dem Projekt komplett zurückgezogen. Beides war sicherlich nicht unbeträchtlich daran beteiligt, daß letztlich das Projekt nicht verwirklicht wurde: Die Klinikchefs befürchteten Schaden für ihre eigenen konkurrierenden Neubauprojekte, wenn das Frauenheim gebaut worden wäre. Sie stellten sich daher, bis auf wenige Ausnahmen wie Gustav Klein und Hermann Kerschensteiner, in der 1914 gegen Hope Adams Lehmann veranlaßten Untersuchung wegen »Verbrechen wider das Leben« gegen sie.[29] Die Hebammen wiederum fürchteten, mit dem Bau des Frauenheims ihre Existenzgrundlage zu verlieren. Ihre Denunziationen gegen Hope waren eine Folge davon. Insofern löste das »Frauenheim« Neid und Angst aus, die alle Versicherungen von Hope Adams Lehmann, man werde Ärzte und Hebammen in dem neuen Haus mit einbeziehen, nicht beruhigen konnten. So blieb ein Modellprojekt unausgeführt, das in mancher Hinsicht die Entwicklung des Krankenhauses im 20. Jahrhundert hätte revolutionieren können.

Als zweites nun zu den Erziehungsvorstellungen dieser ungewöhnlichen Frau. Am 12.Juli 1909 stellte Hope Adams Lehmann zusammen mit sechs Mitunterzeichnern einen Antrag an die Königliche Lokalschulkommission in München,[30] »Betreff: Verleihung einer Konzession für Errichtung und Betrieb einer Versuchsschule für moderne pädagogische Bestrebungen.« Ziel des ›Vereins Versuchsschule‹ war es, praktische Erfahrungen mit neuen Unterrichtsmodellen zu sammeln und zwar für Kinder vom dritten bis zum zehnten Lebensjahr. In der siebenklassigen Modellschule sollten in der ersten bis dritten Klasse je 15 Kinder, in den übrigen Klassen je 20 Kinder unterrichtet werden. Der Verein wünschte sich letztlich ein eigens für seine Zwecke gebautes Schulhaus; vorerst war jedoch eine Wohnung in der Helmtrudenstraße 11 gemietet worden, ebenso eine große Wiese in der Biedersteinerstraße für die Freiluftaktivitäten. Die Finanzierung sollte über Privatspenden, Schulgeld und städtische Zuschüsse erfolgen.[31]

Zunächst zum Hintergrund: München war in dieser Zeit, dank Stadtschulrat Georg Kerschensteiner, ein Mekka der Pädagogik.[32] Seit seinem Amtsantritt 1895 hatte er sich intensiv um das kommunale Schulwesen gekümmert und vor allem das Pflichtschulwesen grundlegend reformiert. Seiner Ansicht nach bildeten sich die theoretischen Interessen nach den praktischen, daher wollte er Bildung durch Arbeit und praktisches Tun erreichen. Bildung sollte aus einem elitären Privileg für wenige zu einer Chance für alle werden. Diese Vorstellungen verbanden ihn im Gemeindekollegium oft stärker mit den Sozialdemokraten, als mit den Liberalen.[33] Er plädierte für eine gleich lange Schulzeit aller Kinder, nur in unterschiedlichen Schulen, und wehrte sich gegen eine ständische Bevorzugung der Kinder aus reicheren Familien. Um den Lehrstoff anschaulicher zu machen, sollte im Lehrplan der Schulen der Bezug auf die Lebenswelt der Kinder eine große Rolle spielen: Geschichte durch Heimatkunde und mit Förderung der »vaterländischen Gesinnung«, Geographie mit Exkursionen in die nähere Umgebung, Naturkundeunterricht mit dem Ziel der »grundsätzlichen Erkenntnisse«. Um 1909 war diese Lehrplanrevision weitgehend abgeschlossen. In den Werktagsschulen wurden für die bisher freiwilligen achten Klassen der Buben Schulwerkstätten und Laboratorien eingerichtet – und für die Mädchen Schulküchen, um sie auf ihren ›eigentlichen‹ Beruf als Hausfrau und Mutter vorzubereiten.[34] Es gab Schwimmunterricht und Brausebäder, schulärztliche Untersuchungen und Schultheater. Klassenstärken von 50 bis 70 Schülern galten als normal.

Vor diesem Hintergrund ist nun der Antrag des ›Vereins Versuchsschule‹ genauer zu betrachten, um die Konzepte auf ihre Originalität und Besonderheit hin zu befragen und sie mit den Kerschensteinerschen Ideen zu vergleichen. Zunächst wurde der Antrag des Vereins Mitte Juli mit einem Schreiben an Hope Adams Lehmann abgelehnt, da keine »fachmännische Leitung« nominiert worden sei. Ein erneutes Gesuch vom 8.Mai 1910, Versuchsklassen einzurichten, erfuhr das gleiche Schicksal.[35] Es gab dazu jedoch mehre heftige Diskussionen im Gemeindekollegium und in der Lokalschulkommission; auch die Regierung von Oberbayern wurde damit befaßt.[36]
Letztlich nahm man den Gedanken des Vereins auf, um in einer Versuchsschule die Kerschensteinersche Arbeitsschule zu erproben. In seinem Bericht über die auf dieser Basis errichtete ›Münchner Versuchsschule‹ schreibt 1930 der Leiter der Schule, Oberlehrer Hans Brückl, dessen neuromantisch-heimatkundliche, auf eine scheinbar kindgemäße Welt bezogene Fibel »Mein Buch« nach 1945 wiederaufgelegt wurde und die Münchner Volksschule damit noch weitere zwanzig Jahre prägte:[37] »Den unmittelbaren Anlaß zur Gründung gab ein Gesuch des Vereins Versuchsschule München, der... mit der Bitte um Errichtung einer Versuchsschule an die städtischen Behörden herantrat. Er fand hier weitestgehendes Verständnis für seine Vorschläge und bereits im Schuljahr 1910/11 wurde die erste Versuchsklasse (im Schulhaus an der Hohenzollernstraße) errichtet«. Doch, so geht aus dem ersten Jahresbericht der Versuchsschule an der Hohenzollernstraße hervor:[38] »Dem Verein ›Versuchsschule‹, der die Bildung der Versuchsklasse ... angeregt hat, wird eine unmittelbare Beeinflussung des Unterrichts nicht zugestanden. Es bleibt ihm aber unbenommen, Anregungen für die Ausgestaltung des Unterrichts an die Schulverwaltung zu geben.« Dem Verein war also seine Idee aus der Hand genommen und völlig verändert umgesetzt worden. Übrig blieb die »praktische Erprobung« neuer Ideen und die »Förderung der Selbsttätigkeit« der Schüler. Die Versuchsklasse war an eine normale Volksschule angegliedert, ihr Lehrziel und die Klassenstärke entsprachen denen aller anderen Volksschulen mit Religion, Deutsch, Anschauungsunterricht mit Zeichnen, Rechnen, Turnen, Singen. Die Mädchenhandarbeit war in den Anschauungsunterricht integriert und auf die manuellen Fertigkeiten aller Kinder wurde großer Wert gelegt.
Doch der Verein ließ sich nicht entmutigen und gründete 1909 den »Versuchskindergarten« in der Clemensstraße 105, gegenüber

»Reutter Hof bei Tölz. Kinderheim von Frl. Clara Bohnenberger. Elisabeth, Miriam, H., Frl. Clara Bohnenberger, Frau Johanna Bohnenberger, 1910«. Im Umfeld ihrer Versuchsschulpläne unternahm Hope Adams Lehmann Informationsbesuche, hier zusammen mit ihrer englischen Kindergärtnerin Miriam Allison

dem Luitpoldpark.[39] »Der Versuchskindergarten nimmt unentgeldlich Kinder im Alter von 3-6 Jahren, ohne Rücksicht auf Konfession und Geschlecht auf. Er trachtet darnach, den Kindern in Spiel und Unterricht mehr geistige Anregung zu geben als der gewöhnliche Kindergarten es tut. Um dieses Ziel zu erreichen, beginnt er schon bei dreijährigen Kindern mit Anschauungsunterricht, Lesen und Schreiben in spielender, leicht faßlicher Weise und führt sie ebenso in die Kenntnisse der englischen Sprache ein. Der Versuchskindergarten wendet weder beim Spielen noch im Unterricht eine bestimmte, einheitliche Methode an. Er sucht sich aus dem Fröbel-System, der Methode von Montessori und aus dem Prinzip der Arbeitsschule von Dr. Georg Kerschensteiner jene Einrichtungen heraus, die für seine Zwecke am geeignetsten erscheinen. Er ist von 9-12 Uhr und von 3-6 Uhr geöffnet.« Der Kindergarten, der immerhin über 150 Plätze verfügte, stand über sieben Jahre unter der Leitung der »geprüften Lehrerin« Margarethe Kampffmeyer, einer Sozialdemokratin.⁴⁰ Sie wurde unterstützt von zwei Kindergärtnerinnen, einer Praktikantin und drei englischen Lehrkräften. Eine davon, Miriam Allison, hatte Hope extra für diese Aufgabe aus England geholt; sie heiratete 1914 Hope Adams Lehmanns Sohn Heinz Walther.⁴¹

Englische Lehrkräfte? Englische Sprache im Kindergarten? In Punkt 4 des ursprünglich gestellten Antrages auf Einrichtung einer Versuchsschule hieß es, eines der Hauptziele sei:⁴² »Die Erlernung von modernen Sprachen neben der Muttersprache zur Entlastung der späteren Schulzeit.– Die Bedeutung von fremden Sprachen nimmt mit dem wachsenden Weltverkehr von Jahr zu Jahr zu. Sie sind Werkzeuge, welche der Gebildete nicht entbehren kann, und der weniger Gebildete oft schwer entbehrt... Vielfache praktische Versuche, sowie die Erfahrungen in allen Sprachgrenzgebieten beweisen, daß Kinder zwei und drei und selbst vier Sprachen nebeneinander spielend lernen ohne Beeinträchtigung der Muttersprache, sobald sie die Gelegenheit haben, die Sprachen zu hören und zu sprechen. Diese Gelegenheit soll ihnen in der Versuchsschule durch englische und französische Lehrkräfte geboten werden. Diese Lehrkräfte geben keinen eigentlichen Sprachunterricht, sondern beteiligen sich am allgemeinen Unterricht in ihren eigenen Sprachen, d.h. die Kinder erhalten den nämlichen Unterricht an verschiedenen Tagen in verschiedenen Sprachen. Auf diese Weise erwerben sie einen Wortschatz, welcher mit ihrem Bildungsumfang wächst, und die Erlernung der fremden Sprachen geht nach demselben Prinzip wie die Erlernung der eigenen Muttersprache vor sich... Durch Kurse, Spielvereinigungen und eine fremdsprachige Bibliothek soll den Kindern auch später Gelegenheit gegeben werden, die erst durchs Gehör erlernten Sprachen lesen, schreiben und weiter sprechen zu können.« Solche Vorstellungen zum Erwerb von Fremdsprachen gab es bei Kerschensteiner an keiner Stelle; in seiner ›Versuchsschule‹ wurde sogar der Deutschunterricht um die Hälfte gekürzt.

Zu dem von Hope Adams Lehmann vorgeschlagenen Modell des bilingualen Kindergartens und der multilingualen Grundschule ein kleiner Exkurs: Ganz vergleichbare Vorstellungen werden fast hundert Jahre später – wieder als Modellversuche – erprobt,⁴³ z.B. an den »Staatlichen Europaschulen« in Berlin; 1990 hatte sich die deutsche Kultusministerkonferenz mit Blick auf die EU auf »Hinführung zur Mehrsprachigkeit« verpflichtet. Auch in diesen Europaschulen lernen die Kinder die Fremdsprache vorwiegend mündlich und spielerisch, verzahnt mit den Inhalten des übrigen Unterrichts, von muttersprachigen Lehrern. Je früher ein Kind mit anderen Sprachen in Berührung komme, so ein Wissenschaftler, desto leichter falle sie ihm, und der Spracherwerb laufe dann ähnlich wie in der Muttersprache.

Doch zurück zur vorletzten Jahrhundertwende. Ihre Vorstellungen zum Thema Schule hatte Hope Adams Lehmann bereits zwei Jahre vor ihrem Antrag an die Lokalschulkommission in der ›Neuen Zeit‹ entwickelt.[44] In diesem Artikel weist sie darauf hin, sie habe vor Jahren bereits die einschlägigen Fragen studiert, einen Studiengang für eine kleine Gruppe von Kindern ausgearbeitet und ihn fünf Jahre lang praktisch ausgeführt; dabei sei sie durch Rat und Kritik von Lehrern unterstützt worden. Es steht zu vermuten, daß dieses Experiment in Nordrach stattfand und die Gruppe ihre eigenen Kinder, Maxim und Costia Zetkin, vielleicht noch weitere umfaßte.[45] Sie entwickelt in diesem Artikel ein umfängliches Curriculum, und zwar nicht nur für die Grundschule, sondern auch für das Gymnasium.

Ein zentraler Punkt ihrer Vorstellungen war hier wie in vielen anderen Zusammenhängen:[46] gleiche Bildung für Knaben und Mädchen. Damit unterschied sie sich deutlich von Kerschensteiners Konzepten. Sie schrieb: »Ich sage Bildung kurzweg und nicht etwa Frauen- oder Mädchenbildung, denn es hat mir immer geschienen – und je länger ich lebe, desto mehr schien es mir –, daß die Bildung eins und unteilbar und von dem Geschlecht ihres Trägers ganz und gar unabhängig sei. Es gibt eine allgemeine und eine Fachbildung, aber eine männliche und eine weibliche Bildung gibt es nicht. Was für den Mann gut ist zu wissen und zu können, ist auch für die Frau gut, und wenn wir gewöhnt sind, Mann und Frau ein getrenntes Gebiet von Wissen und Können zuzusprechen, so liegt das nicht an der Eigenart der Bildung, die jedem von Natur zukommt, sondern an der Verbildung, welche jeder im Laufe der Jahrtausende von der Unnatur hat erdulden müssen.« Darum forderte Adams Lehmann die gemischte Schule mit gleichem Lehrplan für beide Geschlechter.

Für sie begann die Ausbildung früh:[47] Ab dem dritten Lebensjahr sollten Kinder den Kindergarten besuchen, um den Umgang mit anderen zu üben; bereits dort lernen sie spielerisch Englisch und Französisch durch muttersprachliche Betreuer. In der Schule, in der Mädchen und Knaben gemeinsam und halbtägig – nicht ganztägig, wie damals noch üblich – unterrichtet werden, liegt das Schwergewicht neben einer deutlich erweiterten und verbesserten Körperbildung vor allem auf der Kultur der Vergangenheit, mit alten Sprachen

– um die griechischen und römischen Autoren selbst lesen zu können –, mit Einblick in die orientalischen Sprachen, in Entstehung und Bau von Altdeutsch, Altfranzösisch, Altenglisch, mit Kultur-, Kunst- und Kirchengeschichte, Mythologie und Literatur. Ein zweiter Schwerpunkt ist die Kultur der Gegenwart mit den modernen Sprachen. Deutsch, Englisch und Französisch gelten als Muttersprachen. Darüber hinaus fordert Adams Lehmann eine genügende Kenntnis von Russisch, Spanisch, Italienisch, Dänisch, »um einen Brief oder eine Zeitung zu entziffern, ein Buch mit dem Wörterbuch zu lesen, einen Ausländer zu verstehen und ohne Dolmetscher reisen zu können«.

Hinzu kamen die »Naturwissenschaften, insbesondere die angewandten, inklusive Mathematik, Lehre von Körperbau und Gesundheitspflege«; diese sollte man auch praktisch betreiben, »im Laboratorium und Feld«. Noch immer werde viel zu sehr »das lebendige Bild durch das tote Wort verdrängt«, sei doch der Lehrplan nach dieser staubigen Methode eingerichtet. Das müsse sich auch ändern für weitere Unterrichtsgegenstände: die Vermittlung der Grundzüge der Technik in Industrie, Ackerbau und Verkehrswesen, der Grundzüge des Staats- und Gemeindewesens, der Gesetzgebung, des Völkerrechts, der sozialen Institutionen; außerdem von Grammatik, Stil, moderner Literatur, Geschichte, Geographie; Zeichnen, Modellieren, Musik; Handfertigkeiten.

Es ging Hope Adams Lehmann aber nicht nur um die Inhalte, sondern auch um die Methoden. Als erste Forderung hieß es in ihrem Antrag auf eine Versuchsschule: Das Kind solle durch »Selbstbetätigung«, und damit »organisch«, nicht aber durch mechanisches Auswendiglernen Kenntnisse und Fähigkeiten erwerben; auf der Vor- und Grundschulebene seien dies Gärtnerei, Tierpflege, Laboratoriumsarbeiten, Zeichnen, Modellieren, Singen, Turnen, Schwimmen. In diesen praktischen Bereichen sind die Ähnlichkeiten zu Kerschensteiners Konzepten nicht zu übersehen. Doch im Gegensatz zu Kerschensteiner stand nicht die »Arbeit« im Mittelpunkt, sondern die »Übung«, nicht das Schaffen an der Werkbank, sondern das Aufnehmen des Stoffes beim Spazierengehen und in der freien Natur, um die Freude am Gegenstand zu wecken. Und Hope Adams Lehmann befürwortete auch Wissen ohne konkrete Anwendung:[48] »Es besteht eine rationalistische Richtung, die in der Bildung nur das direkt in Geld und Aktualität Umsetzbare gelten läßt. Auf diesem Standpunkte stehe ich nicht... Es gilt, einen Wissensdurst zu stillen, der keinen unmittelbaren Bezug zur Gegenwart hat, sich eines Genusses zu befähigen, der seine Berechtigung in sich selbst trägt.« Um das zu befördern, kam bei ihr noch ein Weiteres hinzu, das sich nicht bei Kerschensteiner findet: Es müsse, so der ›Verein Versuchsschule‹, um die »Pflege des Denkens« gehen. Schüler sollten nicht nur mit genügendem Denkstoff versehen, sondern auch an richtige Denkmethoden gewöhnt werden. Denn:[49] »Die Schule der Zukunft soll uns nicht nur bessere Methoden, sondern auch, als Resultat dieser Methoden, ein weit tieferes und umfangreicheres Wissen bringen, als sich die heutige Schulweisheit träumen läßt.« Hier bezog sich Adams Lehmann auch auf ihre eigene Schulerfahrung in England; die dortige Schule entlasse im Gegensatz zu Deutschland Kinder, die Freude am Lernen hätten.

Neben Inhalten und Methoden wird ein weiter gehendes zentrales Lernziel genannt: »Die Erziehung zum gemeinsamen Leben.- Die Versuchsschule legt besonderes Gewicht auf die soziale Schulung der Zöglinge. Sie sollen ihre Stellung als Einzelne unter vielen und ihre Pflichten gegen die Gesamtheit erkennen lernen. Man will sie zur gegenseitigen Rücksichtnahme und Hilfsbereitschaft und zur Achtung vor den Rechten Anderer erziehen.« Hierzu finden sich zwar Anklänge in Kerschensteiners Ideen; bei ihm hieß es jedoch: Erziehung nicht durch Bildung zur Gemeinschaft sondern in Gemeinschaft, sowie zu »vaterländischer Gesinnung« und Patriotismus durch Arbeit im Dienste der Gemeinschaft.[50] Das war in Hopes Konzept nicht zu lesen. Sie verlangte vielmehr das, was sie auch von Mann und Frau forderte: Respekt, Rücksichtnahme, Solidarität.

Der Schulentwurf von Hope Adams Lehmann nimmt sich in vieler Hinsicht ungemein modern aus; der weitreichendste Gedanke ist dabei wohl ihr Fremdsprachenkonzept, das seit hundert Jahren Modell geblieben ist und selbst in seinen didaktischen Grundüberlegungen ›modern‹ wirkt. Wenn man möchte, lassen sich auch ihre anderen Konzepte als Erziehung zu Selbständigkeit, vernetztem Denken und sozialer Kompetenz interpretieren.

Mit den Forderungen der bayerischen Sozialdemokraten zur Bildungspolitik[51] hatten die hier skizzierten Ansätze von Adams Lehmann nur insofern etwas gemein, als auch sie von dem Konzept einer einheitlichen Bildung für alle ausging und von einer ausgeprägten »sozialistischen Bildung« und Theorieschulung nichts hielt. Für die Bedürfnisse der erwachsenen Arbeiter gab sie, im Rahmen der Bildungsbestrebungen der Münchner Sozialdemokraten und ihres ›Sozialdemokratischen Bildungsvereins‹, eigene Kurse.[52] In ihrer hier geschilderten Initiative ging es um ein Schulkonzept – und das ist das Besondere –, das eine Integration der Arbeiterklasse in den Staat bereits vorwegnahm und auf dieser Basis ein Bildungskonzept für alle zu entwickeln versuchte. Viel intensiver als auf die Beseitigung der Klassenunterschiede geht sie dabei auf den Abbau der »Klassen zwischen den Geschlechtern« in der Schule ein. »Bildung ist unteilbar« – das galt für sie in allen Bereichen. In ihrer Schule wurden jedoch bestimmt keine zukünftigen Klassenkämpfer, ja nicht einmal zukünftige Parteirhetoriker ausgebildet, wie dies ihr Freund Adolf Müller forderte. Ihr Blick ging weit über den lokalen oder nationalen Tellerrand hinaus, sie nahm im Schulbereich die zukünftige Entwicklung zu einem in Frieden verbundenen und durch engen Austausch gekennzeichneten Europa voraus, wie sie es auch einige Jahre später in ihren Friedensinitiativen während des Ersten Weltkrieges erneut beschwören sollte.[53]

Beide Reformprojekte waren von einer ungewöhnlichen Originalität gekennzeichnet. Vielleicht war es Hope Adams Herkunft und Erziehung als Tochter eines englischen Nonkonformisten, der mit seinen Freunden und Feinden in der Times ebenso wie in der späteren ›Ethical Society‹ viele Jahre lang Diskussionen über Zukunft geführt hatte, zu dessen Kreis die originellsten Köpfe seiner Zeit gehörten – zu nennen ist hier nur William Morris –, und der selbst als Eisenbahningenieur und Erfinder trotz allem immer der technischen Innovation verpflichtet war. Sicherlich schärfte auch die Lebenssituation als Migrantin mit perfekter Zweisprachigkeit ihren Blick auf beide Heimatländer. Und sie leitete aus ihrer Überzeugung von der zukünftigen idealen sozialistischen Gesellschaft im Gegensatz zu vielen anderen das Recht ab, über die Organisation einer solchen Gesellschaft in Einzelbereichen nachzudenken. So entstanden Konzepte, die in mancher Hinsicht bis heute noch nicht verwirklicht sind.

Anmerkungen

1 Adams Lehmann, Das Frauenheim; dies., Zum Frauenheim, S.9-12
2 Stadtarchiv München, Schulamt 1297/11, Antrag zur Errichtung einer Versuchsschule vom 12.7.1909; vgl. auch Brückl, Die Münchener Versuchsschule, S.50-56, bes.S.51, der die Arbeit des Versuchskindergartens und dessen Antrag auf Errichtung einer Versuchsschule als Auslöser für die Einrichtung der Münchner Versuchsklassen bezeichnet, die zum Ausgangspunkt der Kerschensteiner'schen Schulreform wurden.

3 Bayerisches Hauptstaatsarchiv MK 40626, Begründung zum Antrag Bayerns an den Bundesrat, Nr.69, unterzeichnet von Hermann, vom 2.4.1904, S.3 sowie zum folgenden ebd., Schreiben Hope Adams Lehmann an das kgl. Bayerische Staatsministerium für Kirchen- und Schulangelegenheiten vom 23.12.1903
4 Die zitierten Gutachten stammten von den Professoren Geheimrat Franz von Winckel, Friedrich Müller, Fritz Lange, Adolf Schmitt, Gustav Klein, von Privatdozent Dr. Salzer und Dr. Ferdinand Leimer.
5 Der ganze Vorgang in dem zitierten Akt BayHStA MK 40626
6 Adams Lehmann, Das Frauenheim; zu den in der medizinischen Öffentlichkeit Münchens geführten Diskussionen im Vorfeld der Gründung vgl. Gemkow, Ärztinnen und Studentinnen in der Münchner Medicinischen Wochenschrift, S.148-153. Für die allgemeine Krankenhausentwicklung in dieser Zeit Labisch/Spree (Hrsg.), »Einem jeden Kranken in einem Hospitale sein eigenes Bett«, dort z.B. Labisch, Stadt und Krankenhaus, S.265: Die Zahl der in Krankenhäusern Verpflegten erhöhte sich im Rahmen einer allgemeinen Medikalisierung und des Aufstiegs der Ärzte zwischen 1877 und 1913 um fast 500 Prozent. Außerdem Huerkamp, Der Aufstieg der Ärzte
7 Adams Lehmann, Frauenheim, S.2
8 Frevert, »Fürsorgliche Belagerung«; Huerkamp, Der Aufstieg der Ärzte; Labisch, »Hygiene ist Moral – Moral ist Hygiene«; Göckenjahn, Medizin und Ärzte als Faktor der Disziplinierung
9 Hoesch, Die Kliniken weiblicher Ärzte in Berlin 1877-1933, in: Brinkschulte, Weibliche Ärzte, S.44-55
10 Lehmann, Die Forderung der freien Arztwahl; Pohl, Münchener Arbeiterbewegung, S.330-365, bes. 338, 346; außerdem s.o., das Kapitel »Ein politisches Paar und seine Freunde«
11 Dies betonte Hope nochmals drei Jahre nach der Gründung im Bayerischen Ärztlichen Correspondenzblatt 15 (1909), S.194 f., offenbar um die Angst der Ärzte vor Konkurrenz zu besänftigen.
12 Adams Lehmann, Das Frauenheim, S.17
13 Adams Lehmann, Das Frauenheim, S.17. Zur Diskussion über Einzelzimmer Stollberg, Pflegeklassen, S.386 f.; zur zeitgenössischen Diskussion über den »Komfort« als Heimfaktor ebd.
14 Adams Lehmann, Das Frauenheim
15 Stollberg, Zur Geschichte der Pflegeklassen in deutschen Krankenhäusern,
16 Zu den um diese Zeit üblichen Verhältnissen Elkeles, Der Patient und das Krankenhaus, S.364-366
17 Adams Lehmann, Zum Frauenheim, S.11; zur zeitgenössischen Praxis Elkeles, Der Patient, S.366-369
18 Ziegler, »Zum Heile der Moral«, 34 f.
19 Zur Professionalisierung und zum Aufstieg der Ärzte das Kapitel »Beruf: Ärztin« sowie bes. Huerkamp, Aufstieg der Ärzte. Zur Pflege Uhlmann, Leben und Arbeiten im Krankenhaus
20 Uhlmann, Leben und Arbeiten, S.401-405, 410; Elkeles, Der Patient, S.362 f.
21 Zur Pflege z.B. Bischoff, Frauen in der Krankenpflege, S.107-113 zu den Arbeitsverhältnissen um die Jahrhundertwende; außerdem Hummel, Zur Prägung der sozialen Rolle der weiblichen Krankenpflege
22 Zum umfänglichen Diskurs über Hygiene als Beispiel Sarasin, Reizbare

Maschinen; zur kommunalen Perspektive Reulecke/Castell Rüdenhausen (Hrsg.), Stadt und Gesundheit; Vögele/Woelk (Hrsg.), Stadt, Krankheit, Tod
23 Spree, Soziale Ungleichheit, S.156 f.; Labisch, Homo Hygienicus, S.257
24 Adams Lehmann, Frauenheim, S.22
25 Shorter, Heilanstalten und Sanatorien in privater Trägerschaft
26 Adams Lehmann, Das Frauenheim, Beilage: Mitglieder-Verzeichnis des Vereins Frauenheim e.V. in München
27 Münchner Gemeindezeitung 1910, S.962, Sitzung vom 7.6.1910
28 Vgl. zu der Liste ausführlich das Kapitel »Ein politisches Paar und seine Freunde«
29 Vgl. das Kapitel »Medizinische Indikation«
30 Stadtarchiv München Schulamt 1297
31 Über die Mitunterzeichner des Schreibens ist, bis auf die Schulärztin Mally Kachel, kaum etwas herauszufinden; das waren die Ärzte Dr. Otto Ohlenschlager, Dr. Rudolf Hecker, Dr.Mally Kachel, außerdem Prof. Littmann, Frau von Klenau, Mia Cornelius, die teilweise nicht einmal im Münchner Meldamt zu finden waren.
32 Bock, Pädagogik und Schule; dort auch die weiteren Belege zu Kerschensteiner
33 Dazu ausführlich Pohl, Sozialdemokratie und Bildungswesen
34 Hier liegt die größte Divergenz zu den Vorstellungen von Adams Lehmann, für die Bildung unteilbar war und damit nicht geschlechtsbezogen vermittelt werden sollte.
35 Bericht über die erste Versuchsklasse an der Schule an der Hohenzollernschule, o.O. (München)o.J. (1911), S.1
36 Münchner Gemeindezeitung 1910, S.315-317, Sitzungen vom 4. und vom 7.2.1910, S.1103, Sitzung vom 12.7.1910 im Magistrat und vom 22.6.1910 in der Lokalschulkommission, S.1109, Sitzung vom 27.7.1910 und S.1167-1173, Sitzung vom 28.7.1910
37 Brückl, Die Münchener Versuchsschule, S.51. Zu Brückl: Timmermann, Schule und Jugend
38 Bericht über die erste Versuchsklasse, S.1
39 Adreßbuch der Stadt München 1912, S.13
40 Sie war die Frau des Redakteurs Paul Kampffmeyer; die Angabe ihrer Tätigkeitszeit stammt aus Stadtarchiv München Schulamt 1266, Schreiben Margarete Kampffmeyers an die Münchner Lokalschulkommission vom 4.1.1921
41 Stadtarchiv München Personalmeldebögen von Heinz Walther und von Miriam Allison; Staatsbibliothek München, Handschriftenabteilung, Nachlaß Gerda Walther Ana 317/BIII, Kasten 16, Brief Gerda Walther an Agnes Stadler, die Tochter Eduard Schmids, vom 27.8.1968 sowie Brief vom 12.10.1976 an ihren Neffen Peter Walther und seine Frau Hilde.
42 Stadtarchiv München Schulamt 1297, Antrag vom 12.7.1909
43 Dilk, In zwei Sprachen zu Hause
44 Adams Lehmann, Die Schule der Zukunft, S.337-344 und 376-378; außerdem dies., Sexuelle Pädagogik,; dies., Die Arbeit der Frau, S.1035-1037
45 Vgl. dazu das Kapitel »Ein politisches Paar«
46 Vgl. dazu ausführlich das Kapitel »Mann und Weib«; außerdem Adams Lehmann, Die Schule der Zukunft, S.338
47 Stadtarchiv München Schulamt 1297, Antrag vom 12.7.1909; Adams Leh-

mann, Die Schule der Zukunft, S.377
48 Adams Lehmann, Die Schule der Zukunft, S.378
49 Ebd., S.338
50 Bock, Pädagogik und Schule, S.214; Timmermann, Schule, S.170
51 Pohl, Müller, S.59-61; ders., Sozialdemokratie und Bildungswesen; ders., Münchener Arbeiterbewegung, S.368-382
52 Pohl, Münchener Arbeiterbewegung, S.372
53 Dazu das Kapitel »Ein politisches Paar und seine Freunde«

Medizinische Indikation
Die Untersuchung wegen »Verbrechen wider das Leben«

Kurz vor der Realisierung des Projektes ›Frauenheim‹, im Frühjahr 1914, wurde Hope Adams Lehmann von einigen Hebammen denunziert, »fortgesetzte Verbrechen wider das Leben« begangen zu haben;[1] man warf ihr vor, im Krankenhaus des Roten Kreuzes, in dem sie täglich operierte, bei vielen Frauen Schwangerschaften unterbrochen zu haben, obwohl keine ausreichende medizinische, sondern nur soziale Indikation vorgelegen habe. Ohne Rücksicht auf das Arztgeheimnis beschlagnahmte die Staatsanwaltschaft ihre ärztlichen Unterlagen und verhörte über 70 Patientinnen und viele Kollegen.

Die Untersuchung gedieh bis zur Anklageerhebung; das Verfahren wurde aber letztlich eingestellt, da man Hope Adams Lehmann nicht in einem der betrachteten Fälle nachweisen konnte, die gesetzlichen Vorschriften verletzt zu haben.[2] Dennoch war sichtbar geworden, daß sie sich im Gegensatz zu vielen anderen Ärzten ihren Patientinnen zuliebe einem Problem gestellt hatte, das noch das ganze 20. Jahrhundert über mit unterschiedlicher Heftigkeit diskutiert wurde. Mit großem Mut bekannte sich die Ärztin auch bei den polizeilichen Vernehmungen zu ihrer theoretischen Position, der Abbruch solle in der ersten Hälfte der Schwangerschaft freigegeben werden. Da sich die Haltung der Mediziner zu den Fragen von ›medizinischer Indikation‹ noch im Diskussionsprozeß befanden, versuchte sie überdies, in der ›Gynäkologischen Gesellschaft‹ ein Verfahren gegen sich selbst in Gang zu setzen, um diese Fragen grundsätzlich klären zu können. Damit wollte sie das Problem, das sie als ein gesellschaftliches begriff, von der Ebene der individuellen Schuldzuweisung an den einzelnen Arzt auf eine wissenschaftliche und gesellschaftliche Ebene heben.

Wie konnte es überhaupt zu diesem Verfahren kommen? Und warum ging es gegen Hope Adams Lehmann und nicht gegen andere Ärzte, die oft zusammen mit Hebammen Abtreibungen vornahmen? Viele der Argumente gegen Adams Lehmann erwiesen sich letztlich als Tratsch und Klatsch, als Kollegenneid und vorgeschobene moralische Entrüstung. Doch durch die Untersuchung wurde ihr Ruf beschädigt, und dies nicht nur bei den Zeitgenossen: Auch in wissenschaftliche Untersuchungen ging diese auf vielen Gebieten visionäre Frau als Abtreibungsärztin ein. Aufgrund der Aussagen der befragten Patientinnen gerät sie in den Verdacht, ›Eugenikerin‹ zu sein:[3] Sie war für Geburtenkontrolle, das verband sie mit den Anhängerinnen von Malthus, zu denen auch Helene Stöcker gehörte;[4] sie sah diese aber nicht als »sittliche Verpflichtung« der Armen oder Kranken an. Und sie war der Überzeugung, daß manche Kinder lieber nicht geboren würden – dies aber vor allem mit Blick auf den Gesundheitszustand der jeweiligen Mutter und die Schwierigkeit, das Kind nach der Geburt am Leben zu halten.

Es soll im folgenden darum gehen, das juristische Verfahren gegen Hope Adams Lehmann in seinen vielen Facetten zu dokumentieren. Es wird dabei sichtbar, wie vieles vor allem in den Monaten März bis August 1914 gleichzeitig ablief: zentrale Landtags- und Reichtagsdebatten zu den hier verhandelten Themen mit pointierten Stellungnahmen von Sozialdemokraten, das Erstarken der Rassenhygiene in München unter Professor Max von Gruber, die wachsende Kriegshysterie mit dem Ruf nach mehr Geburten, die konservative Ablehnung der neuen Lebensmodelle von Frauen, vielleicht auch ein Feind-Freund-Denken gegen die gebürtige Engländerin Hope Bridges Adams Lehmann, das Attentat von Sarajewo und der Kriegsausbruch. Es ging also um sehr viel mehr als um ein Verfahren gegen eine einzelne Ärztin. Es waren überdies viele einzelne Personen und Gruppen beteiligt, die vor Adams Lehmann und ihren Projekten Angst bekommen hatten.

Eine dieser Gruppen waren die Hebammen. Seit Hope Adams kritischem Artikel über das Hebammenwesen im Jahre 1884[5] und ihren nicht minder kritischen Bemerkungen in ihrem ›Frauenbuch‹ standen die Hebammen in einem Spannungsverhältnis zu der Ärztin. Sie führte viele Erkrankungen im Wochenbett auf die mangelnde Ausbildung, mangelnde Sorgfalt und arbeitsmäßige Überlastung der Hebammen zurück, die mit Rücksicht auf ihr Einkommen oft zu spät den Arzt riefen, zu wenig die Hygieneregeln beachteten und sich auch noch eine Behandlung von Frauenkrankheiten zutrauten. Die Geburt gehöre in ein Krankenhaus und in die Hände eines Arztes, das war die Überzeugung von Hope Adams Lehmann: »Die große Mehrheit der Hebammen ist trotz der vorschriftsmäßigen Ausbildung und trotz des ehrlichen Bestrebens, ihre Pflichten pünktlich zu erfüllen, in keiner Weise befähigt, den Forderungen des Berufes zu genügen. Eine nicht geringe Zahl richtet unmittelbaren Schaden an. Wie wäre das anders möglich? Man kann nicht irgend einen beliebigen Menschen in sechs Monaten zum Geburtshelfer machen.« Noch viel weniger seien Hebammen befähigt, Frauenkrankheiten zu heilen.

Als nun die Pläne für das geplante ›Frauenheim‹ immer mehr Form annahmen, wuchs auch die Sorge der Hebammen um Lohn und Arbeit. In der ›Bayerischen Hebammen Zeitung‹ wurde das zitierte Kapitel aus Adams Lehmanns Frauenbuch nochmals abgedruckt, ohne anzugeben, daß es vor zwanzig Jahren geschrieben war. Dies heizte die Stimmung weiter an. Am 4. März fand dann im Bayerischen Landtag eine Debatte über das Hebammenwesen statt, in deren Verlauf sich der SPD-Landtagsabgeordnete Max Süßheim in ganz ähnlicher Weise über die Hebammen äußerte, wie dies Hope Adams Lehmann getan hatte:[7] Sie seien mitverantwortlich für die Mütter- und Säuglingssterblichkeit in Deutschland; ärmere Frauen gingen aus Kostengründen weniger leicht zum Arzt als zur Hebamme, die, mangelhaft ausgebildet und ungenügend entlohnt, den Anforderungen ihres Dienstes oft nicht gewachsen sei. Die Geburtshilfe müßte für ärmere Frauen unentgeltlich sein; den oft beklagten Geburtenrückrang führte er neben den Fehlern der Hebammen auf Armut, mangelhafte Ernährung und ungenügende Wohnverhältnisse zurück, also auf soziale Probleme.

Die Belege dafür waren leicht zu erbringen:[8] Allein 10 000 Frauen starben in Deutschland jährlich an Kindbettfieber, 50 000 erkrankten daran. Die Babynahrung war oft bakteriell verunreinigt; Frauen, die zehn Stunden außer Haus arbeiten mußten, konnten aber ihre Kinder nicht stillen, selbst wenn sie körperlich überhaupt dazu in der Lage gewesen wären. Im Sommer 1911 starben in den Städten fast die Hälfte aller Säuglinge durch falsche Ernährung oder Hitzestau in den engen Wohnungen. Überdies war sogar frische Kuhmilch oft zu teuer. Viele Kinder hungerten schon im Mutterleib und bei etwa einem Drittel der in den ersten drei Monaten gestorbenen Säuglinge war die Todesursache eine angeborene Lebensschwäche. Bei 56 Prozent der Todesfälle von Arbeiterinnen in München war Tuberkulose die Ursache, hingegen nur bei 44 Prozent der Arbeiter:[9] Für Frauen war die Gefahr viel größer, daß die Tuberkulose durch Schwangerschaft und Entbindung zum Tode führte. Ihre Kinder erkrankten dann häufig auch an TBC.

Der Zentrumsabgeordnete Götz beklagte in der genannten Landtagsdebatte demgegenüber die »Unsittlichkeit« in den Großstädten und warf den Sozialdemokraten vor, die Geburtenbeschränkung zu fördern. Auch einen Tag später stand das Thema im Landtag wieder auf dem Programm: Dem Staate gehöre die Zukunft, so der SPD-Abgeordnete Schneppenhorst, der möglichst viel für Mutterschutz und Kinderschutz aufwende, nicht dem, der Frauen zur »Vielgebärerei« zwinge. Doch das Zentrum forderte, es müsse das »positive Christentum« wieder stärker Fuß fassen. Außerdem sollten die »unchristlichen Mütter«, die nicht mehr Gebären wollten, ihr Verhalten revidieren. Fünf Tage später wurden im Landtag Verhütungsmittel von den Zentrumspolitikern scharf verurteilt.

Dies zeigte eine gemeinsame Linie, die weit über eine Verteidigung der Hebammen hinausreichte. Es ging gegen all das, was sich in den vergangenen 20 Jahren entwickelt hatte: Sozialdemokratie, zaghafte Demokratisierung, religiöse Indifferenz, Frauenemanzipation, Geburtenkontrolle. In ganz Deutschland wurden in dieser Zeit, vor allem mit Blick auf die scharfe nationale Konkurrenz und einen möglicherweise kommenden Krieg, Fragen des Geburtenrückgangs diskutiert:[10] »Deutschland braucht Soldaten«, war die Parole. Auch in Bayern hatte sich politisch der Wind gedreht. Seit 1912 das Zentrum über die Mehrheit im Landtag verfügte, kühlte sich das Reformklima deutlich ab. Der Katholizismus gewann wieder an Einfluß und mahnte vernachlässigte Traditionen an. Bereits Erreichtes wurde in Frage gestellt.

Einer der wichtigsten wissenschaftlichen Vertreter dieser Position in München war der Sozialhygieniker Professor Max von Gruber. Er behandelte ebenfalls im März 1914 die Fragen des Geburtenrückgangs in einem Vortrag, der von der ›Münchner Medizinischen Wochenschrift‹ mit großer Zustimmung abgedruckt wurde.[11] Auch der ›Bayerische Kurier‹, Sprachrohr des Zentrums, lobte Grubers Haltung Anfang März in dem Bericht über eine katholische Volksversammlung. Stagnation im Bevölkerungswachstum sei für ihn, so Gruber, gleichbedeutend mit dem Niedergang eines Volkes, die Vorbedingung für alle großen Taten hingegen die »ausgiebige Vermehrung«; Sozialdemokraten, Feministen und Neo-Malthusianer[12] hätten eine »lebensfeindliche« Auffassung, das »Ideal der sogenannten Frauenemanzipation« vertrage sich nicht mit »wirklicher Mutterschaft«. Empfängnisverhütung, Schwangerschaftsabbruch und »geschlechtliche Zügellosigkeit« lehnte er ab.[13] Gruber lag mit seinen Auffassungen ganz im Trend einer neuen Forschungsrichtung, die sich in den Jahren des Ersten Weltkrieges[14] und in der Weimarer Zeit weiterentwickelte, bis sie dann im Nationalsozialismus höchsten

Einfluß erlangte: der «Rassenhygiene».[15] Die am 14.Juli 1914 in München ins Leben gerufene Regionalorganisation der seit 1905 in Berlin bestehenden ›Deutschen Gesellschaft für Rassenhygiene‹ hob bereits in ihren Gründungsleitsätzen die Notwendigkeit hervor, den Geburtenrückgang zu stoppen. Viele Ärzte, darunter auch die Ärztin Agnes Bluhm, teilten diese Anschauungen.[16] Im Dezember 1915 bildete der Münchner Ärzteverein einen Ausschuß zur »Erhaltung und Mehrung der Volkskraft«, dem Gruber vorstand. Den Unterausschuß »Bekämpfung der Fehlgeburten« leitete der Gynäkologe Professor Hans Döderlein, Vorsitzender des einflußreichen Münchner Obermedizinalkollegiums und Hauptgutachter in der Untersuchung gegen Hope Adams Lehmann wegen »Verbrechen wider das Leben«.

Sie war in vieler Hinsicht eine Repräsentantin dessen, was abgelehnt wurde: eine emanzipierte, akademisch ausgebildete Frau, eine Sozialdemokratin, geschieden, eine freimütige Verteidigerin von Geburtenkontrolle und Schwangerschaftsabbruch. Insofern wehte ihr nun politisch heftig der Wind ins Gesicht. Durch ihre Erfolge und die Öffentlichkeit ihres Auftretens als Ärztin und Reformerin hatte sie überdies auf vielen Ebenen, auch bei ihren ärztlichen Kollegen, Neid und Ablehnung ausgelöst. Sie war eine Person des öffentlichen Lebens geworden und stand viel mehr unter Beobachtung als noch einige Jahre vorher.

Ein weiteres kam hinzu. Die Auseinandersetzung um Hope Adams Lehmann macht einen Grenzstein des Aufstieges der Ärzte zu professionellen Experten für Leben und Tod deutlich. Bis heute geht es bei Diskussionen über Schwangerschaftsabbruch um die Frage, wer letztlich die Entscheidung über einen Abbruch treffen darf und kann: die betroffene Frau, der Arzt oder gar die Kirche.[17] Über die Gesetzgebung und die Rechtsprechung sind auch die Politiker und die Juristen beteiligt. Letztere haben dann in einem Verfahren die Möglichkeit, die Gesetze weit oder eng auszulegen. Auf allen diesen Ebenen spielt die persönliche, oft hochemotionalisierte Grundüberzeugung zum Thema Schwangerschaftsabbruch bei der Einschätzung und Beurteilung des Einzelfalles eine wichtige Rolle. Darüber hinaus versucht jede Gruppe, die Entscheidungsmacht an sich zu ziehen. So ist am Fall Adams Lehmann zu sehen, daß die Auseinandersetzung darüber, wie weit die Entscheidungsmacht der Ärzte anerkannt werden sollte, von großer Bedeutung war.

Doch zurück zur Vorgeschichte. Am 5. März 1914 fand als Reaktion auf die vorangegangene Landtagssitzung eine öffentliche Versammlung zum Hebammenwesen statt, auf der die Gegnerschaft der Hebammen zu Adams Lehmann deutlich zum Ausdruck gebracht wurde. Am gleichen Tage trafen sich drei Hebammen zum privaten Kaffeekränzchen[18] und unterhielten sich über die Geschäftsschädigung durch Empfängnisverhütung, Geburtenrückgang und die Konkurrenz der Ärzte, besonders aber durch Adams Lehmann. Sie tauschten Klatsch aus über eine Fürsorgeschwester, die angeblich Frauen zur Abtreibung zu Hope Adams Lehmann schickte, und über die Ungerechtigkeit, daß Ärzte Schwangerschaftsabbrüche ungestraft vornehmen durften, nicht aber Hebammen, die stets Gefahr liefen, in solchen Fällen die Konzession entzogen zu bekommen.

Dies war der gastgebenden Hebamme Barbara Rauhenzahner gerade passiert. Als sie sich einen Tag später deshalb auf dem Polizeirevier einfinden mußte, rechtfertigte sie ihr Tun mit Hinweis auf die Ärzte, die dies auch machten, vor allem Hope Adams Lehmann. »Frau Dr. Adams Lehmann soll sich immer äußern: ›Ach das Frauchen muß ich dem Manne erhalten; der Mann braucht ein gesundes Frauchen; zu was die vielen Kinder‹. Ein Arzt, dessen Namen ich vorläufig nicht nenne, hat mir gesagt, daß die Frau Dr. Adams Lehmann im Roten Kreuz ihre Gutachten verschlossen niederlegt; weiter sagte er: ›da kann sie genau das hineinschreiben, wie wenn man jemand auf die Kirchweih lädt‹. Eine Fürsorgeschwester im Roten Kreuz sagt den Frauen, die Frauen sollen nicht so dumm sein und Mutter werden, sie sollen zur Frau Dr. Adams Lehmann gehen, die hilft ihnen. Frau Dr. Adams Lehmann hat in ihrer Wohnung Gabelsbergerstraße bis Nachts 11 und 12 Uhr Sprechstunden; es soll dort furchtbar zugehen; sie soll auch gesagt haben, bezw. in einem ihrer Werke den Satz niedergelegt haben, daß die Hebammen noch ganz verschwinden werden, wie seinerzeit die Barbiere und Chirurgen.«

Die Polizei ging dieser Mischung aus Tratsch, Verleumdung und Halbwahrheiten mit Sorgfalt nach; zunächst wurden über 20 weitere Hebammen teils mehrfach verhört, auch die beiden, die bei dem ursprünglichen Kaffeekränzchen dabei gewesen waren. Sie hatten sich offenbar abgesprochen, denn auch sie behaupteten, daß vor allem »die Frau Dr. Adams Lehmann jeder schwangeren Frau, die zu ihr komme, das Kind abtreibe«.[19] Nachweislich nahmen jedoch eine ganze Reihe von Ärzten Schwangerschaftsabbrüche vor, oft zusammen mit Hebammen und in deren Praxen. Üblicherweise setzten Hebammen auch empfängnisverhütende Pessare ein.[20] Bei

Hebammen oder Kurpfuschern kostete ein Schwangerschaftsabbruch rund 100 Mark, bei Ärzten das Doppelte bis Vierfache;[21] Hope Adams Lehmann hingegen verlangte von ihren Patientinnen den Kassensatz von zehn bis 30 Mark. Eine der verhörten Hebammen gab auch zu, tatsächlich in ihrer Wohnung zusammen mit einem Arzt, »dessen Namen sie nicht mehr wisse«, eine Ausschabung vorgenommen zu haben.[22] Sie fügte hinzu, »daß im Roten Kreuz ein ganzer Saal mit Frauen fast ständig belegt sei, welche ausgeschabt wurden. Die Herren Ärzte seien eben zu viele, wie auch die Hebammen zu viele seien und da scheine es ihr, als ob die Herrn Ärzte sich Geschäfte, die einträglich sind, verschaffen müßten«. Auch die Vorsitzende des ›Bayerischen Hebammenverbandes‹, die Adams Lehmann Anfang März so heftig angegriffen hatte und in der Hebammenzeitung für die Kampagne gegen sie verantwortlich zeichnete, nahm Eingriffe vor. Die Hebammen taten also, um Geld zu verdienen, genau das, was sie Hope Adams Lehmann vorwarfen, jedoch meist ohne über die Indikationen für die Eingriffe auch nur nachzudenken.

Als nächstes wurden von der Polizei Ärzte vernommen, die die Hebammen als Zeugen für Adams Lehmanns Tätigkeiten benannt hatten. Einer von ihnen, der praktische Arzt Dr. Karl Bruner, äußerte bei seiner polizeilichen Vernehmung, er habe gehört, 65 Prozent der von Frau Adams Lehmann durchgeführten Operationen seien Ausschabungen gewesen: »Nach seiner Ansicht und auch der anderer Kollegen könne unmöglich angenommen werden, daß so viele ›Operationen‹ nötig waren, um das Leben der Mutter zu schützen oder zu retten. Bestimmte Fälle könne er nicht angeben; er könne nur bestätigen, daß auch er habe sagen hören, die Frauen sollten nur zur Frau Lehmann-Adams gehen, wenn sie von der Schwangerschaft befreit sein wollten. Er könne sich das Verhalten der Frau Dr. Lehmann-Adams nur so erklären, daß Frauen kein so großes Verantwortlichkeitsgefühl wie Männer haben und die Genannte deshalb auch viel eher als ein Arzt von Frauen zu diesen ›Operationen‹ zu veranlassen sei.« Ähnlich klang es bei Dr. Lutz und Dr. Eberle. Dieser bestätigte,[23] »einer Hebamme gegenüber gesprächsweise die Äußerung gemacht zu haben, daß die Frau Dr. Adams Lehmann den Frauen die Kinder abnehme... In der Ärzteschaft sei es längst bekannt, daß eine Reihe von Ärzten – er könnte die Namen nennen, bitte jedoch hiervon Umgang nehmen zu dürfen – sich dazu hergeben, Frauen und Mädchen zur Beseitigung der Leibesfrucht behilflich zu sein. Es sei nicht denkbar, daß in allen diesen Fällen tatsächlich ein notwendiger, wissenschaftlich zu rechtfertigender Grund zu solchen schweren Eingriffen vorliege.«

Die Polizei verhörte überdies drei Patientinnen von Adams Lehmann, deren Namen die Hebammen benannt hatten. Zwei davon waren schwer lungenleidend und das war ihnen auch im Schwabinger Krankenhaus bestätigt woren. Die dritte, eine Metzgersfrau, seit längerem unterleibsleidend, hatte bei ihrer siebten Schwangerschaft starke Blutungen bekommen. Daraufhin war sie von Adams Lehmann operiert worden. Ein Ansatzpunkt für gesetzeswidriges Handeln konnte nicht gefunden werden. Auch weitere 13 Patientinnen, die von Adams Lehmann in die II. Gynäkologischen Klinik in der Nußbaumstraße zur Begutachtung eingewiesen worden waren, hatte sie laut Aussage von Dr. Hans Albrecht korrekt diagnostiziert.[24] Bei den drei dort abgelehnten Frauen war auch von Hope Adams Lehmann die Indikation als fraglich bezeichnet worden; die meisten der Patientinnen litten an Tuberkulose. Albrecht fügte hinzu: »Die auffällige Tatsache, daß von Frau Dr. Adams Lehmann in einem so auffällig hohen Prozentsatz Schwangerschaftsunterbrechungen zur Überweisung kamen, glaubt der Unterzeichnete wie folgt erklären zu müssen: 1.) es handelt sich um eine Frauenärztin, die in dem Rufe steht, nicht nur den körperlichen Leiden der Frau, sondern auch den familiären und sozialen Leiden derselben Verständnis und Hilfe entgegenzubringen. 2.) es handelt sich um eine Frau, die aufgrund ihrer in der Operationsstatistik des Roten Kreuzes einzusehenden reichlichen operativen Tätigkeit und ihrer einwandfreien operativen Erfolge in dem Rufe steht, eine erfolgreiche Operateurin zu sein.« Auch die Fürsorgeschwester, die von den Hebammen als Empfehlungsgeberin beschuldigt worden war,[25] sagte nur, daß sie »Frauen, welche in Folge von mehreren Geburten schon nervös oder blutarm, vielleicht auch krank geworden sind«, zu Ärzten verweise, so auch zu Frau Dr. Adams Lehmann, »welche sie schon seit Jahren als eine gewissenhafte Ärztin kenne«, dies auch, um die Frauen vor den Eingriffen von Hebammen zu bewahren.

Obwohl also nichts Greifbares zutage kam, entzog Anfang Mai das Pflegerinnenkomitee des Rotkreuzkrankenhauses Hope Adams Lehmann mit Hinweis auf die »umlaufenden Gerüchte« ihre Belegbetten. Sie selbst vermutete dazu:[26] »Auch unter den Schwestern des Roten Kreuzes befinden sich m. W. welche, die mir aus konfessionellen Gründen nicht gewogen sind; doch handelt es sich hier nicht um persönliche Gegnerschaft. Der Einfluß solcher Schwestern reicht bisweilen sehr weit und soll sich in meinem Fall bis zur höchsten

Stelle erstreckt haben.« Dies zielte vermutlich auf die katholische Ablehnung gegenüber den Lebensentwürfen und Grundhaltungen der Ärztin, der bereits der spätere Kardinal Michael Faulhaber auf einem Katholikentag öffentlich Ausdruck gegeben hatte.[27] Mit der von Hope genannten »höchsten Stelle« war wohl der Leiter des Krankenhauses, Professor Amann, gemeint, der für die Entscheidung des Pflegerinnenkomitees mit ausschlaggebend gewesen war;[28] formal stand ihm eine Überwachung der im Hause operierenden Ärzte nicht zu. Amann gehörte wie sein Kollege Döderlein zu denjenigen, die nur Tuberkulose in einem akuten Stadium als Grund für Schwangerschaftsabbruch anerkannten; Gerichte und Standesvereine sollten Ärzte verfolgen, die hier zu weitherzig vorgingen.[29] Außerdem war Amann, wie Hope und andere Kollegen wohl zu Recht vermuteten,[30] auch ein Gegner ihres ›Frauenheims‹, von dem er Konkurrenz befürchtete. Daß die Mediziner insgesamt ihre Meinung zur »Poesie der Wochenstube« geändert hatten, läßt sich gut an den Beiträgen in der ›Münchner Medicinischen Wochenschrift‹ nachvollziehen: Die zunächst von vielen verteufelte Krankenhausgeburt wurde immer mehr als Geschäft entdeckt, das man jedoch nicht der Kollegin überlassen wollte.[31]

Hinzu kam möglicherweise ein Weiters: Im Rotkreuzkrankenhaus operierte als Augenarzt auch Prinz Ludwig Ferdinand von Bayern, gleichzeitig ein wichtiger Förderer des Hauses.[32] Seine Frau, Prinzessin Maria de la Paz, galt als streng katholisch und höchst einflußreich. So hatte Carl Lehmann schon 1900 an Bebel geschrieben:[33] »Deren Einfluß auf den Polizeidirektor ist so groß, daß man Hope früher von einschlägiger Seite geraten hat, sich in Sachen ihrer Niederlassung an eben diese Prinzessin zu wenden, denn die Polizei mache alles, was sie, die Prinzessin, wolle. Dieser Prinzessin sollen auch alle die Nuditätsschnüffeleien zu verdanken sein, die sich die Polizei manchmal zu schulden kommen läßt.« Vielleicht ist hier eine Ursache für die Haltung des Pflegerinnenkomitees vom Roten Kreuz und für die Gründlichkeit der Polizei bei der Untersuchung gegen Hope Adams Lehmann zu suchen?

Die Absage des Roten Kreuzes war jedenfalls eine schwere Beeinträchtigung ihrer Praxis und ihres Rufes; im Juni wandte sich Hope Adams Lehmann deshalb an den ärztlichen Bezirksverein und seinen Vorsitzenden Prof. Hermann Kerschensteiner mit der Bitte um Unterstützung:[34] Sie wollte mit seiner Hilfe ein Verfahren gegen sich selbst bei der ›Gynäkologischen Gesellschaft‹ einleiten, um die Sache über ihren Einzelfall hinaus prinzipiell klären zu lassen. Dafür legte sie ihren Fall ausführlich dar. Erst begründete sie, daß die Art ihrer Praxis zu dieser Häufung von Abbruchfällen geführt habe. »Die meisten dieser Frauen gehörten den ärmsten Klassen an; sie hatten oft geboren und viele Kinder durch den Tod verloren; die Übriggebliebenen konnten sie nicht ernähren, und auch nicht erziehen, weil sie selbst zur Arbeit gehen mußten, um die Einnahmen des Mannes auf ein Existenzminimum zu ergänzen; die Ehe war häufig zerrüttet durch die ständige Angst vor dem Kind. Das sind ja soziale Indikationen, die für den Arzt, also auch für mich, nicht gelten dürfen. Aber wenn diese Zustände, das jahrelange Hungern, die schwere Überarbeit, die endlose Sorge, zur körperlichen Erkrankung geführt hatten, und wenn die Zukunft ebensowenig Möglichkeit für bessere Ernährung und Schonung bot wie die Vergangenheit, so war auch für den Arzt der Zeitpunkt gekommen, solche Frauen für gänzlich untauglich zu neuen Schwangerschaften zu erklären.« Bei Tuberkuloseerkrankungen war es danach sogar oft zu einer Heilung gekommen. Sie betonte, niemals ohne exakte ärztliche Indikation und die Zustimmung eines Kollegen, aus Mitleid oder Gefälligkeit oder wegen persönlicher Vorteile Schwangerschaften unterbrochen zu haben, oft jedoch ohne Bezahlung; sie habe aber einen Abbruch nie verweigert, wenn sie eine Indikation für gegeben hielt und ein Kollege dies bestätigte: »Wo hätte ich also Vorsicht üben sollen? Etwa durch Verschleiern und Abweisung von indicierten Fällen? Warum hätte ich mir den Anschein von Schuldbewußtsein geben sollen, wenn ich kein Schuldbewußtsein habe? Das verbietet die Selbstachtung und das Reinlichkeitsgefühl. Und die Abweisung von indicierten Fällen wäre eine Verletzung der ärztlichen Pflicht. Der Arzt darf einem Patienten, der sich ihm anvertraut, die Hilfe nicht versagen, weil ihm persönliche Unannehmlichkeiten daraus erwachsen könnten, so wenig als er den Besuch bei einem Infektionskranken unterlassen darf, weil er selbst daran sterben könnte.« Sie führt aus, warum die Hebammen so gegen sie seien und fährt fort: »Bei einem Stand, der so verzweifelt um die Existenz kämpft, ist alles menschlich begreiflich. – So ist mein Name mit leichtfertiger Schwangerschaftsunterbrechung verknüpft worden, und so kalt, wie mich sonst Redereien lassen, hier bin ich gezwungen, mich zu wehren. Das Pflegerinnencomitee des Roten Kreuzes, wo ich seit 15 Jahren in bestem Einvernehmen und mit guten Resultaten operiere, hat mich ohne jede Untersuchung oder Rücksprache mit mir ›wegen der umlaufenden Gerüchte‹, ›um den guten Ruf des Hauses zu wahren‹, ersucht, meine Kranken anderweitig unterzubringen.

Da es in München keinen Platz gibt, wo ich meine Kranken unterbringen kann, bedeutet dieses Vorgehen des Roten Kreuzes die Unterbindung meiner Praxis und die Vernichtung meiner Existenz. Es bedeutet auch die Antastung meiner Ehre, denn mein Fernbleiben von der gewohnten Arbeitsstätte bleibt nicht ohne Commentar und hat bereits zu Äußerungen geführt, welche klagbar wären, wenn sie faßbar wären.«

Sie legte ihre Fälle und ihre Indikationen offen und äußerte die Zuversicht, »daß nicht mehr die maßgebenden Kreise wie noch vor 20 Jahren auf dem Standpunkt stehen werden, das kindliche Leben gelte mehr als das mütterliche und daß möglichst viele Kinder geboren werden müßten, ohne Rücksicht auf Qualität und Lebensfähigkeit. Ich möchte mir die Frage erlauben, ob ein Arzt unter den Umständen, welche mich zum Eingreifen veranlaßt haben, seiner eigenen Frau eine Schwangerschaft zugemutet hätte.« Dennoch sehe sie die Unterbrechung nur als einen Notbehelf und hoffe auf zukünftige Zeiten und gesündere wirtschaftliche Verhältnisse.

Doch erst am 3. August reichte Kerschensteiner die Sache weiter; da er sich auch später sehr für sie einsetzte, steht zu vermuten, daß die zugespitzte politische Lage im Juli 1914 für diese Verzögerung verantwortlich war. Für Hope Adams Lehmann wurde die Sache jedoch immer ernster: Am 15. Juli 1914 erhob die Staatsanwaltschaft Anklage gegen sie und stellte Antrag auf gerichtliche Voruntersuchung wegen Verbrechen nach Paragraph 219 des Strafgesetzbuches. Dieser lautete: »Mit Zuchthaus bis zu zehn Jahren wird bestraft, wer einer Schwangeren, welche ihre Frucht abgetrieben oder getötet hat, gegen Entgelt die Mittel hierzu verschafft, bei ihr angewendet oder ihr beigebracht hat.«[36] Legale Schwangerschaftsabbrüche waren hier nicht definiert. Ärzte griffen dazu auf den Paragraphen 54 des Strafgesetzbuches zurück, den »Notstandsparagraphen«, der Handlungen straffrei setzte, die begangen wurden, um eine »unverschuldete«, auf andere Weise nicht zu bannende Gefahr für Leib und Leben einer Person zu beseitigen. Doch es gab unterschiedlichste Auslegungen, welche Krankheiten als lebensbedrohlich angesehen werden sollten und damit diesen Tatbestand erfüllten: Es ging dabei meist um die Krankheiten, die sehr häufig bei Frauen aus armen Bevölkerungsschichten vorkamen.[37] Die Grenze zwischen sozialer und medizinischer Indikation ließ sich damit oft nur schwer ziehen.

Warum es überhaupt zur Anklageerhebung kam, ist nicht genau zu klären. War es die allgemeine Stimmung dieser Zeit unmittelbar vor dem Ausbruch des Krieges, die sich gegen die gebürtige Engländerin, eine potentielle ›Feindin‹, wandte? Sahen die Vertreter von Gebärfreudigkeit und traditioneller Mutterschaft hier eine Möglichkeit, über Adams Lehmann die ganze Frauenbewegung auf die Anklagebank zu setzen? Waren es die medizinischen Konkurrenten, die das ›Frauenheim‹ verhindern wollten? Oder gab es vielleicht auch mächtige Feinde in der Politik, die über sie die Sozialdemokraten zu treffen suchten? Letztlich wirkte wohl all dies zusammen. Der Erste Weltkrieg muß als Hintergrund der Untersuchung gegen Adams Lehmann jedenfalls immer mitgedacht werden.[38]

»Am 18. Juli 1914 vormittags um 7 3/4 Uhr begab ich mich mit Herrn Med. Rat Dr. Dall'Armi in die Wohnung der praktischen Ärztin Frau Dr. Lehmann Gabelsbergerstraße 20 a/II. Frau Dr. Lehmann war zu Hause, der Ehemann war nicht anwesend. Sie wurde über den Gegenstand der von dem Herrn Untersuchungsrichter bei dem k. Landgerichte München II gegen sie geführten Untersuchung aufgeklärt und ersucht, die von ihr während der letzten drei Jahre geführten ärztlichen Bücher (Journale) und die auf die Berufsausübung bezüglichen Briefschaften, welche als Beweismittel für die Untersuchung von Bedeutung sein können, herauszugeben. Sie erklärte sich sofort dazu bereit. Herr und Frau Dr. Lehmann-Adams haben ein gemeinsames Sprechzimmer und eine gemeinsame Buchführung.«[39] Soweit der Polizeisekretär. Die Beamten erhielten von Hope Adams Lehmann 18 Leitzordner, ein Operationsbuch und ein Notizbuch mit den Rechnungen von 1914.

Am Nachmittag dieses Tages wurde sie dann erstmals selbst ausführlich verhört. Sogar in dieser kritischen Situation bekannte sich Hope Adams Lehmann klar zu ihren Grundsätzen. Sie gab zu Protokoll:[40] »Meine theoretische Anschauung über die Zulässigkeit einer vorzeitigen Unterbrechung der Schwangerschaft ist die, daß man an sich jeder Frau das Recht einräumen sollte, über ihre Leibesfrucht bis zum Ablaufe des fünften Monats der Schwangerschaft zu verfügen, wie sie es selbst für recht und billig hält. Ich kann die innere moralische Berechtigung der Gesetzesbestimmung, die eine Abtreibung der Leibesfrucht für strafwürdig, ja sogar für ein Verbrechen erklärt, nicht anerkennen. Das ist aber, wie gesagt, meine theoretische Anschauung. In der Praxis stelle ich mich selbstverständlich auf den Boden des Gesetzes. Nach dem geltenden Recht halte ich eine künstliche Unterbrechung der Schwangerschaft nur dann für zulässig, wenn durch die Schwangerschaft oder durch die bevorstehende Geburt eine Gefahr für Leib und Leben der Mutter herbeige-

Hope Bridges Adams
Lehmann, undatiert

führt wird.« Sie betonte weiter, daß in allen von ihr durchgeführten Fällen eine solche Gefährdung bestanden habe. Diese Operationen seien von ihr mit nur einem Ausnahmefall in Krankenhäusern durchgeführt worden. Sie legte ausführlich die Krankheiten dar, die für ihre Indikationsstellung maßgeblich waren: aktive und latente Tuberkulose, Herzfehler, Unterleibstumore, Krampfadern mit Gefahr einer Embolie oder Sepsis durch Venenentzündungen, Epilepsie, Kropf mit erheblichen Atembeschwerden, ein hoher Grad an Unterernährung, Blutleere, Untergewicht, Nierenerkrankungen, Einklemmung der Gebärmutter; hinzu kamen Magenblutungen, extreme Beckenenge, chronische Gebärmutterentzündung mit Gefahr der Fehlgeburt, Basedowsche Krankheit ohne Möglichkeit zur Schonung der Patientin, unbehandelbares nervöses Asthma, Erkrankungen der Eierstöcke mit Blutungen, Lues mit Wahrscheinlichkeit des Aborts. Alle diese Krankheiten für sich, so betonte sie, müßten noch nicht als Indikation ausreichen. Viele ihrer Patientinnen hätten jedoch gleich mehrere dieser Krankheiten gleichzeitig gehabt und der jeweilige Einzelfall rechtfertigte dann die medizinische Indikation.

Adams Lehmann nannte auch mehrere Ärzte, mit denen sie zusammengearbeitet hatte, darunter Mieczyslaw Epstein. Offenbar war es seit Anfang des Jahres mit dem ›Verein für freie Arztwahl‹, über den sie mit den Krankenkassen abrechnete, zu Schwierigkeiten gekommen, da die Kassen aus Kostengründen die für Schwangerschaftsabbrüche relevanten Krankheiten eingeschränkt hatten. Da die nun nötige Untersuchung durch ein Vorstandsmitglied des Vereins zu großen Verzögerungen führte, schickte sie ihre Patientinnen in der Folge in die II. Gynäkologische Klinik zur Beobachtung und zur Operation. Sie führte aus, daß sie an den Schwangerschaftsunterbrechungen vor allem bei Kassenpatientinnen, die das Gros ausmachten, kaum etwas verdient habe, daß aber viele Kollegen das Gegenteil annähmen. Vielen Patientinnen sei von ihr nachträglich die Gebühr erlassen worden.

Die in der Folge vernommenen Ärzte stützten letztlich das Bild korrekter Indikationsstellung. Sogar diejenigen, die vorher über sie hergezogen waren, hielten sich zurück. Dazu gehörte Rolf Lutz aus dem Krankenhaus Schwabing, der nun auch die medizinischen Diagnosen von Adams Lehmann guthieß.[41] Er fügte hinzu: »Die Möglichkeit, daß die über Frau Dr. Lehmann umlaufenden Gerüchte nichts weiter sind als bloßer Tratsch, ist durchaus nicht ausgeschlossen; keinesfalls bin ich selbst imstande, irgendwelche Anhaltspunkte dafür zu bringen, daß sie mehr sind als bloßes Gerede.« Auch der vorher recht kritische Hans Eberle relativierte seine Aussagen[42] und Karl Bruner sagte nun, er habe zwar einmal im Roten Kreuz über Adams Lehmann sprechen gehört, sei aber niemals persönlich irgendwie damit befaßt gewesen.

Andere Kollegen setzten sich für sie ein, so Anton Hengge, Mieczyslaw Epstein, Rudolf Schollenbruch[43] und Prof. Dr. Gustav Klein, Leiter der gynäkologischen Poliklinik und Vorsitzender der ›Gynäkologischen Gesellschaft‹. Klein gab zu Protokoll:[44] »Frau Dr. Lehmann ist eine Idealistin von ungewöhnlicher Aufopferung für ihre Kranken. Oft haben mir ihre Kranken in den Ausdrücken höchster Dankbarkeit und Verehrung von ihr erzählt. Sie hat nach meinem bestimmten Wissen nicht nur jahraus jahrein zahlreiche Frauen unentgeldlich behandelt, sondern, was ich nicht von ihr, sondern von ihren Kranken gehört habe, oft auch pekuniäre Opfer für notleidende Kranke gebracht. ... Die beabsichtigte Gründung des Frauenheims hat ihr wohl am meisten Gegnerschaft eingetragen, ganz besonders nach meinem Wissen unter den Ärzten, vielleicht auch im Roten Kreuz selbst; denn einige Zeit nach dem Bekanntwerden dieses Planes hat die Anstalt des Roten Kreuzes selbst ein Frauenheim, also mit dem gleichen Namen, eröffnet, den Frau Dr. Lehmann für die andere Anstalt festgelegt hatte, und zwar dient dieses Frauenheim des Roten Kreuzes auch heute noch für Entbindungen.«

Dr. Anton Hengge brachte die Situation in seiner Aussage auf den Punkt:[45] »Gerade bei diesen ohnehin schlecht genährten, der Erkrankung und Degeneration am meisten ausgesetzten Klassen finden sich natürlich auch am meisten die Frauen, bei denen eine Geburt eine Lebensgefährdung bedeutet, insbesondere also die lungen- und herzleidenden Frauen. ...Ich führe also das Anwachsen der von Frau Dr. Lehmann ausgeführten Schwangerschaftsunterbrechungen darauf zurück, daß die Mehrzahl ihrer Patientinnen den armen Kreisen angehört... Meiner Überzeugung nach ist der gegen Frau Dr. Lehmann erhobene Vorwurf völlig unbegründet. Man wird selten jemanden treffen, der sich von so edlen Beweggründen leiten läßt, wie Frau Dr. Lehmann... Es gehört freilich Überzeugungstreue und Opfermut dazu, auf diesem Gebiet seine Anschauung auch durch die Tat zu vertreten. Es gibt viele Ärzte, die innerlich im einzelnen Fall zwar von der Notwendigkeit einer Schwangerschaftsunterbrechung überzeugt sind, die es aber nicht wagen, den Schritt zu tun, aus Angst vor Unannehmlichkeiten, vor dem Gerede der Leute und vor dem Gericht.«

Auch Professor Hermann Kerschensteiner setzte sich für sie ein: »Aus ihrem Charakter schließt er, daß ihr jedes andere Motiv, als den Kranken zu helfen und die Gesundheit zu bewahren, ferne gelegen hat. Die Anzeigen zur Unterbrechung der Schwangerschaft sind zur Zeit noch Gegenstand wissenschaftlicher Diskussion... Wenn Frau Dr. Adams Lehmann diese Anzeigen ziemlich weit faßt, so entspricht das ihren wissenschaftlichen Überzeugungen, die wohl wissenschaftlich angefochten und debattiert werden können, aber nach der Ansicht des Unterzeichneten nicht Gegenstand gerichtlicher oder ehrengerichtlicher Verhandlungen sind.«[46] Kerschensteiner ging es also auch darum, die Entscheidungsfreiheit der Ärzte in diesen Fällen zu betonen, die er sich nicht durch Juristen beschneiden lassen wollte. Diese Position entsprach auch der zeitgenössischen

Praxis, da es in der Rechtsprechung keine festgelegten Kriterien für den Schwangerschaftsabbruch gab. Letztlich mußten immer wieder Mediziner darüber befinden, ob die Haltung des Kollegen oder der Kollegin korrekt war.

Doch Professor Hans Döderlein stellte sich in seinem Gutachten für das Obermedizinalkollegium gegen Adams Lehmann.[47] Er setzte sich zunächst mit ihren Indikationen auseinander und gestand ein, daß diese Krankheiten sehr wohl Grund für einen Schwangerschaftsabbruch sein könnten, aber nur in »besonders gelagerten Fällen« nach ausführlicher Beobachtung. Tuberkulose z.B. akzeptiere er nur in einem aktiven und fiebrigen Stadium, andere gar nicht, so Kropf, Epilepsie, Unterernährung, Beckenenge, chronische Gebärmutterentzündung, nervöses Asthma, Erkrankung der Eierstöcke (»es ist unmöglich, daß bei erkrankten Adnexen eine Frau schwanger wird«). Zumindest unbewußt habe sich Hope Adams Lehmann vermutlich doch von ihrer selbst bekannten »theoretischen Anschauung« leiten lassen.»Aus der Häufigkeit der von der Angeschuldigten ausgeführten künstlichen Unterbrechungen der Schwangerschaft und ihrer Diagnosenstellung, sowie aus ihrer grundsätzlichen Auffassung der Indikation geht hervor, daß sie nicht mit der Ethik des ärztlichen Handelns entsprechender Gewissenhaftigkeit vorgegangen ist und wir möchten ihr ganzes Verhalten umso weniger billigen, als sie sich in den meisten Fällen nicht etwa damit begnügte, eine gerade bestehende Schwangerschaft zu unterbrechen, sondern sogar soweit ging, die Porro'sche Operation auszuführen, das ist die supravaginale Amputation des Uterus, womit sie den Frauen in allen Fällen die weitere Möglichkeit späterer Conception genommen hat. Auch hiermit verstößt die Angeschuldigte gegen die wissenschaftlichen Regeln medizinischen Handelns... Wir kommen somit zu dem Schlusse, daß das Vorgehen der Angeschuldigten vom wissenschaftlich-medizinischen Standpunkte aus nicht zu rechtfertigen ist.« Die übrigen Mitglieder des Obermedizinalkollegium schloßen sich diesem Gutachten an. Hope Adams Lehmanns langjähriger Gönner Franz von Winckel war bereits 1911 gestorben und konnte sie daher nicht mehr stützen.

Obwohl selbst Döderlein eine nachträgliche Einvernahme der Patientinnen nicht für sinnvoll gehalten hatte, verlangte dies Staatsanwalt Friedrich Federschmidt nach Abschluß der Voruntersuchung;[48] ihm ging es offensichtlich darum, genügend Material für die Eröffnung einer Hauptuntersuchung zusammen zu bekommen. Darum suchte er herauszufinden, ob die Beschuldigte möglicherweise allzu bereitwillig auf die »subjektiven Wünsche und Beschwerden der Schwangeren« eingegangen sei und damit doch letztlich »soziale Indikation« bestanden hätte. Oberlandgerichtsrat Stauber, der eigentlich für eine Einstellung der Untersuchung gewesen wäre, beugte sich diesem Antrag und stellte eine Liste mit 75 Patientinnennamen zusammen, die ein Beamter verhören sollte. Dies geschah im Januar 1915, wobei viele erschütternde Einzelfälle sichtbar wurden. Die Frauen waren jedoch sehr vorsichtig und teilweise unkorrekt in ihren Angaben, sicherlich auch deshalb, weil sie sich selbst bedroht sahen. In ihrer erneuten Vernehmung im Mai 1915 versuchte Hope Adams Lehmann, dies in vielen Einzelfällen zurechtzurücken. Sie bestätigte nochmals ihre Haltung zum Schwangerschaftsabbruch, wenn das Leben der Mutter gefährdet sei.

Ende August 1915 ging das Verfahren dann einem Ende entgegen: Der Staatsanwalt stellte den Antrag, die Untersuchung gegen Hope Adams Lehmann einzustellen und die Kosten der Staatskasse aufzuerlegen.[49] Das geschehe jedoch mit den »schwersten Bedenken«, da möglicherweise doch Fälle dabei gewesen seien, die man »objektiv als Verbrechen im Sinne der Anklage« bewerten müsse. Dies lasse sich jedoch nicht mehr feststellen. Und für ein bewußtes Überschreiten des Gesetzes gebe es keine Anhaltspunkte. Der Richter folgte bei seinem Beschluß Anfang September dann weitgehend diesem Antrag des Staatsanwaltes. Damit war ein Verfahren abgeschlossen, das durchaus zu dramatischen Konsequenzen hätte führen können. Möglicherweise trug zu diesem letztlich überraschenden Abschluß bei, daß inzwischen die Gesundheit von Hope Adams Lehmann zusammengebrochen war; eine Vollendung des ›Frauenheims‹ stand nicht mehr zu befürchten.

Doch Hope Adams Lehmanns Kampfgeist, der sie immer wieder antrieb, für das von ihr als richtig erkannte einzutreten, war ungebrochen. Ohne auf ihren Prozeß Bezug zu nehmen oder sich gar zu rechtfertigen, verfaßte sie eine Abhandlung über »Die Unterbrechung der Schwangerschaft«, die 1917 in der ›Zeitschrift für die gesamte Strafrechtswissenschaft‹ posthum erschien.[50] Sie betonte darin, sie sei dankbar für die »Gastfreundschaft« des juristischen Blattes, denn sie wisse aufgrund der allgemeinen Parole »Hebung der Geburtenzahl« zur Zeit keine medizinische Zeitschrift, die einen solchen Artikel drucken würde. Sie habe schon lange ihr gesammeltes Material zusammenstellen wollen, »und jetzt muß ich Freund Hein vor Torschluß um etwas Geduld bitten, wenn ich versuche, meine Gedanken und Erfahrungen als bescheidene Anregung und Beitrag zu späteren Debatten kurz zu Papier zu bringen«. Wieder schlägt sie den großen Bogen: Familien seien eine Geldfrage und für den Arbeiter kaum zu ernähren; indem der Staat Frauen zum Austragen von Kindern zu zwingen suche, schade er am meisten sich selbst, denn später würden die selben Frauen, die jetzt durch illegale Abtreibung unfruchtbar werden, gerne Kinder gebären; zu junge Mädchen ebenso wie Mütter zu vieler Kinder könnten sich den Kindern nicht genügend widmen, um sie zu glücklichen Menschen zu machen. Sie fordert die Möglichkeit des Abbruchs in der ersten Hälfte der Schwangerschaft und führt alle positiven Folgen einer solchen Gesetzesänderung aus. Sie schließt: »Es wäre auch viel zu sagen vom Recht der Frau über sich selbst. Auch die Gleichstellung und Fürsorge für uneheliche Kinder ... gehören hierher, ebenso wie die ganze große Frage einer genossenschaftlichen ärztlichen Organisation, welche endlich den Arzt so stellt, daß er nicht mehr in Versuchung geraten kann, sich von irgend einem anderen Beweggrund als dem Wohl des Patienten leiten zu lassen.« Der Redakteur und Mitherausgeber des ›Archivs für Kriminologie‹, Hermann Horch, wies 1917 in seinem Blatt ausführlich auf diesen Artikel hin[51] und bestätigte der Verfasserin »den Mut ehrlichster Überzeugung, um in einer Zeit, in der von berufener und leider in noch größerem Umfang von unberufener Seite Bevölkerungspoltik betrieben wird, seine Stimme für die Aufhebung der Strafbarkeit der Abtreibung zu erheben.« Er betonte, daß 1911 bei einer Umfrage unter Fachleuten von 120 Antworten 75 für die Straflosigkeit der Abtreibung eingetreten seien, 111 für eine Abänderung der strengen Bestimmungen und nur neun sich gegen eine Reform wandten. Solche Beiträge nahmen die Diskussionen der Weimarer Jahre vorweg, in denen der Streit um Geburtenkontrolle und Schwangerschaftsabbruch erneut heftig aufflammte.[52]

Doch ein Punkt bedarf noch der genaueren Betrachtung: Das ist eine in Hope Adams Lehmanns Stellungnahmen zu findende Position, die ihr den Vorwurf eingetragen hat, sie sei selber eine Eugenikerin oder eine Neo-Malthusianerin gewesen; Cornelie Usborne schließt dies aus den Aussagen der Patientinnen, die während der Abtreibungsuntersuchung verhört wurden, und die angaben, nichts davon gewußt zu haben, daß die Ärztin nicht nur die Schwangerschaft unterbrechen – auch davon hatten manche angeblich nichts gewußt! – sondern auch durch die Porro'sche Operation den Uterus entfernen würde.[53] Dies sei, so Usbornes Argumentation, mit Blick auf die sonst zur Welt kommenden »minderwertigen« Kinder gemacht worden und entspreche damit eugenischen Gedanken. Läßt sich diese Aussage nun bestätigen oder nicht? In ihrem Brief an den ärztlichen Bezirksverein vom Juni 1914 schreibt Hope Adams Lehmann:[54] «Das sind auch keine Kinder welche für den Staat Wert haben, sie sind meist dem Untergang oder dem Siechtum geweiht; und es ist gewiß nicht gerechtfertigt, um solcher Kinder willen den schon lebenden Kindern die Mutter ernstlich zu gefährden.« Auch der Begriff der »Minderwertigkeit« der Kinder von tuberkulosekranken, unterernährten oder durch viele Geburten ausgelaugten Frauen findet sich mehrfach in ihren Stellungnahmen und Artikeln.

Diese Frage ist von mehreren Seiten aus anzugehen. Einmal stand für Hope Adams Lehmann immer wieder das Wohlergehen von Müttern im Vordergrund, deren Leben bei einer Schwangerschaft gefährdet würde; ihre Argumentation für einen Abbruch baute daher auch darauf, die in solchen Fällen letztlich doch geborenen Kinder hätten ohnehin nur eine geringe Überlebenschance – was ihr die amtliche Statistik bestätigte. In diesem Sinne hoffte sie, die Position der Frauen gegen den Gebärzwang zu stärken. Ein zweites war ihre Überzeugung, erst durch eine Umverteilung der Güter werde für alle genug zu essen da sein; bis dahin müsse man versuchen, durch Beschränkung der Zahl der Kinder deren Dahinvegetieren und Sterben zu verhindern. »Überzählige« Kinder sind bei ihr also diejenigen, die von ihren Eltern nicht ernährt werden können. Insofern war sie sehr wohl der Überzeugung, daß eine bereits von vielen Schwangerschaften überanstrengte Mutter von sieben Kindern auch in Zukunft keine weiteren Kinder gebären sollte, die sie nicht mehr werde ernähren können. Es steht zu vermuten, daß dies auch die Frauen selbst dringlich wünschten, gleichgültig, ob sie das in den Befragungen durch die Polizei zuzugeben wagten oder nicht. Drittens ging Adams Lehmann, wie es auch der zeitgenössischen Lehrmeinung entsprach, von der Erblichkeit mancher Krankheiten aus. Dies betraf aber nicht die Tuberkulose, die ja den Hauptgrund für ihre Abbrüche darstellte. Zwar wurde die Ansteckungsmöglichkeit für das Kind genannt, diese ist aber auch nicht zu bezweifeln. Für Adams Lehmann war vielmehr der augenblickliche körperliche Zustand beider Eltern ausschlaggebend. Wenn dieser sich gebessert hatte, war für sie in den meisten Fällen nichts gegen eine Schwangerschaft einzuwenden. Die Ausnahme waren die schwerarbeitenden Frauen mit vielen Kindern, bei denen auch in Zukunft keine Möglichkeit der Erholung, der besseren Ernährung oder der Schonung abzusehen war. Ständige weitere Schwangerschaften stellten dann eine Gefahr für Leib und Leben der Frauen dar.

Insofern läßt sich der Vorwurf der eugenischen Grundhaltung bei Hope Adams Lehmann nicht bestätigen. Ob sie in ihrer Argumentation an manchen Stellen auf die zeitgenössischen Thesen einging, um ihrem Anliegen Nachdruck zu verleihen, ist schwer abzuschätzen. Auch für sie war ein Begriff wie »Volksgesundheit« kein leeres Wort. Doch sonst finden sich keine Anhaltspunkte, die solche eugenischen Vorstellungen stützen würden.

Hope Adams Lehmann war aufgrund unterschiedlichster Faktoren in das Untersuchungsverfahren verwickelt worden. Besonders überraschend wirkt es, daß Polizei und Justiz offenbar den kleinsten Hinweisen gegen sie nachgingen, die reichlich vorhandenen Hinweise auf andere Ärzte jedoch unbeachtet ließen. Immer wieder wurde angedeutet, daß in München auch viele Ärzte mit Hebammen zusammen nicht indizierte Abtreibungen durchführten. Doch nur gegen Hope wurde ermittelt. Vielleicht hoffte man, hier genügend Belege für ein Exempel zusammenbekommen zu können. Es steht aber eher zu vermuten, daß gerade ihre Offenheit provozierte. Auch in diesem Fall war Hope Adams Lehmann ihrer Zeit um viele Jahre voraus: In der Weimarer Zeit wurden diese Fragen weiter diskutiert; doch dann kam es zu Abtreibungsprozessen, die weniger glimpflich endeten als die Verhandlungen »wegen Verbrechen wider das Leben« gegen Hope Bridges Adams Lehmann.

Anmerkungen

[1] Staatsarchiv München und Oberbayern, Staatsanwaltschaft 1834; in diesem Akt sind alle Verhörprotokolle enthalten. Eine erste zusammenfassende Darstellung dieses Untersuchungsverfahrens findet sich in der verdienstvollen Darstellung von Kirschstein, Fortgesetzte Verbrechen; da wir beide aus der glcichen Quelle schöpfen, sind Überschneidungen im folgenden unvermeidbar. Von einigen ihrer über den Prozeß hinausführenden Untersuchungen zur Bevölkerungspolitik konnte ich viel profitieren.
[2] Staatsarchiv München und Oberbayern, Staatsanwaltschaft 1834
[3] Usborn, Politics of the Body, S. 6 f, 154; Bergman, Sexualität, S.169; Planert, Antifeminismus im Kaiserreich, S.110-117; Bergmann, Von der »unbefleckten Empfängnis«
[4] Janssen-Jureit (Hrsg.), Frauen und Sexualmoral, S.34-57
[5] Adams Walther, Zur Hebammenfrage
[6] Adams Lehmann, Das Frauenbuch, Bd.2, S.181-185
[7] Stenographische Berichte der Verhandlungen der Kammer der Abgeordneten

des Bayerischen Landtags, Bd.9 (1914), S.758-762, Sitzung vom 4.3.1914 sowie vom 5.3.1914, S.805-815
8 Dargestellt bei Kirschstein, Verbrechen, S.24-27
9 Ebd.; Mitteilungen des Statistischen Amtes der Stadt München, Bd.24,12
10 Bergmann, Von der »unbefleckten Empfängnis«
11 Gruber, Ursachen und Bekämpfung des Geburtenrückgangs; Janssen-Jurreit, Sexualreform und Geburtenrückgang; auch Usborne, The Politics of the Body, äußert sich ausführlich zu diesen Tendenzen bereits vor dem Ersten Weltkrieg.
12 Adams Lehmann lehnte die Auffassung der Neo-Malthusianer, zu denen auch Helene Stöcker gehörte, weitgehend ab; sie war hingegen seit 1907 im Vorstand des konkurrierenden bürgerlichen ›Vereins Mutterschutz‹ vertreten, vgl. Staatsarchiv München und Oberbayern, Pol.Dir. 4493, Bericht der Generalversammlung vom 26.3.1907. Vgl. zu Eugenik und Frauenbewegung Weller, Gemäßig oder radikal?
13 Gruber, Ein flammender Weckruf, S.100
14 Als Beispiel Usborn, »Pregnancy is the woman's active service«; Schmiedebach, Sozialdarwinismus, Biologismus, Pazifismus
15 Kaufmann, Eugenik, Rassenhygiene, Humangenetik; Kühl, Die Internationale der Rassisten. Aufstieg und Niedergang der internationalen Bewegung für Eugenik und Rassehygiene
16 Kirschstein, Verbrechen, S. 13 f.; Ludwig, Dr.med. Agnes Bluhm
17 Zum Komplex Abtreibung z.B. Bergmann, Die verhütete Sexualität; Jütte, Geschichte der Abtreibung; Staupe/Vieth (Hrsg.), »Unter anderen Umständen«
18 Staatsarchiv München und Oberbayern, Staatsanwaltschaft 1834, Verhörprotokolle vom 6.3.1914, vom 14.3.und vom 27.3. 1914
19 Staatsarchiv München und Oberbayern, Staatsanwaltschaft 1834, Vernehmung vom März 1914
20 Dies legt dar Kirschstein, Verbrechen, S. 68 f.; außerdem Staatsarchiv München und Oberbayern, Staatsanwaltschaft 1834, Vernehmung vom 21.4.1915
21 Bergmann, Von der »unbefleckten Empfängnis«, S.134 f. und 137
22 Staatsarchiv München und Oberbayern, Staatsanwaltschaft 1834, Vernehmung vom 21.4.1914
23 Staatsarchiv München und Oberbayern, Staatsanwaltschaft 1834, Vernehmung vom 2.4.1914
24 Staatsarchiv München und Oberbayern, Staatsanwaltschaft 1834, Schreiben der II. Gynäkologischen Klinik
25 Staatsarchiv München und Oberbayern, Staatsanwaltschaft 1834, Vernehmung vom 9.3.1914
26 Staatsarchiv München und Oberbayern, Staatsanwaltschaft 1834, Vernehmung vom 21.7.1914
27 Verhandlungen der 54. Generalversammlung der Katholiken Deutschlands in Würzburg, 25.-29.8.1907, S.333; es wurde dabei Bezug genommen auf einen Brief Adams Lehmanns an den Katholikentag von 1902, in dem es um ihre Ehevorstellungen ging
28 Staatsarchiv München und Oberbayern, Staatsanwaltschaft 1834, Vernehmung Amanns vom 18.7.1914
29 Nach Kirschstein, Verbrechen, S.45 f.

30 Staatsarchiv München und Oberbayern, Staatsanwaltschaft 1834; dieser Verdacht wurde in etlichen Vernehmungen geäußert
31 Gemkow, Ärztinnen und Studentinnen, S.148-153
32 Münchner illustrierte Zeitung 1908, Nr. 36, S.564
33 Archiv der sozialen Demokratie Bonn, Brief Carl Lehmann an Bebel vom 25.2.1900
34 Staatsarchiv München und Oberbayern, Staatsanwaltschaft 1834, Schreiben vom Juni 1914
35 Staatsarchiv München und Oberbayern, Staatsanwaltschaft 1834, Zeugnis von Kerschensteiner vom 3.8.1914
36 Staatsarchiv München und Oberbayern, Staatsanwaltschaft 1834
37 Kirschstein, Verbrechen, S. 33-48
38 Bergmann, Von der »unbefleckten Empfängnis«
39 Staatsarchiv München und Oberbayern, Staatsanwaltschaft 1834, Protokoll des Polizeisekretärs vom 18.7.1914
40 Staatsarchiv München und Oberbayern, Staatsanwaltschaft 1834, Angeschuldigten-Vernehmung vom 18.7.1914
41 Staatsarchiv München und Oberbayern, Staatsanwaltschaft 1834, Vernehmung vom 28.7.1914
42 Staatsarchiv München und Oberbayern, Staatsanwaltschaft 1834, Vernehmung vom 30.7.1914
43 Zu Schollenbruch vg. Pohl, Münchener Arbeiterbewegung, S. 355
44 Staatsarchiv München und Oberbayern, Staatsanwaltschaft 1834, Zeugenvernehmung von Prof Dr.Gustav Klein am 28.7.1914
45 Staatsarchiv München und Oberbayern, Staatsanwaltschaft 1834, Zeugnis Dr. Anton Hengge vom 25.7.1914
46 Staatsarchiv München und Oberbayern, Staatsanwaltschaft 1834, Zeugnis Prof.Dr.Hermann Kerschensteiner, 3.8.1914
47 Staatsarchiv München und Oberbayern, Staatsanwaltschaft 1834, Gutachten vom 24.9.1914
48 Staatsarchiv München und Oberbayern, Staatsanwaltschaft 1834, Staatsanwalt an den Untersuchungsrichter, 15.12.1914
49 Staatsarchiv München und Oberbayern, Staatsanwaltschaft 1834, Staatsanwalt an den Untersuchungsrichter
50 Adams Lehmann, Die Unterbrechung der Schwangerschaft
51 Archiv für Kriminologie 68 (1917), S.75-79
52 Vgl. z.B. Usborne, Politics
53 Usborne, Politics, S.6 f.; sie rückt auch Hope Adams Lehmann in die Nähe des Neo-Malthusianismus, obwohl sie ihr zugesteht, sich nicht auf Malthus zu beziehen. Auf S.154 merkt sie überdies an, Hope Adams Lehmann habe etliche der von ihr operierten Frauen ohne deren Wissen sterilisiert. Zum Thema außerdem Weindling, Health, race und German politics
54 Staatsarchiv München und Oberbayern, Staatsanwaltschaft 1834, Brief vom Juni 1914

»Kriegsgegner in England«
die Friedensmission

Trotz der anstehenden Untersuchung gegen Hope Adams Lehmann, die sicherlich an den Nerven zerrte, mobilisierte der Kriegsausbruch im August 1914 alle ihre Kräfte. München, der Wohnort des Präsidenten der ›Deutschen Friedensgesellschaft‹ Ludwig Quidde, hatte sich in vieler Hinsicht zu einem der Zentren der Friedensbewegung entwickelt. Auch Frauen waren hier aktiv.[1] Unter den sozialistischen Frauen Deutschlands traten vor allem Rosa Luxemburg, Clara Zetkin und Helene Stöcker als Kriegsgegnerinnen hervor, in München waren es Anita Augspurg und Lida Gustava Heymann. Diese versuchten durch ihre Kontakte zu ausländischen Frauenorganisationen eine internationale Bewegung gegen den Krieg zu mobilisieren. 1915 manifestierte sich dies in dem ›Internationalen Frauenkongreß‹ in Den Haag, zu dem jedoch nur wenige Deutsche anreisen konnten, da sie keine Pässe bekamen.

Sehr früh wurde auch der Freundeskreis um Adolf Müller, die beiden Lehmanns und Parvus-Helphand aktiv. Aus den sozial- und landespolitisch tätigen Freunden formierte sich eine höchst politische, international aktive Gruppe: der »Münchner Kreis«; Karl Heinrich Pohl hat diesen Kreis »entdeckt« und dessen Aktivitäten dargestellt. Er stützt sich dabei auch auf die nachträgliche Darstellung Müllers. Dieser schrieb 1927:[2] »Nach der Marneschlacht habe ich infolge einer vertraulichen Mitteilung aus dem bayerischen Kriegsministerium unsere militärische Lage für so gespannt angesehen, daß ich mit einigen engeren politischen Freunden die Notwendigkeit der Aktivierung des Einflusses von verständigen Sozialdemokraten namentlich in den neutralen Ländern zwecks Vermittlung und Herbeiführung eines für Deutschland ehrenvollen Abschlusses beriet. Wir kamen zu dem Beschluß, diese Angelegenheit von München aus in die Hand zu nehmen und gründeten zu diesem Zwecke eine kleine Vereinigung. Dieser gehörten außer dem Unterzeichneten an: Justizrat Dr. Heinsfurter, Gemeindebevollmächtigter und Landrat Dr. med. Carl Lehmann, Frau Dr. med. Adams Lehmann, Landtagsabgeordneter Johannes Timm, später, etwa ein halbes Jahr nachher, trat noch Dr. Helphand bei.«

Für einige der hier genannten Personen traf diese Beschreibung sicherlich zu. Parvus war zwischen seiner Rußlandreise mit Lehmann und Kriegsausbruch abenteuerliche Wege gegangen: 1905 hatte er an der russischen Revolution in Petersburg mitgewirkt, 1906 wurde er zusammen mit Trotzki, der in früheren Jahren auch einige Zeit bei ihm in München gewohnt hatte, in der Peter-und-Pauls-Festung interniert; im Herbst des selben Jahres gelang ihm die Flucht aus sibirischer Gefangenschaft.[3] 1914 wirkte er in der Türkei durch Rüstungstransaktionen daran mit, daß die Türkei auf deutscher Seite in den Krieg eintrat. Drei Jahre später, 1917, war er derjenige, dessen Einsatz bei der Deutschen Obersten Heeresleitung die Rückkehr Lenins nach Rußland ermöglichte.

Bei Ignaz Heinsfurter, 1914 wohlbestallter Justizrat in München, ist eine Friedensaktivität schwerer nachzuweisen. Seine Verbindung zu den Sozialdemokraten bestand unter anderem darin, daß er 1883 als Student wegen seiner Beziehungen zur Sozialdemokratie von der Universität Leipzig verwiesen worden war.[4] 1890 hatte man den Einserjuristen dennoch in München als Rechtsanwalt zugelassen:[5] »Er gilt als ungewöhnlich begabter und auch rednerisch ganz vorzüglich veranlagter junger Jurist. Als dunkler Fleck liegt auf seiner Vergangenheit, daß er als Student in Leipzig wegen Beteiligung an sozialdemokratischen Dingen der landespolizeilichen Ausweisung verfiel.« Diese sei jedoch, so das bayerische Ministerium 1890, bereits zurückgenommen, die Anwaltskammer habe nichts gegen ihn und – für den Januar 1890 ein bemerkenswerter Satz – »politische Tätigkeit darf nicht die Zulassung verhindern«. Es ist nicht ausgeschlossen, daß er noch aus der Zeit in Leipzig mit Hope Adams Lehmann bekannt war. Vielleicht sollte er, so eine Vermutung, 1914 für den Notfall juristische Schützenhilfe leisten.

Johannes Timm wiederum war der wichtigste Münchner Gewerkschafter, mit besten Beziehungen zu allen politischen Kreisen der Stadt;[6] er gehörte überdies zu Lehmanns und Müllers Wanderfreunden. Ende der neunziger Jahre hatte er in Berlin den schwierigen Streik der Konfektionsarbeiter erfolgreich organisiert. Seit der Jahrhundertwende war er in München zum Vorsitzenden des Gewerkschaftskartells und zum Arbeitersekretär aufgestiegen, mit dem Hauptarbeitsschwerpunkt auf dem Aushandeln von Tarifverträgen. Er war Mitglied des Landtages und der Kontrollkommission der Sozialdemokratischen Partei, verfügte über beste Kontakte zur Bayerischen Staatsregierung, zum Münchner Magistrat und zur Zentrumspartei. Es war daher möglicherweise seine Aufgabe, diese Verbindungen zu nutzen, um den abwesenden Freunden den Rücken frei zu halten.

»*Schleissheim 1912. C., Timm und Frau, Hoffmann*«. Der Arbeitersekretär und Landtagsabgeordnete Johannes Timm war laut Adolf Müller 1914 ein Mitglied des »Münchner Kreises«

Die Aktivitäten dieses »Münchner Kreises«, vor allem aber Adolf Müllers über den Weltkrieg hinausreichende geheimdienstliche Tätigkeit, sind an anderer Stelle nachzulesen; auch das Wirken der Beteiligten wird dabei ausführlich gewürdigt.[7] Adolf Müller, der bayerische Landtagsabgeordnete und sozialdemokratische Pressekönig aus München, stieg nach dem Krieg zu einem der wenigen sozialdemokratischen Gesandten der Weimarer Zeit auf, mit Wirkungsfeld in der Schweiz. Seine Mittlertätigkeit während des Ersten Weltkrieges spielte für diese Karriere eine zentrale Rolle. Seine engen Beziehungen zur bayerischen Regierung ermöglichten einen Aktionsspielraum, der für einen Sozialdemokraten am Ende des Kaiserreiches außergewöhnlich bleibt. Doch er war zweifellos ein deutscher und bayerischer Patriot und stand der Politik der Bayerischen Staatsregierung näher als der linken Sozialdemokratie. Er neigte an vielen Punkten zu einem lockeren Umgang mit der historischen ›Wahrheit‹ und zu einer großzügigen Uminterpretation eigener Aktionen, und so läßt sich auch in diesem Fall nicht mit letzter Sicherheit nachweisen, wie weit seine Initiativen die Grenze zwischen sozialdemokratischen Friedensbemühungen und Spionagetätigkeit im Auftrag der deutschen Reichsregierung überschritten. Ein Pazifist war er, im Gegensatz zu Hope Adams Lehmann und wohl auch zu Carl Lehmann nicht.

Wichtig sind hier die Bemühungen von Hope Adams Lehmann und ihrem Mann, soweit sie sich rekonstruieren lassen. Mitte August 1914 begab sich Carl Lehmann mit einem Empfehlungsschreiben des Bayerischen Außenministeriums nach Wien und von dort aus nach Triest, in einer »als politisch hoch bedeutsam anerkannten und geförderten Angelegenheit«.[8] Was er dort dann unternahm, läßt sich nicht mehr rekonstruieren. Kurze Zeit später meldete er sich jedenfalls als Arzt an die Front und wurde in Valenciennes stationiert. Von einer weiteren Friedensaktivität ist nichts bekannt.

Am 28. August 1914, also im Gegensatz zu Adolf Müllers Angaben vor der Marne-Schlacht im September 1914, trat Hope Adams Lehmann unter abenteuerlichen Umständen eine Reise nach England an. »Bei Ausbruch des Krieges«, schrieb die Frauenrechtlerin und Friedensaktivistin Lida Gustava Heymann 1916,[9] »war sie eine der wenigen Frauen, welche die Tragweite desselben richtig einschätzten, sie ging nach England um Klarheit über deutsche Zustände zu verbreiten«. Auch Hope Adams Lehmann reiste, wie ihr Mann, mit dem Segen der Bayerischen Staatsregierung; das läßt sich daraus ersehen, daß sie nach einer Rückfrage aus Frankfurt am Main an die bayerische Regierung Richtung England weiterfahren durfte, obwohl man sie in Frankfurt als englische Spionin hatte festsetzen wollen: Sie war mit einem englischen Paß unterwegs, den sie sich vom amerikanischen Konsul unter Vorlage ihres Doktordiploms auf ihren Mädchennamen hatte ausstellen lassen. Doch das Kriegsministerium war über ihre Absichten informiert und signalisierte dies nach Frankfurt.

Was sie auf dieser Reise erfuhr und erlebte, ist einem anonym erschienenen Bericht zu entnehmen: »Kriegsgegner in England« heißt die Broschüre, die mit Billigung der obersten bayerischen Zensurbehörden 1915 erscheinen durfte; anonym erschien die Broschüre, weil Hope das den englischen Behörden hatte versprechen müssen.[10] Im Mai wurde die Schrift von Wilhelm Herzogs Zeitschrift ›Das Forum‹ beim Kriegsministerium zur Zensur eingereicht, Ende Juni waren 5 000 Exemplare gedruckt. Ende November 1915 konstatierte Ludwig Quidde in einer Versammlung der Münchner Friedensvereinigung, daß die Auflage schon fast vergriffen sei.[11] Das Ergebnis ihrer Reise stand also, im Gegensatz zu et-

»H., Sept. 1914, Bild für die englische Polizei«

lichen von Adolf Müllers Aktivitäten, in Übereinstimmung mit den Auffassungen der Pazifisten.

In einem ausführlichen Schreiben an das bayerische Außenministerium schilderte Adams Lehmann im Februar 1915 ihre Beweggründe und Erfahrungen. Da sich ihre Stellungnahmen auch in anderen Fällen durchgängig durch größte Offenheit und Wahrheitsliebe auszeichnen, war dieser Bericht sicherlich nicht von politischem Kalkül bestimmt:[12] »Als Kind englischer Eltern in England geboren und erzogen, habe ich in Deutschland Medizin studiert und zweiundvierzig Jahre gelebt. Durch meine Heirat bin ich deutsche Untertanin. Ich gehöre daher beiden Ländern an und habe von jeher tief empfunden, wieviel jedes dem anderen geben kann. Dementsprechend habe ich viel Zeit auf Verständigungsarbeit, zur Anbahnung gegenseitiger Sprachvermittlung in der Münchner Versuchsschule, verwendet. Als England den Krieg gegen Deutschland erklärte, empfand ich eine unbeschreibliche Scham. Ich glaubte, daß

England aus keinem anderen Motiv als Neid die Gelegenheit ergriffen habe, den deutschen Handel zu zerstören. Dieser unsäglich niedrige und krämerhafte Standpunkt ließ mich an allem verzweifeln, was mir England teuer gemacht hatte. Mein einziger Trost war die Überzeugung, daß diese Kriegserklärung ein Regierungsakt und kein Ausdruck des Volkswillens sei. Ich sagte mir, es müsse ein vollständiges Dunkel über Deutschland dort herrschen und daß Aufklärung nötig sei. Manches, was man hörte, ließ auf eine scharfe Ablehnung des Krieges schließen und ich hoffte, eine sachgemäße Darstellung der hiesigen Verhältnisse würde der supponierten Antikriegspartei als Stütze dienen. Ich suchte jemanden für diese Mission unter den in Deutschland ansässigen Engländern, welche öffentlich gegen Englands Beteiligung am Krieg protestiert hatten, und fand keinen. So entschloß ich mich, selbst zu gehen.«

Hope Adams Lehmann fühlte sich, so ist das zu interpretieren, ihrem zweiten Heimatland Deutschland tief verbunden, war aber nicht bereit, das englische Volk als Feind anzusehen. Die zweisprachige Migrantin konnte diesen Konflikt ihrer beiden ›Vaterländer‹ nur auf Mißverständnisse zurückführen. Dies ist nicht untypisch für binationale Menschen. Vergleichbar ist ihre Position mit derjenigen der deutsch-französischen Münchner Schriftstellerin Annette Kolb, die ebenfalls der Meinung war, daß die scheinbar unüberbrückbare Kluft zwischen dem deutschen und dem französischen Volk auf wechselseitiger Unkenntnis beruhte und daraus für sich die Aufgabe ableitete, jedem der beiden Völker die wahre, tiefe Natur des anderen erklären zu müssen.[13] Auch für Annette Kolb bestand, wie für Hope Adams Lehmann, zwischen Pazifismus und Patriotismus kein Widerspruch, da sie Patriotismus nicht mit Nationalismus gleichsetzte. Annette Kolb, die 1916 ins Schweizer Exil ging, war Mitte August 1914 ebenfalls noch von der Berechtigung der deutschen Haltung überzeugt und zeigte deutschen Patriotismus.[14] Auch bei Hope Adams Lehmann finden sich keine Hinweise darauf, daß sie den Krieg als deutsche Aggression verurteilte.

Ein weiteres kommt hinzu: Adolf Müller hatte auch seinen Parteifreund Kurt Eisner, den späteren revolutionären bayerischen Ministerpräsidenten, mit Hinweisen auf sichere Informationen aus der bayerischen Regierung davon zu überzeugen verstanden, daß Deutschland einen Präventivkrieg führe.[15] Kurt Eisners Überzeugung, daß dies eine absichtliche oder unabsichtliche Fehlinformation gewesen war, festigte sich erst endgültig im Februar/März 1915. Möglicherweise war auch Hope auf ganz ähnliche Weise über die

Hintergründe des Krieges von Adolf Müller getäuscht worden? Krieg als Mittel der Auseinandersetzung zwischen Völkern war ihr jedoch zutiefst widerwärtig und stand diametral ihrer Überzeugung entgegen, daß sich durch vernünftiges Verhalten aller ein menschenwürdiges Leben erreichen ließe. Sicher ist, daß sie durch ihre England-Mission eine schnellstmögliche Beendigung des Krieges anstrebte. »Ist auf dieser Erde jemals im großen oder kleinen eine Sache durch Gewalt zum guten Ende geführt worden?« fragte sie in einem Artikel, der 1917 posthum erschien.[16]

Schon die Reise nach England war ein Abenteuer. Hope reiste über Kopenhagen; dort mußte sie zwei Tage warten:[17] »Am Abend fuhren wir ab mit Butter und Schweinefleisch für England, langsam wegen der Minengefahr, zwischen den Orkneys und Shetlands nach Liverpool. Die Mitreisenden waren Engländer, meist Kaufleute. Sie legten keine Aufregung an den Tag, erwähnten nebenbei, daß die deutsche Flagge vom Weltmeer verschwunden sei und daß man Deutschland in einem Jahr ausgehungert haben würde; sprachen auch vom liebenswürdigen Bayern und vom schönen Schwarzwald, wo man oft glückliche Wochen verlebt habe, den man aber nun wohl nicht so bald wiedersehen würde, aber England habe keine Wahl gehabt als seine Verträge einzulösen... Am 6. September ging ich ohne Beanstandung meines Passes in Liverpool ans Land und fuhr sofort nach London.«

In London quartierte sie sich bei Freunden ein und versuchte zunächst, sich selbst ein Bild von der dortigen Stimmung zu machen. Sie konstatierte dabei vor allem eines: Wie in Deutschland war es die Furcht der Bevölkerung und die Bereitschaft, sich mit allen Mitteln gegen einen Angreifer zu verteidigen. Neben vielen einfachen Leuten sprach sie unter anderem mit Robert Smillie von der ›Miners Federation‹, mit dem friedensbewegten Mathematiker Bertrand Russel, mit dem Führer der ›Independent Labour Party‹ Ramsay Macdonald, mit dem Nationalökonomen und Herausgeber des ›Economist‹ Hirst, ebenso mit dem pazifistischen Schriftsteller George Bernhard Shaw.[18]

Adams Lehmann gliederte ihren Bericht für das bayerische Außenministerium in vier Ebenen: die Regierung, das Volk, die Arbeiterschaft und »Klare Köpfe«. Die Regierung betrachte, so Hope, mangels besserer Einsicht ihr Handeln »als nacktes Gebot der Pflicht zum Schutz der nationalen Existenz«. Die deutsche Neutralitätsverletzung gegenüber Belgien und die belgischen Flüchtlinge in England verstärkten die Furcht. Die Handels- und Finanzkreise,

»*Englische Reise, 1909 C. und H., Strasse in Bocastle*«. Fünf Jahre vor ihrem englischen Abenteuer hatte Carl Lehmann seine Frau vor einem Aushebungsaufruf der englischen Armee fotografiert

die sie zunächst als Kriegstreiber in Verdacht hatte, hätten den Krieg nicht gewollt. Das Volk sei jedoch seit Jahren auf einen Krieg vorbereitet worden:[19] »Alles, was dazu dienen konnte, den Krieg unabwendbar erscheinen zu lassen, wurde herangezogen... Treitschke und Nietzsche wurden dargestellt als die Abgötter und Vorbilder aller Deutschen. Dies alles verschmilzt für den Engländer zu dem Bild eines Gegners, der es seit langem auf seine Selbständigkeit abgesehen hat und der außerdem, wie ihm die Presse suggeriert, tierische Grausamkeit und unergründliche List mit schier unwiderstehlicher Kraft vereinigt.« Deshalb werde England weiterkämpfen, selbst wenn es geschlagen wäre. Dennoch schritt, so Adams Lehmann, die Rekrutierung von Soldaten nur langsam voran, kein Engländer eile mit fliegenden Fahnen zu den Waffen.

Einen Beleg für die Furcht als Hauptmotiv findet sie in einem Phänomen, das gleichzeitig auch in Deutschland zu beobachten war: Spionageangst griff immer mehr um sich. »Nichts war zu phantastisch, um nicht Glauben zu finden, am häufigsten war es die deutsche Gouvernante mit Flinten und Bomben im Koffer.« Auch Hope selbst wurde als Spionin verdächtigt und es existiert eine umfängliche Korrespondenz über sie im britischen Außenministerium.[20] Wie sie vor dem Hintergrund dieser Hysterie wirkte, machen die

Erinnerungen der (nicht-sozialistischen) Suffragette Millicent Garrett Fawcett deutlich,[21] die ohne Namensnennung – sie schrieb: »a woman doctor, a Frau X., English by birth but married to a German and long resident in Germany« – eine sehr gehässige Schilderung dieses Besuches gibt. Hopes Mission wird hier so verdreht, als habe sie ihre englischen Freunde aufgefordert, ihren Einfluß für einen Friedensschluß zu verwenden, da die Deutschen ohnehin unbesiegbar seien. »She took up her abode first in one family and then in a second, and finally in a third, with all of whom I was well acquainted. I certainly wished her well our of the country, for she was frequently haunting our offices, and was there, in my opinion, for no good, as she was mainly bent on serving the purposes of her adopted country.«

Die in dieser Schilderung erkennbare Sicht auf Deutschland und die Deutschen als Feinde, denen man in keiner Weise trauen könne, wird auch von Hope in ihrem Bericht wiedergegeben: Niemand in England glaube an einen deutschen Verteidigungskrieg und ›der Deutsche‹ werde zum Inbegriff aller Untugenden gemacht. Doch ab Ende September habe es, so Adams Lehmann, zunehmend Stimmen gegeben, die zur Mäßigung mahnten und als Kriegsziel die dauernde Sicherheit vor möglichen Angriffen angaben. In der Arbeiterschaft glaube man nicht an den ewigen Völkerhaß. Die Pressezensur werde stark kritisiert.

Deutsche im Lande wurden offenbar insgesamt von den Behörden gut behandelt. Das galt auch für Hope selber, »obgleich man das Recht gehabt hätte, von mir und von den Freunden, bei denen ich wohnte, je 2000 M Strafe zu erheben oder sechs Monate Gefängnis mit schwerer Arbeit zu verhängen«. Sie durfte sich in England frei bewegen, aber nicht ausreisen. Erst die gemeinsamen Bemühungen eines Vetters, der radikales Parlamentsmitglied war – vermutlich war dies Athelstan Randall –, und des Präsidenten der British Medical Association hätten dafür den Ausschlag gegeben. Dazu nochmal Millicent Garrett Fawcettt:[22] »The situation became rather ridiculous. The offical view seemed to be that she was doing no harm here, and might as well remain... As a matter of fact all sorts of strings had to be pulled to obtain leave for her to depart.«

Doch als harmlos wurde sie keineswegs angesehen. In einer handschriftlichen Notiz des britischen Außenministeriums heißt es zu diesem Fall:[23] »I think, this is a dangerous woman, she is (by her marriage) an enemy alien and she cannot leave the country without a permit, which I venture to suggest should not be given to her. If she gets back to Munich, she may do considerable mischief. Her word is not ... trusted und she came ... with fraudulent papers, which in fact will afford an answer to her ›cranky‹ friends... if they make a fuss.« Auch der Unterstaatssekretär im Home Office, E. Grey, sprach sich zunächst gegen eine Ausreisegenehmigung aus. Letztlich plädierte dann ein Beamter des Foreign Office Ende Dezember für eine Ausreise, da Hope Adams Lehmann wohl eine »extreme Suffragette« und seiner Ansicht nach verrückt sei; in Deutschland werde sie vermutlich, so der Beamte, mehr Schaden anrichten als in England.[24]

Es gab jedoch nicht nur solche Stimmen, Hope Adams Lehmann begegnete auch anderen Menschen. In deren Schilderung werden die Konturen politischer Zukunftskonzepte sichtbar, wie sie auch Adams Lehmann selbst erstrebte:[25] »Sie vertraten den Gedanken von der Interessengemeinschaft der Völker und die Ansicht, daß kein Land auf Kosten anderer Länder sich Vorteile verschaffen könnte; daß nur das Land siegreich aus dem Krieg hervorgehen könnte, welches beim Friedensschluß als der Freund der anderen Länder dastünde.« Sie lobte Bertrand Russel für seine Analysen und Vorschläge: Augenblicklich halte sich jedes Land für den Angegriffenen, jedes Land führe Krieg nur aus Furcht. Allein ein Staatenbund Europas, oder besser noch der Welt, und Abrüstung könne die Interessen der Völker so pflegen, daß sie das Fürchten verlernten. Wenn Deutschland den Krieg gewönne, würde es seine Grenzen erweitern, Entschädigung verlangen und die Furcht der besiegten Nationen ins Unermeßliche steigern; die anderen Völker würden dann alle Kräfte auf einen nächsten Krieg konzentrieren, der vielleicht einen anderen Ausgang nehmen könnte. Das Gleiche wäre bei einem Sieg der Alliierten der Fall.

Solche Positionen vertrat nach Hopes Schilderung vor allem die ›Union for Democratic Control‹ mit ihren Gründern Charles Trevelyan M. P. (Member of Parliament, also Parlamentsmitglied), Ramsay Macdonald M. P., D. E. Morel, Arthur Ponsonby M. P., Norman Angell; ihre Programmpunkte lauteten: »1. Achtung der Nationalität; 2. Staatenbund Europas mit internationalem Parlament anstelle von geheimer Diplomatie; 3. Drastische Verminderung der Rüstungen, Verstaatlichung aller Kriegslieferungen; 4. Demokratische Kontrolle der auswärtigen Politik«.

Mit diesem Programm sympathisierten nach Adams Lehmanns Darstellung auch die Pazifisten sowie die ›Ethical Society‹; das war die Gruppierung, die Hope Adams Vater mitbegründet hatte. Mit dieser nonkonformistischen Society waren unter anderem verbunden Angell, Russel und Shaw. Sympathien für diese Pläne zeigten auch die ›Society of Friends‹ (Quäker), die radikalen Parlamentsmitglieder, die ›Independent Labour Party‹, ebenso, wie Hope vermutete, die Gewerkschaften und andere soziale Gruppen; außerdem die ›Fabian Society‹.

Die Konzepte für einen solchen Staatenbund, den Hope Adams Lehmanns Einschätzung nach in England auch Teile der Universitäten, der Literaten, der Kirchen und der Frauenvereine befürworteten, führte sie etwas näher aus. Dieses Konzept ist besonders interessant mit Blick auf die in den zwanziger Jahren und dann nochmals nach dem Zweiten Weltkrieg unternommenen Anstrengungen, durch internationale Zusammenschlüsse wie den ›Völkerbund‹ oder die ›Vereinten Nationen‹ eine Weltregierung zu schaffen und Kriege zu verhindern. Die »Beseitigung der Nationalrüstung«, so führt sie aus, werde über eine Zusammenlegung zu einem »internationalen Heer und einer internationalen Flotte unter internationalem Kommando zu Polizeizwecken in der ganzen Welt« durchführbar sein. Die Weltmeere müßten neutralisiert und die Meerengen in internationalen Besitz überführt werden. Ein Staatenbund sollte für Amerika offen sein, ebenso für Rußland. Organe des Bundes würden ein vom Volk gewähltes internationales Parlament und ständige internationale Ausschüsse sein.

Vor allem die Öffnung für Amerika und sogar für Rußland zeigt die weitgehende nationale Unvoreingenommenheit der Verfasser des Programms, aber auch von Hope selbst: Hier ist keine Rede von einem unverbesserlichen »russischen Aggressor«, wie er zur gleichen Zeit in Hopes Freundeskreis in München propagiert wurde. Hinzu kommt die Offenheit nach Osten, aber auch über den Atlantik, und damit eine Aufhebung des Eurozentrismus. Damit wird eine Entwicklung vorweggenommen, die eigentlich erst durch den Eintritt der USA in den Ersten Weltkrieg sichtbar wurde: die USA wandten sich der Weltpolitik zu.

Auf die Qualitäten der gegenüber den europäischen Konflikten außenstehenden USA setzte sie auch bei der Beseitigung von Ursachen des Krieges: Um die Nationalitätenfrage zu entschärfen, müßten in allen strittigen Regionen, so auch in Elsaß-Lothringen, Polen u.a., Volksabstimmungen stattfinden. Als Grundlage für Friedensverhandlungen sollte es dann eine Enquete durch Amerika und die neutralen Staaten geben, die die Vorgeschichte des Krieges zu untersuchen hätte. Wenn Deutschland zu Großmut imstande sei, stünde wohl von England solchen Friedensverhandlungen nichts im Wege;

es müsse nur eine Demütigung des Gegners vermieden werden. Sollte Deutschland über Amerika den Völkern solche Vorschläge vorlegen, könnte es auf große Zustimmung rechnen.

Im Januar 1915 kehrte Hope Adams Lehmann nach Deutschland zurück.[26] Im Februar 1915 unterbreitete sie ihre Vorschläge der bayerischen Regierung. Sicherlich, sie hatte viele dieser Gedanken nicht selbst erfunden, aber sie hatte sie sich zu eigen gemacht. Ihre guten Beziehungen zu England ermöglichten ihr Zugänge zu Personen und Informationen, die sonst unerreichbar gewesen wären. In einer Zeit der hysterischen Kriegspropaganda wollte sie der Stimme der Vernunft Raum schaffen. Für sie, die beide Länder kannte, gab es nicht ›Feinde‹ sondern Individuen mit unterschiedlichem Informationsstand und verschiedenen Interessen.

Das Modell, für das sie ihr Leben lang im Kleinen gewirkt hatte, war das eines friedlichen Europas. In dem Nachwort zu ihrer Broschüre schreibt sie: »Die Fragen, die beim Friedensschluß zur Entscheidung stehen, tragen das Schicksal Europas im Schoß. ... Ein Friede, gegründet auf die Demütigung irgendeines Gegners, hätte vielleicht Aussicht, fünf Jahre zu halten. Rache und Krieg, Wettrüsten und Volksverarmung sind unser Los, wenn wir einen solchen Frieden erstreben. Nicht Sicherheit, sondern Haß, Angriff und Vernichtung sind dem Lande vorbehalten, welches den Krieg als Sieger beschließt. Das ist der eine Weg, der vor uns offen liegt. Der andere ist der Staatenbund Europas, mit Amerika miteinbegriffen und in absehbarer Zeit die anderen Länder der Welt. Dann wäre unser Friede von Bestand, dann könnten die Völker in kluger Einteilung die Arbeit der Welt gemeinschaftlich in Angriff nehmen, dann wäre Raum und Zeit für alle Menschen, dann wäre das Leben wert, gelebt zu werden.« Hope Adams Lehmann hat diese Zeit nicht mehr erlebt. Aber ihr Mut und die Energie, mit der sie das als richtig Erkannte in die Tat umzusetzen bemüht war, ist bemerkenswert und bis heute beispielhaft.

Anmerkungen

[1] Häntzschel, »Nur wer feige ist, nimmt die Waffe in die Hand.«, S.18-40
[2] Pohl, Müller, S.140; Pohl, Der »Münchner Kreis«
[3] Scharlau / Zeman, Freibeuter, S.100 ff. und S.136 ff.
[4] Gaukel, Die Haltung der Studenten, S.20-22 sowie die Nachweise auf S.58 f. Ich danke Frau Gaukel, Universitätsarchiv Leipzig, für ihre freundlichen Hinweise.

5 Bayerisches Hauptstaatsarchiv MJu 20947 zur Zulassung Heinsfurters als Rechtsanwalt
6 Pohl, Der »Münchner Kreis«, S.73 f.; Grau, Johannes Timm, S.163-167; Pohl, Müller, S.141 f.
7 Pohl, Müller, S.133-154; ders., Der »Münchner Kreis«. Zu der sehr ambivalenten Haltung Müllers kann man auch anderer Meinung sein als Karl Heinrich Pohl
8 Bayerisches Hauptstaatsarchiv MA 97519, Schreiben vom 19.8.1914
9 Heymann, Dr. Hope Bridges Adams Lehmann +
10 Bayerisches Hauptstaatsarchiv MA 97519, Bericht vom 7.2.1915 »Kriegsgegner in England«
11 Bundesarchiv Potsdam Nachlaß Heine, 90 HE 1, Bd. 6, Adams Lehmann an Wolfgang Heine, 30.6.1915; Staatsarchiv München, Polizeidirektion München 4560, Überwachungsprotokoll einer Versammlung der Münchner Friedensvereinigung am 12.11.1915
12 Bayerisches Hauptstaatsarchiv MA 97519, Bericht vom 7.2.1915
13 Saint-Gille, Die Deutsch-Französin und die Politik, S.45 f.
14 Bauschinger (Hrsg.), Annette Kolb, S.90-92
15 Grau, Eisner, S.299-310; Pohl, Müller, S.132 f.
16 Adams Lehmann, Die Unterbrechung der Schwangerschaft, S.177
17 Dies und die folgenden Gedanken nach Bayerisches Hauptstaatsarchiv MA 97519, Bericht vom 7.2.1915
18 In den Unterlagen von Shaw lassen sich dazu jedoch keine Hinweise finden; freundliche Mitteilung von Dr.Anne Summers, Department of Manuscripts der British Library, vom 4.4.1995 sowie von Nuffield College, Oxford, zu den Papieren der Fabian Society
19 Über die Rolle der Presse in diesem Prozeß gibt es inzwischen eine Fülle an Literatur; vgl. z.B. Hiery, Angst und Krieg
20 Public Record Office London Foreign Office, Lehmann F.O. 318/372/526 (=58334 alt) und 528 (=85087 alt) Ich danke Florian Beck für seine Hilfe
21 Fawcett, What I remember, 1924, S. 222-225; ich danke Mary Ann Elston für den Hinweis
22 Fawcett, What I remember, S.224
23 Public Record Office London Foreign Office, Lehmann F.O. 318/372/526, Brief des director of public persecution vom 7.10.1914
24 Public Record Office London Foreign Office, Lehmann F.O. 318/372/526, Brief von Grey vom 10.10.1914 und Lehmann F.O. 318/372/528, Brief vom 21.12.1914
25 Bayerisches Hauptstaatsarchiv MA 97519, Bericht vom 7.2.1915
26 Bayerisches Hauptstaatsarchiv Stv. Generalkommando I. AK 1645, Grenzüberwachungsstelle Elten an das stellvertretenden Generalkommando in Münster, 6.1.1915, zur Einreise von Hope Adams Lehmann

Schluß

Hope Adams Lehmann kehrte im Januar 1915 aus England in eine leere Wohnung zurück: Carl Lehmann war seit November als Frontarzt in Vanciennes stationiert, die Tochter Mara lebte in Montevideo und der Sohn Dr. Heinz Walther war als Arzt in Jena tätig. Es war Hope während ihres Englandaufenthaltes gelungen, ihrer ehemaligen Kindergärtnerin und zukünftigen Schwiegertochter Miriam Allison, die bei Kriegsausbruch im Juli 1914 zu Besuch ihrer Mutter in England war und nicht mehr zur Hochzeit mit Heinz Walther nach Deutschland ausreisen durfte,[1] im Januar 1915 die Reise nach Zürich zu ermöglichen und nun kämpfte Heinz Walther darum, seine Braut nach München holen zu dürfen. Hope war damit beschäftigt, die Ergebnisse ihrer englischen Reise zu formulieren und auf verschiedene Weise öffentlich zu machen. So korrespondierte sie mit Hugo Haase und Wolfgang Heine vom SPD-Parteivorstand,[2] bemühte sich aber auch um eine Zensurfreigabe ihrer Broschüre beim Bayerischen Kriegsministerium und beim Auswärtigen Amt. Seit Anfang Februar wurde ihre gesamte Korrespondenz vom Bayerischen Kriegsministerium überwacht.[3] Sie litt in vieler Hinsicht sehr unter dem Krieg.[4]

Im April 1915 traf sie dann der schwerste Schlag: Dr. Carl Lehmann zog sich eine Blutvergiftung zu und starb innerhalb weniger Tage. Der Feldlazarettinspektor berichtete:[5] »Wahrscheinlich sind bösartige Eitererreger durch eine winzige Wunde eingedrungen und haben diesen riesenstarken, auch hier bei seinen Kollegen, den Beamten und den Kranken des Lazaretts gleich beliebten Mann in zwölf Tagen gefällt. Die Gattin des Verstorbenen, Frau Dr. Adams Lehmann, weilte seit vier Tagen am Krankenbett ihres Mannes, den ihre aufopfernde Pflege und die sorgfältige ärztliche Hilfe leider nicht zu retten vermochten. ... Die Spitzen der Etappenbehörden gaben dem Verblichenen das letzte Geleite. Drei Salven rollten über sein Grab, das von seinen vielen Freunden in allen politischen Parteilagern in Ehren und treuem Gedenken gehalten werden wird. Karl Lehmann wäre im August 50 Jahre alt geworden.« Hope Adams Lehmann bewahrte zwar ihre Haltung, aber, wie Lida Gustava Heymann schrieb, sie brach innerlich zusammen. Carl Lehmann war für sie der Kraftquell gewesen, dem sie ihre große Energie

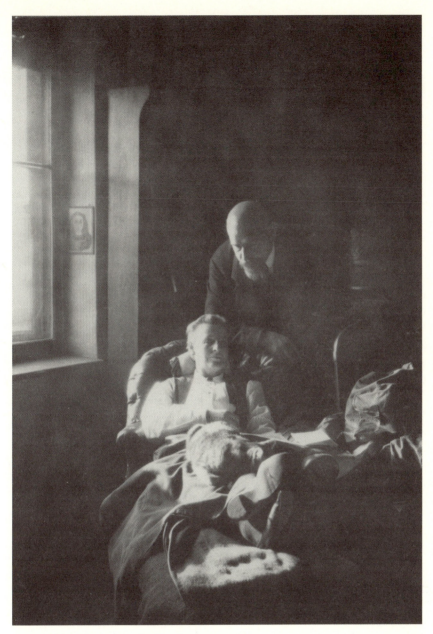

»C. und H., Moritz und Belinda. 1913«

verdankte, der Partner, mit dem es sich zu Leben lohnte und mit dem sie tief verbunden war

Die besondere Ausstrahlung Carl Lehmanns fing Franz Blei in einem Nekrolog für Carl Lehmann ein:[6] »Er war der freieste Mensch und war den Menschen hingegeben und verbunden wie keiner. Er war ein herrischer Herr und er diente ohne andere Beuge als der des menschlichen Herzens. Sein Wesen war gewaltsam und wo er stand und ging, da spürte man ihn, aber er war ganz erfüllt von der Güte eines Kindes. Von der Güte, die wortlos ist, aber voll einfacher Tat, die kein Wesens aus sich macht... Er war der seltene Mensch, der mit außerordentlichen Talenten sich in Reih und Glied der Menschheit am besten Platz fand, war Führender nicht aus Amt, Würde oder Zeichen, sondern als bester Kamerad der Menschheit. Ohne Dünkel wissend, ohne Ehrgeiz voller Ehre, ohne Worte treu, ohne Geste tapfer, aus Schwerstem helfend, als ob es nichts wäre, so war dieser Mensch und Mann der herrliche Kamerado, den Walt Whitman anruft, Felsrippe der sittlichen Welt. Ich habe seinesgleichen nie gesehen und wußte, er ist allein so... Er zauste einen wie ein Bär sein Junges und man liebte ihn. Seine Hand packte fest zu und hart, aber man wollte sie streicheln, denn in dieser eisernen Faust ballte sich die Güte allein. Daß er, dieser Kamerado, an die Zukunft glaubte, ließ einen mit ihm daran glauben. Cor cordium war dieser Mensch, stützendes Herz in der großen Mitte der weitesten Bogenspannung... Dieser unbeirrte starke Kind-Mann schritt den Weg des guten Helden, dessen Leben nicht eine Leistung, nicht ein Werk verlangt, um sich zu rechtfertigen, sondern dessen Lebensganzes ein großes Beispiel ist: dem Leben lebend zu dienen, hingeschüttet und ergeben... Wie unmittelbar aus der Hand Gottes war dieser Mensch, schwer und voll leichten Sinnes, alle Bürde tragend und ohne jede Sorge, nichts wollend, weil ganz Wille, ohne Pflichten, weil ganz verpflichtet.« Offenbar bewunderte Franz Blei Lehmann zutiefst. Er war für den differenzierten Schriftsteller, dem Robert Musil in seinem ›Mann ohne Eigenschaften‹ in der Person des Ulrich ein Denkmal setzte,[7] Gegensatz und Wunschbild in einem.

Hope Adams Lehmann löste ihre große Wohnung auf, die sie ihrem Sohn übergab, zog zusammen mit Toni Pfülf, der späteren sozialdemokratischen Reichstagsabgeordneten,[8] in ein Gartenhaus in der Leopoldstrasse,[9] sie ordnete ihre Korrespondenzen und stellte mehrere große Fotoalben über ihr Leben mit Carl Lehmann zusammen. Sie fragte bei alten Freunden wie Adolf Geck nach Informationen über die Zeit Carl Lehmanns unter dem Sozialistengesetz, weil Adolf Müller später einmal eine Biographie über ihn schreiben wolle.[10] Die Sektion Oberland des Alpenvereins setzte Lehmann ein Marterl auf der Filseralm in Stockdorf.[11] Hope hatte auch präzise Vorstellungen von einer Grabanlage in Valenciennes, die jedoch in einer Zeit des Völkerschlachtens nicht zu verwirklichen waren: »Trotz genauer Angaben gelang es in Kriegszeit nicht, das Grab nach meinem Wunsch richten zu lassen. An Stelle der Esche sollte eine Birke stehen und die Fläche nur von wildwachsenden Blumen gedeckt sein, damit Freunde, die das Grab besuchen, C.'s Geist dort treffen. Die französische Unterschrift ›La puissance d'aimer, la volonté d'agir. Zola‹, welche auf Anordnung der Militärbehörde entfernt werden mußte, soll nach dem Frieden wieder eingraviert werden. Bin ich dann nicht am Leben, so wird Heinz dafür sorgen. H.B.A.L.«[12]

Auch Hope Adams Lehmann Leben begann sich zu neigen. »Sie ist buchstäblich aus Gram nach Carls Tod gestorben«, schrieb Rosa Luxemburg.[13] Die längst überwundene Lungentuberkulose flammte bei ihr erneut auf und sie setzte dem nichts mehr entgegen. An Nahestehende sandte sie freundliche und warme Abschiedsbriefe,[14] so auch an Adolf Müller:[15] »Jetzt heißts Abschied nehmen ... Es kommt noch eine schöne Zeit, in der es eine Lust sein wird zu leben. Daß Carl und ich nicht dabei sein können, tut mir leid. Aber man darf nicht Alles haben wollen. Wenn man Alles gehabt hat, muß man auch einen Strich machen können. Was mich anbetrifft, so bin ich nicht einen Augenblick im Zweifel gewesen, über das, was mir zu tun bleibt.« Am 10. Oktober 1916 starb sie auf eigenen Wunsch.

»Die Herbstsonne strahlte über dem Ostfriedhof, überflutete Bäume und Gebüsch und hob den Zauber der Herbstfärbung noch kräftiger hervor. Es war ein stimmungsvoller Abschiedstag, würdig der Frau, deren sterbliche Reste in der Mitttagsstunde den Flammen übergeben wurden. Eine stattliche Anzahl Freunde und Verehrer hatten sich in der Aussegnungshalle eingefunden.«[16] Es sprachen die Vertreter all der Vereinigungen und Kreise, denen Adams Lehmann nahe gestanden hatte und so zeigte sich bei dieser Feier nochmals die Vielfalt der Interessen und des Engagements dieser Frau. Mehrfach wurde hervorgehoben, daß sie eine »geistige Erbschaft« hinterlassen habe, die eine Verpflichtung für die Zukunft darstelle.

Die Frage nach dieser »geistigen Erbschaft« ist es, die am Schluß nun noch einmal durchdacht werden soll. Hope Adams Lehmann war in keiner Weise ›bequem‹. Ihre Aktivitäten, Lebenskonzepte und Reformideen wirkten provozierend und sicherlich für viele Zeitgenossen mehr als utopisch. Adams Lehmann übte immer wieder heftige Kritik an der bestehenden Gesellschaft: Sie wandte sich gegen die soziale Ungleichheit auf vielen Ebenen – zwischen Mann und Frau, zwischen arm und reich; aber auch in der medizinischen Versorgung und im Krankenhaus. Gegen Hierarchien, beispielsweise in der Medizin, setzte sie Gedanken von Demokratisierung und der gleichberechtigten Arbeit an gemeinsamen Zielen.

Der Weg zu diesen großen Zielen lief für sie über Reform, und zwar Reform im Großen, also Gesellschaftsreform, aber auch im Kleinen, als Arbeit des Einzelnen an sich und seiner Umgebung. Diese Art der Reform war für sie die Revolution, die letztlich zu einer ›idealen‹ sozialistischen Gesellschaft führen würde. Im Großen bemühte sie sich selbst um Krankenhausreform und Schulreform, für die sie auch entsprechende Projekte entwarf und teilweise umsetzte. Im individuellen Bereich war es für sie der Kampf der «Vernunft» gegen die Unvernunft. Sie sah in der Aufklärung eine Möglichkeit, Wandel zu schaffen: Das versuchte sie mit Blick auf Krankheit und Gesundheit, in Bezug auf die Sexualität, letztlich sogar in Bezug auf die ›große Politik‹. Dahinter wird wieder ihr Grundoptimismus sichtbar: Die Gesellschaft war für sie veränderbar, ebenso der Mensch. Gesellschaftsreform, so läßt sich dies zusammenfassen, war für sie machbar durch Alltagsreform.

Besonderen Reformbedarf sah sie im intimsten Bereich: bei den Geschlechterrollen in Ehe und Beruf. Der zentrale Gedanke lag bei ihr darin, der Frau die gleiche Genußfähigkeit, Intelligenz und Aktivität zuzutrauen wie dem Mann. Der Weg dorthin ging über lernen, sich aussetzen, sich einsetzen. Dem zur Seite stand die Reform für den Mann. Zur erfüllten Sexualität, die sie für beide Geschlechter forderte, müsse die Gleichheit treten, denn nur Gleiche könnten Ungleichheit beseitigen. »Natur«, so die These, sei die Gleichheit von Mann und Frau, »Unnatur« die Fesselung in sozialen Gegensätzen und Geschlechterrollen.

Ihre Herkunft aus einer radikal reformorientierten englischen Nonkonformistenfamilie, die frühe Begegnung mit dem Sozialismus, und die lebenslange praktische und theoretische Beschäftigung mit Fragen der Reform gaben ihr die Möglichkeit, Lösungskonzepte anzubieten. Hinzu kam der Blick der zweisprachigen Migrantin auf ihre zwei Heimatländer, der sich mühelos auf Europa übertragen ließ: So hoffte sie, durch die Verbesserung der Sprachbeherrschung auch die Verständigung zwischen den Menschen zu verbessern und damit die Basis für eine friedfertige Weltgesellschaft zu legen. In mancher Hinsicht nimmt sie Gedanken vorweg, die erst hundert Jahre später realisierbar erscheinen. Das macht die »geistige Erbschaft« dieser Frau aus: Sie zeigte keine Scheu, sich auf eine andere Zukunft einzulassen.

Anmerkungen

1. Bayerisches Hauptstaatsarchiv MA 97519, Schreiben von Heinz Walther mit einer Darlegung des Falles vom 2.3.1915
2. Archiv der Sozialen Demokratie Nachlaß Heine, Briefe an Heine vom 24.3., 27.3., 12.5.30.6.1915
3. Bayerisches Hauptstaatsarchiv St. A.K. Generalkommando 1645, Einzelfälle L-M, Anweisung vom 3.2.1915
4. Heymann, Dr.Hope Bridges Adams Lehmann †, S.79
5. Münchener Post, Nachruf von Adolf Müller, darin der Bericht
6. Blei, Menschliche Betrachtungen, Nekrolog in 3. Aufl. 1916
7. Kiss, Franz Blei als Repräsentant der europäischen Moderne
8. Dertinger, Pfülff
9. Stadtarchiv München, Meldebogen Adams Lehmann und Toni Pfülf; das Gartenhaus lag in der Leopoldstraße 77, Rückgebäude und nach Hopes Tod blieb Toni Pfülf dort weiter wohnen.
10. Brief Hope Adams Lehmann an Geck vom 14.6.1915, zitiert nach Dittler, Adams Lehmann 2, S.222
11. Monacensia Literaturarchiv, Fotoalbum
12. Monacensia Literaturarchiv, Fotoalbum, Bildunterschrift des Fotos von der Grabanlage
13. Luxemburg, Gesammelte Briefe, Bd. 5, S.142, Brief vom 29.11.1916 an Clara Zetkin
14. Archiv der sozialen Demokratie Bonn Nachlaß Vollmar, Brief vom 16.9.1916
15. So z.B. an Julie von Vollmar oder Adolf Müller, vgl. Pohl, Müller, S.150, Brief vom 8.8.1916
16. Münchener Post vom 14.10.1915

Danksagung

Dieses Buch hat eine lange Geschichte. Die Spurensuche begleitete mich viele Jahre als historisch-kriminalistisches Vergnügen. Kolleginnen und Kollegen ließen sich von mir anstecken und halfen mit guten Ideen, Archivfundstücken, Kontakten. Mein großer Dank gilt hier Dr. Manuela Beck (München), die in Montevideo für mich die dortigen Nachkommen von Hope Adams Lehmann fand, Florian Beck (München), der in einem englischen Archiv fündig wurde, Dr. Jutta Schwarzkopf (Bremen), der ich die entscheidenden Hinweise auf die weiteren englischen Familienbeziehungen verdanke, Dr. Jane Martin (Northampten), die mir die Unterlagen über Mary Bridges Adams und weitere Informationen über die Familie zugänglich machte, Konrad Ott (München), mit dem zusammen ich das erste Fotoalbum entdeckte; Dr. Cornelie Usborne (London), Dr. Katharina Rowolt (London), Dr. Mary Anne Elston (London), Dr. Lesley Hall (London), Dr. Anne Summers (London), Dr. Maria A. Pinto-Correia (Lissabon), Gabi Einsele (Zürich) beantworteten ausführlich und freundlich meine Anfragen, ebenso die Mitarbeiterinnen und Mitarbeiter der Archive und Bibliotheken von ›London School of Economics‹, ›Nuffield College‹ in Oxford, ›The Royal College of Physicians of Ireland‹ in Dublin, ›Royal Free Hospital‹ in London, ›Kings College‹ London, ›Royal Holloway and New Bedford College‹ London, ›The Royal Society for the Encouragement of Arts, Manufactors and Commerce‹ London, ›The Institution of Civil Engineers‹ London, ›British Medical Association‹ London, ›United Reformed Church History Society‹ London. Sehr hilfreich waren außerdem Dr. Karen Gaukel im Uniarchiv Leipzig und viele andere Archivare und Archivarinnen in Berlin, Dresden, Gengenbach, München, Potsdam und Wiesbaden. Dank gebührt auch den weitverstreuten Familienangehörigen von Hope Adams Lehmann, so Clelia de Cabuto Etchegaray (Montevideo), Nicholas Bridges Adams und Frau (London), Brian Adams (London), Carola Schwarz (Gengenbach), Adalbert Schäfer (Gengenbach).

Den Ausgangspunkt meiner Beschäftigung mit Hope Adams Lehmann bildeten die Arbeiten von Prof. Dr. Karl Heinrich Pohl (Kiel), der diese Frau als erster ›entdeckt‹ und angemessen gewürdigt hat. Ihm bin ich in vieler Hinsicht zu Dank verpflichtet; er überließ mir »sein« Thema, stellte mir seine Archivalien und Unterlagen zur Verfügung und nahm regen Anteil am Entstehen des Buches. Mein Dank gilt auch der Stadt München, besonders Sabine Kinder, aber auch Dr. Angelika Baumann und Dr. Elisabeth Tworek, mit deren Hilfe die Ausstellung über Hope Adams Lehmann im Münchner Gasteig verwirklicht werden konnte; für die Realisierung der Ausstellung ist Jan Beenken, Gerhard Beyer und Franz Bobersky zu danken, ebenso dem Monacensia Literaturarchiv als wichtigstem Leihgeber der Fotos. Dank geht auch an Tillmann Roeder vom Buchendorfer Verlag für sein freundschaftliches Entgegenkommen bei der Drucklegung, der Bayerischen Volksstiftung für einen Druckkostenzuschuß, der stets hilfsbereiten Claudia Haase (Bremen) für tatkräftige technische Hilfe und meinem Mann Erich Kasberger für seine aktive und unermüdliche Teilnahme an einem langen Forschungsprozeß.

Bibliographie

Quellen

Ungedruckte Quellen

Adams, Brian: Stammbaum Familie Adams, London
Archiv der sozialen Demokratie Bonn Nachlaß Vollmar, Nachlaß Bebel, Nachlaß Heine
Archiv des Klosters Fiecht
Bayerische Staatsbibliothek Handschriftenabteilung, Nachlaß Gerda Walther Ana 317/BIII, Kasten 16
Bayerisches Hauptstaatsarchiv (BayHStA) MA (Außenministerium) 97519, MK (Kultusministerium) 40626, Stv. Generalkommando 1645, MJu (Justizministerium) 20947
Bedford College, Catalogue of the Archives of Bedford College, 1849-1985
British Library, Department of Manuscripts
Bundesarchiv Berlin R 1501 RmdI 10772
Bundesarchiv Potsdam Nachlaß Heine, 90 HE 1, Bd. 6
Generallandesarchiv Karlsruhe, Nachlaß Geck 95, Nr.3, Nr. 988
Hamburger Staatsarchiv 373-7 I-V, Register L, Nr. 180, Die Polizeibehörde, Abt.IV, Nr.1607 S, Auswandererlisten VIII A1, Band 253
Hessisches Hauptstaatsarchiv Wiesbaden, 405 Nr.1208, Nr.8423
Institut für Geschichte der Medizin der FU Berlin, Dokumentation der Ärztinnen aus dem Kaiserreich
King's College London (Archiv)
Lokalbaukommission München
Monacensia Literaturarchiv, Fotoalbum
Nuffield College Oxford (Archiv)
Public Record Office (Kew), Foreign-Office, Lehmann F.O. 318/372/526 (58334 alt) und /528 (85087 alt)
Sächsisches Hauptstaatsarchiv Dresden, Kreishauptmannschaft Leipzig 246, Ministerium für Volksbildung 10055/15, 11467
Sektion Oberland des Deutschen Alpenvereins, Fotoalbum; Notariatsakten
See-Berufsgenossenschaft Hamburg
Staatsarchiv München und Oberbayern, Staatsanwaltschaft 1834, Polizeidirektion München 4560, 4493
Stadt Frankfurt, Institut für Stadtgeschichte, Meldekartei
Stadtarchiv Dresden, Meldebögen
Stadtarchiv München, Meldebögen, Schulamt 1266, Schulamt 1297/11, Krankenanstalten 207, 208, 211, 230; Krankenhaus rechts der Isar 19, 20; Krankenhaus München-Schwabing 24, 75, Sitzungsberichte des Kollegiums der Gemeindebevollmächtigten 1909-1914; Bürgermeister und Rat 154
The Royal College of Physicians of Ireland, Dublin (King's and Queens College of Physicians), Roll of Licentiates in Medicine

Universitätsarchiv Leipzig, GA X M1, Hörerlisten ab Wintersemester 1876/77, Hörerscheine WS 1873/74-31.12.1889, Med. Fak. B VII, 8, Rep.II/IV/35
Universitätsarchiv München, Sen 25/16, 25/20, 25/21 25/24, 25/33, 25/34, 25/37; Sen 57, 109, 126, 560
University College London (Archiv), Place Papers

Gedruckte Quellen

Adams, William Bridges: English Pleasure Carriages, London 1837
Ders.: Roads and Rails, London 1864
Adreß- und Geschäftshandbücher der kgl. Residenzstadt Dresden, 1875-1879
Adreßbücher der kgl. Haupt- und Residenzstadt München 1896-1916
Altonaer Adreßbuch 1885
Amtliches Verzeichnis des Personals und der Studierenden der Universität Straßburg 1872-1918
Augspurg, Anita: Ein typischer Fall der Gegenwart. Offener Brief (1905), in: Janssen-Jurreit (Hrsg.), Frauen und Sexualmoral, Frankfurt a. M. 1986, S.101-107
Bäumer, Gertrud: Was bedeutet in der deutschen Frauenbewegung »jüngere« und »ältere« Richtung?, in: Die Frau 12 /1904/05), S.323-325
Dies.: Die neue Ethik, in: Die Frau 12 (1904/05), S.705
Becker, Franz: »Gesundheit im Haus«, in: Die Frau. Monatsschrift für das gesamte Frauenleben 7 (1899-1900), S.263-265
Belli, Joseph: Die rote Feldpost unterm Sozialistengesetz, Berlin 1912, Neuauflage Berlin 1956
Bebel, August: Die Frau und der Sozialismus (Die Frau in der Vergangenheit, Gegenwart und Zukunft), Stuttgart 91891
Ders.: Woman in the Past, Present and Future, London 1885 (übers. von Hope Bridges Adams Walther)
Ders.: Ausgewählte Reden und Schriften, Bd.2.2, Berlin 1978
Bericht über die erste Versuchsklasse an der Schule an der Hohenzollernschule, o.O. (München) o.J. (1911)
Bischoff, Theodor: Das Studium und die Ausübung der Medizin durch Frauen, München 1872
Blackwell, Elizabeth: Pioneer Work in Opening the Medical Profession to Woman, London 1895
Dies.: The Human Element in Sex, in: Essays in Medical Sociology, Bd. 1, London 1902
Blei, Franz: Menschliche Betrachtungen (Nekrolog für Carl Lehmann in der dritten Auflage), München 1916
Blei, Franz: Erzählung eines Lebens, Leipzig 1930
Brentano, Lujo: Die Malthussche Lehre und die Bevölkerungsbewegung der letzten Dezennien, Abhandlungen der historischen Klasse der Kgl. Akademie der Wissenschaften Bd.24, München 1912, S.600-625
Bryan, B.: Th Vivisectors Directory, hrsg. von der Victorian Street Society for the Abolition of Vivisection, London 1884
Deutscher und Österreichischer Alpenverein, Sektion Oberland, Jahresberichte 1899-1915

Engels, Friedrich: Soziales aus Rußland (1875), in: Internationales aus dem
»Volksstaat« (1871-1875), Berlin 1894, in: Marx-Engels Gesamtausgabe IV,
S.348
Epstein, Mieczyslaw: Der Arbeiterschutz unter besonderer Berücksichtigung
der Werkstatthygiene, Berlin 1906
Ders.: Ein Programmentwurf der Kommission für Arbeiterhygiene und -statistik, in: Bayerisches Ärztliches Correspondenzblatt Nr. 15 (1904), S.165 f.
Ders.: Berichte der Kommission für Arbeiterhygiene und -statistik der Abteilung für freie Arztwahl 1904-1906, München 1906
Ders.: Kommission für Arbeiterhygiene und -statistik der Abteilung für freie
Arztwahl, in: Bayerisches Ärztliches Correspondenzblatt, Nr. 1 (1908), S. 2 f.
Ders.: Berichte der Kommission für Arbeiterhygiene und -statistik der Abteilung für freie Arztwahl 1907-1909, München 1910
‚Ethical Society' Homepage http://www.ethicalsoc.org.uk
Fendrich, Anton: Hundert Jahre Tränen. 1848-1948, Karlsruhe 1953
Fischer-Dückelmann, Anna: Die Frau als Hausärztin. Ein ärztliches Nachschlagebuch für die Frau, München 1901
Fontane, Theodor: Romane, München 1976, darin »Effi Briest« und »Frau Jenny Treibel«
Fawcett, Millicent Garrett: What I remember, London 1924
Frankenburger, A.: Das Medizinstudium der Frauen, in: Bayerisches Ärztliches
Correspondenzblatt, Nr.10, 1899, S.98
Geck, Eugen: Sozialistengesetz in Baden, in: Volksfreund (Karlsruhe),
20.10.1928
Geck, Oskar, Hope Adams Lehmann †, in: Mannheimer Volksstimme, nachgedruckt in: Volksfreund, 20.10.1916
Gewerbeordnung für das Deutsche Reich von 1871, § 30 II, zur Kurierfreiheit
Gruber, Max von: Ein flammender Weckruf gegen die geschlechtliche Zügellosigkeit, in: Allgemeine Rundschau 15.2.1908, S.100
Ders.: Ursachen und Bekämpfung des Geburtenrückgangs im Deutschen Reich,
Münchner Medizinische Wochenschrift vom 5.5.1914, S.1024-1040
Heymann, Lida Gustava: Dr.Hope Bridges Adams Lehmann †, in: Die Frauenbewegung. Organ für die staatsbürgerliche Bildung der Frau 22 (1916), S.79
Dies./Augspurg, Anita: Erlebtes-Erschautes. Deutsche Frauen kämpfen für
Freiheit, Recht und Frieden 1850-1940, hrsg. von Margit Twellmann, Frankfurt a.M. 1992
Horch, Hermann: Dr. H. B. Adams-Lehmann, München: Die Unterbrechung
der Schwangerschaft, in: Archiv für Kriminologie 68 (1917), S. 75-79
Jex-Blake, Sophia: A Medical Woman. Medicine as a Profession for Woman, in:
The Medical Education of Woman, Edinburg 1886
Kautsky, Luise: Rosa Luxemburg, ein Gedenkbuch, Berlin 1929
Kirchhoff, Arthur: Die akademische Frau. Gutachten hervorragender Universitätsprofessoren, Frauenlehrer und Schriftsteller über die Befähigung der Frau
zum wissenschaftlichen Studium und Berufe, Berlin 1897
Lange, Helene: »Das Frauenbuch«, in: Die Frau 5 (1898), S.252
Dies.: Die Frauenbewegung und die moderne Ehekritik, in: Gertrud Bäumer
u.a. (Hrsg.), Frauenbewegung und Sexualethik. Beiträge zur modernen Ehekritik, Heilbronn 21909, S.78-102

Lehmann, Carl/Parvus (=Israil Lasarewitsch Helphand): Das hungernde Rußland. Reiseeindrücke, Beobachtungen und Untersuchungen, Stuttgart 1900
Lehmann, Carl: Die Forderung der freien Arztwahl, in: Die Neue Zeit 22 (1904), S.516-518
Lewinsohn, Richard: Die Stellung der deutschen Sozialdemokraten zur Bevölkerungsfrage, in: Schmollers Jahrbuch 46 (1922)
Luxemburg, Rosa: Gesammelte Briefe, hrsg. von Benedikt Kautsky, Bd. 2, Berlin 1930
Mitteilungen des Deutschen und Österreichischen Alpenvereins, n.F. 22 (1906), n.F. 24 (1908), Nr. 6, S.80 f., n.F. 25 (1909), Nr.11, S.144
Mitteilungen des Statistischen Amtes der Stadt München, Bd.24 (1912)
Möbius, Paul: Der physiologische Schwachsinn des Weibes, Halle ^{7}1905
Pataky, Sophie (Hrsg.): Lexikon deutscher Frauen der Feder, Berlin 1898
Reventlow, Franziska zu: Herrn Dames Aufzeichnungen oder Begebenheiten aus einem merkwürdigen Stadtteil, München 1913
Schröter, Th.: H.B.Adams-Lehmann, Dr.med., Vorbereitung der Frau zur Lebensarbeit, in: Die Neue Zeit 18 (1900), S.276-278
Springer, Jenny: Die Ärztin im Haus. Ein Buch der Belehrung für Gesunde und Kranke über die wichtigsten Fragen der Gesundheitslehre und Heilkunde, 2 Bde., Dresden 1910
Stenographische Berichte der Verhandlungen der Kammer der Abgeordneten des Bayerischen Landtags, Bd.9 (1914)
Stern, Leo (Hrsg.): Die Auswirkungen der ersten Russischen Revolution von 1905-1907 auf Deutschland, Berlin 1956
Stöcker, Helene: Weibliche Erotik (1903), in: dies., Die Liebe und die Frauen, Minden 1906
Straus, Rahel: Wege zur sexuellen Aufklärung, München 1931
Dies.: Wir lebten in Deutschland. Erinnerungen einer deutschen Jüdin 1880-1933, Stuttgart 1961
Tiburtius, Franziska: Erinnerungen einer Achtzigjährigen, Berlin 21925
Universität München, Personalverzeichnisse 1900 bis 1933
Verhandlungen der 54. Generalversammlung der Katholiken Deutschlands in Würzburg, 25.-29.8.1907
Verhandlungen des ordentlichen Landtages im Königreich Sachsen 1879/80, 1. Kammer, Bd. 1
Walther, Gerda: Zum anderen Ufer. Vom Marxismus und Atheismus zum Christentum, Remagen 1960
Weber, Marianne: Sexual-ethische Prinzipienfrage (1907), in: dies.: Frauendinge und Frauengedanken (Gesammelte Aufsätze), Tübingen 1919
Who was Who 1897-1916, 1920
Widdess, J.D.H.: A History of the Royal College of Physicians of Ireland 1654-1963, Edinburgh/London 1963
Wolzogen, Ernst von: Das dritte Geschlecht, München 1899
Zetkin, Clara: Zu den Anfängen der proletarischen Frauenbewegung in Deutschland, Berlin 1956

Schriften von Hope Bridges Adams Lehmann (Adams Walther)

Adams, Hope Bridges: On Medical Education, in: The Lancet (1881), Vol.II, S.584 f.
Dies.: Hämoglobinausscheidung in der Niere (Diss.med.), Leipzig 1880
Adams Walther, Hope Bridges: Die Hebammenfrage, in: Centralblatt für Gynäkologie 20 (1884), S.303-310
Dies.: Mann und Weib, in: Die Neue Zeit 12 (1894),S.388-391, 420-428
Adams, Hope Bridges: Frauenstudium und Frauentauglichkeit, in: Deutsche Medizinische Wochenschrift 22 (1896), S.28 f.
Dies.: Das Frauenbuch. Ein ärztlicher Ratgeber für die Frau in der Familie und bei Frauenkrankheiten, 2 Bde., Stuttgart 1896
Adams Lehmann, Hope Bridges: Zur Psychologie der Frau, in: Die Neue Zeit 15 (1897), S.591-596
Dies.: Das Weib in seiner Geschlechtsindividualität, Die Neue Zeit 15 (1897), S.741-750
Dies: Die Frau vor der Wissenschaft, in: Die Neue Zeit 16 (1898), S.251-258
Dies.: Der Säugling und seine Ernährung, in: Die Neue Zeit 16 (1898), S.781-789
Dies.: Die Gesundheit im Haus. Ein ärztliches Hausbuch für die Frau, Stuttgart 1898
Dies.: Die sogenannte Naturheilkunde, in: Die Neue Zeit 17 (1899), S.115-117
Dies.: Gesundheitspflege für die arbeitenden Klassen, in: Die Neue Zeit 17 (1899), S.283
Dies.: Ärztliche Patrouillengänge, in: Die Neue Zeit 17 (1899), S.317 f.
Dies.: Der Vegetarismus, in: Die Neue Zeit 17 (1899), S.364-368
Dies.: Das Ideal der Frauenwelt. Beiträge zur Bekleidungsfrage, in: Die Neue Zeit 17 (1898), S.667
Dies.: Diskrete Nervenschwäche, in: Die Neue Zeit 17 (1898), S.767 f.
Dies.: Die Vorbereitung der Frau zur Lebensarbeit, Zürich und Leipzig 1899
Dies.: Das Weib und der Stier, in: Die Neue Zeit 19 (1901), S.4-14
Dies.: Neue Geschlechtsbahnen, in: Sozialistische Monatshefte 5 (1901), S.863-867
Dies.: Notizen (Antwort auf eine Kritik an »Neue Geschlechtsbahnen«), in: Sozialistische Monatshefte 5 (1901), S.746
Dies.: Thirty Years Ago, in: Bedford College (University of London) Magazine, Nr. 49, Dezember 1902, S.31-33
Dies.: Die Arbeit der Frau, in: Sozialistische Monatshefte 9 (1905), S.1031-1037; wieder abgedruckt in: Wally Zepler (Hrsg.): Sozialismus und Frauenfrage, Berlin 1919, S.46-54
Dies.: Zum Frauenheim, in: Bayerisches Ärztliches Correspondenzblatt, Nr.2 (1906), S.9-12
Dies.: Die Schule der Zukunft, in: Die Neue Zeit 25 (1907), S.337-344
Dies.: Sexuelle Pädagogik, in: Sozialistische Monatshefte 11 (1907), S.749-760
Dies.: Das wilde Heer, in: Sozialistische Monatshefte 12 (1908), S.1166-1172
Dies.: Das Frauenheim, in: Bayerisches Ärztliches Correspondenzblatt Nr. 15 (1909), S.194 f.
Dies.: Das Frauenheim in München, in: Münchener Medizinische Wochenschrift 56 (1909), S.1622
Dies.: Mutterschutz, in: Sozialistische Monatshefte 15 (1911), S.1242-1245

Dies.: Beruf und Ehe, in: Sozialistische Monatshefte 16 (1912), S.1204-1208
Dies.: Das Frauenheim, Beilage: Mitglieder-Verzeichnis des Vereins Frauenheim e.V. in München, München 1913
Dies.: Die Unterbrechung der Schwangerschaft, in: Zeitschrift für die gesamte Strafrechtswissenschaft 38 (1917), S.173-184
Anonym [Adams Lehmann, Hope Bridges]: Kriegsgegner in England. Nach englischen Quellen, München 1915

Literatur

Abrahms, Lynn/Harvey, Elisabeth (Hrsg.): Gender Relations in German History, London 1997
Albisetti, James C.: The Fight for Female Physicians in Imperial Germany, in: Central European History 15 (1982), S.99-123
Andersen, Arne/Falter, Reinhard: Die ›Rauchplage‹. Großtechnologie und frühe Großstadtkritik, in: Friedrich Prinz/Marita Krauss (Hrsg.), München – Musenstadt, München 1988, S.191-194
Angermair, Elisabeth: Eduard Schmid (1861-1933). Ein sozialdemokratischer Bürgermeister in schwerer Zeit, München 2001
Bachmann, Barbara: Medizinstudium von Frauen in Bern 1871-1914, Diss. Bern 1998
Bäumler, Ernst: Verschwörung in Schwabing. Lenins Begegnung mit Deutschland, München u.a. 1991
Bartelsheim, Ursula: Bürgersinn und Parteiinteresse. Kommunalpolitik in Frankfurt a. Main 1848-1914, Frankfurt a. M. 1997
Bauer, Richard/Graf, Eva: Stadt und Vorstadt. Münchner Architekturen, Situationen und Szenen 1895-1935, fotografiert von Georg Pettendorfer, Einleitung, München 1990
Bauschinger, Sigrid (Hrsg.): Ich habe etwas zu sagen. Annette Kolb 1870-1967, München 1993
Bauth, Friedrich Wilhelm: Adams, Sarah, in: Biographisch-Bibliographisches Kirchenlexikon, Bd. I, 1990, Sp.33
Benker, Gitta/Störmer, Senta: Grenzüberschreitungen. Studentinnen in der Weimarer Republik, Pfaffenweiler 1991
Bergmann, Anna: Frauen, Männer, Sexualität und Geburtenkontrolle. Zur »Gebärstreikdebatte der SPD 1913«, in: Karin Hausen/Annette Kuhn (Hrsg.), Frauen suchen ihre Geschichte, München 1983, S.81-108
Dies.: Von der »unbefleckten Empfängnis« zur »Rationalisierung des Geschlechtslebens«. Gedanken zur Debatte um den Geburtenrückgang vor dem Ersten Weltkrieg, in: Johanna Geyer-Kordesch/Annette Kuhn (Hrsg.), Frauenkörper, Medizin, Sexualität, Düsseldorf 1986, S.127-158
Dies.: Die verhütete Sexualität, Die Anfänge der modernen Geburtenkontrolle, Hamburg 1992
Biographisches Handbuch der deutschsprachigen Emigration, hrsg. von der Leo-Baeck-Foundation und dem Institut für Zeitgeschichte, München u.a. 1980-83
Biographisches Lexikon der hervorragenden Ärzte aller Zeiten und Völker, München/Berlin 1962, Bd. 5

Bischoff, Claudia: Frauen in der Krankenpflege. Zur Entwicklung von Frauenrolle und Frauenberufstätigkeit im 19. und 20. Jahrhundert, Frankfurt a. M. u.a. 1992
Blasius, Dirk: Ehescheidung in Deutschland 1794-1945. Scheidung und Scheidungsrecht in historischer Perspektive, Göttingen 1987
Bleker, Johanna: Die ersten Ärztinnen und ihre Gesundheitsbücher für Frauen. Hope Bridges Adams Lehmann (1855-1916), Anna Fischer-Dückelmann (1856-1917) und Jenny Springer (1860-1917), in: Eva Brinkschulte (Hrsg.): Weibliche Ärzte, Berlin 1993, S.65-83
Dies./Schleiermacher, Sabine: Ärztinnen aus dem Kaiserreich. Lebensläufe einer Generation, Weinheim 2000
Bock, Irmgard: Pädagogik und Schule. Stadtschulrat Kerschensteiner, in: Friedrich Prinz/Marita Krauss (Hrsg.), München – Musenstadt, München 1988, S.213-219
Bonner, T.N.: To the End of the Earth, Havard University Press 1992
Bornemann, Regina: Erste weibliche Ärzte. Die Beispiele der »Fräulein Doctores« Emilie Lehmus (1841-1932) und Franziska Tiburtius (1843-1927). Biographisches und Autobiographisches, in: Eva Brinkschulte (Hrsg.), Weibliche Ärzte, Berlin 1993, S.24-32
Brentjes, Sonja/Schlote, Karl-Heinz: Zum Frauenstudium an der Universität Leipzig in der Zeit von 1870 bis 1910, in: Jahrbuch für Regionalgeschichte und Landeskunde 19 (1993/94), S.57-75
Brinkschulte, Eva (Hrsg.): Weibliche Ärzte. Die Durchsetzung des Berufsbildes in Deutschland, Berlin 1993
Brückl, Hans: Die Münchener Versuchsschule, in: Hans Reinlein (Hrsg.), Münchner Volksschulwesen, München 1929/30, S.50-56
Bruns, Brigitte/Herz, Rudolf: Das Hof-Atelier Elvira, München 1988
Burchardt, Anja: Die Durchsetzung des medizinischen Frauenstudiums in Deutschland, in: Eva Brinkschulte (Hrsg.), Weibliche Ärzte, Berlin 1993, S.10-21
Bussemer, Herrad Ulrike: Bürgerliche und proletarische Frauenbewegung (1865-1914), in: Annette Kuhn/Gerhard Schneider (Hrsg.): Frauen in der Geschichte, Düsseldorf 1970, S.34-55
Bußmann, Hadumod (Hrsg.), Stieftöchter der Alma Mater? 90 Jahre Frauenstudium in Bayern am Beispiel der Universität München, München 1993
Caine, Barbara: Victorian Feminists, Oxford University Press 1992
Dies.: English Feminism 1780-1980, Oxford University Press 1997
Condrau, Flurin: Lungenheilanstalt und Patientenschicksal. Sozialgeschichte der Tuberkulose in Deutschland und England im späten 19. und frühen 20. Jahrhunderts, Göttingen 2000
Costas, Ilse: Der Zugang der Frauen zu akademischen Karrieren, in: Häntzschel/Bußmann (Hrsg.), Bedrohlich gescheit, München 1997, S.15-34
Dies.: Der Kampf um das Frauenstudium im internationalen Vergleich, in: Anne Schlüter (Hrsg.), Pionierinnen, Feministinnen, Karrierefrauen? Zur Geschichte des Frauenstudiums in Deutschland, Pfaffenweiler 1992, S.115-144
Dertinger, Antje: Dazwischen liegt nur der Tod. Leben und Sterben der Sozialistin Toni Pfülf, Berlin/Bonn 1984
Dilk, Anja: In zwei Sprachen zu Hause, in: Beilage zur Süddeutschen Zeitung »Aus- und Weiterbildung«, Nr.69, 1995

Dittler, Erwin: Erinnerungen an Dr. Carl und Dr. Hope Bridges Adams Lehmann und die Zeit unterm Sozialistengesetz Teil 1 und Teil 2, Kehl-Goldscheuer (Selbstverlag) 1993

Ders.: Dr. Carl Lehmann (1865-1915), in: Badische Heimat 3 (1994), S.441-460

Döbereiner, Manfred: Industrielle Arbeitswelt in München um 1900. Der Wandel in Werkstätten und Fabriken, in: Friedrich Prinz/Marita Krauss (Hrsg.), München – Musenstadt, München 1988, S. 175-180

Dornemann, Luise: Clara Zetkin, Leben und Wirken, Berlin (Ost) 1985

Drees, Annette: Die Ärzte auf dem Weg zu Prestige und Wohlstand. Sozialgeschichte der württembergischen Ärzte im 19.Jahrhundert, Münster 1988

Dünnebier, Anna/Scheu, Ursula: Die Rebellion ist eine Frau. Anita Augspurg und Lida Gustava Heymann, das schillerndste Paar der Frauenbewegung, München 2002

Duncker, Renate: Zur Vorgeschichte des Frauenstudiums an der Universität Leipzig. Aktenbericht, in: Hellmut Kretzschmar (Hrsg.), Vom Mittelalter zur Neuzeit. Zum 65. Geburtstag von Heinrich Sproemberg, Berlin 1956, S.278-290

Eckardt, Hans Wilhem: Herrschaftliche Jagd, bäuerliche Not und bürgerliche Kritik. Zur Geschichte der fürstlichen und adeligen Jagdprivilegien vornehmlich im südwestlichen Raum, Göttingen 1976

Eichler, Volker: Sozialistische Arbeiterbewegung in Frankfurt a. M. 1878-1895, Frankfurt a. M. 1983

Eisenhauer, Gregor: Der Literat Franz Blei. Ein biographischer Essay, Tübingen 1993

Elkeles, Barbara, Der Patient und das Krankenhaus, in: Alfons Labisch/Reinhard Spree (Hrsg.), Zur Sozialgeschichte, Frankfurt u.a., S.357-373

Ellis, Hamilton: Twenty Locomotive Men, London 1958

Elston, Mary Ann: Woman and Anti-Vivisection in Victorian England, 1870-1910, in: N. Ruphe (Hrsg.), Vivisection in Historical Perspective, London 1987, S.259-283

Engelmann, Roger: Öffentlichkeit und Zensur. Literatur und Theater als Provokation, in: Friedrich Prinz/Marita Krauss (Hrsg.), München – Musenstadt, München 1988, S.267-276

Evans, Richard: The Feminist movement in Germany 1884-1933, London 1976

Ders.: Sozialdemokratie und Frauenemanzipation im Deutschen Kaiserreich, Bonn 1979

Frevert, Ute: Frauen und Ärzte im späten 18. und frühen 19. Jahrhundert – zur Sozialgeschichte eines Gewaltverhältnisses, in: Annette Kuhn/Jörn Rüsen (Hrsg.), Frauen in der Geschichte, Düsseldorf 1982, S.177-210

Dies.:»Fürsorgliche Belagerung«: Hygienebewegung und Arbeiterfrauen im 19. und frühen 20. Jahrhundert, in: Geschichte und Gesellschaft 11 (1985), S.420-446

Dies.: »Mann und Weib und Weib und Mann«. Geschlechter-Differenzen in der Moderne, München 1995

Gaukel, Karen: Die Haltung der Studenten der Universität Leipzig zur Arbeiterbewegung in der Zeit des Sozialistengesetzes 1878-1890, Diplomarbeit masch., Leipzig 1985

Gemkow, Michael Alexander: Ärztinnen und Studentinnen in der Münchner Medicinischen Wochenschrift 1870-1914, Diss. masch. München 1991

Geyer-Kordesch, Johanna: Realisierung und Verlust ›weiblicher Identität‹ bei erfolgreichen Frauen. Die erste Ärztinnengeneration und ihre Medizinkritik, in: Karin Hausen/Helga Nowotny (Hrsg.), Wie männlich ist die Wissenschaft? Frankfurt a. M. 1986, S.213-236

Dies.: Geschlecht und Gesellschaft: Die ersten Ärztinnen und sozialpolitische Vorurteile, in: Berichte zur Wissenschaftsgeschichte 10 (1987), S.195-205

Dies.: Sozialhygiene und Sexualreform. Die Kritik der »Feministinnen« in England im 19. Jahrhundert, in: Jürgen Reulecke/Adelheid Gräfin zu Castell-Rüdenhausen (Hrsg.), Stadt und Gesundheit, Stuttgart 1991, S.257-270

Gleadle, Kathryn: The Early Feminists. Radical Unitarians and the Emergence of the Womans's Rights Movement, 1831-1851, New York/London 1995

Göckenjahn, Gerd.: Medizin und Ärzte als Faktor der Disziplinierung der Unterschichten: Der Kassenarzt, in: Christoph Sachßse/Florian Tennstedt, Soziale Sicherheit und soziale Disziplinierung, Frankfurt a. M. 1986, S.286-309

Götz, Nobert/Schack-Simitzis, Clementine (Hrsg.): Die Prinzregentenzeit. Katalog zur Ausstellung im Münchner Stadtmuseum, München 1988

Götze, Dieter: Clara Zetkin, Leipzig 1982

Grau, Bernhard: Johannes Timm – ein sozialdemokratischer Parteifunktionär, in: Hartmut Mehringer (Hrsg.), Von der Klassenbewegung zur Volkspartei. Wegmarken der Münchner Sozialdemokratie 1892-1992, München u.a. 1992, S.163-167

Grau, Bernhard, Kurt Eisner, 1867-1919. Eine Biographie, München 2001

Großmann, Atina: Die »Neue Frau« und die Rationalisierung der Sexualität in der Weimarer Republik, in: Ann Snitow u.a. (Hrsg.), Die Politik des Begehrens. Sexualität, Pornographie und neuer Puritanismus in den USA, Berlin 1985, S.38-62

Dies.: Mutterschaft und Modernität. Deutsche Ärztinnen in der Weimarer Republik, zur Zeit des Nationalsozialismus, im Exil und in der Nachkriegszeit, in: Institut für Sozialforschung (Hrsg.), Geschlechterverhältnisse und Politik, Frankfurt a. M. 1994, S.288-310

Dies.: Reforming Sex. The German Movement for Birth Control and Abolition Reform 1920-1950, New York 1995

Hackett, Amy: Helene Stöcker: Left Wing Intellectual and Sex Reformer, in: Renate Bridenthal u.a. (Hrsg.), When Biology became Destiny, New York 1981, S.109-130

Häntzschel, Hiltrud: »Nur wer feige ist, nimmt die Waffe in die Hand.« München – Zentrum der Frauenfriedensbewegung 1899-1933, in: Sybille Kraft (Hrsg.), Zwischen den Fronten. Münchner Frauen in Krieg und Frieden 1900 bis 1950, München 1995, S.18-40

Häntzschel, Hiltrud/Bußmann, Hadumod (Hrsg.): Bedrohlich gescheit. Ein Jahrhundert Frauen und Wissenschaft in Bayern, München 1997

Haertle, Karl-Maria: Münchens ›verdrängte‹ Industrie, in: Friedrich Prinz/Marita Krauss (Hrsg.), München – Musenstadt, München 1988, S.164-174

Hannerz, Ulf: Exploring the city: Inquiries toward an urban anthropology, New York 1980

Hausen, Karin: Die Polarisierung der »Geschlechtscharaktere«, in: Werner Conze (Hrsg.), Sozialgeschichte der Familie in der Neuzeit Europas, Stuttgart 1976, S.363-393

Dies./Nowotny, Helga (Hrsg.): Wie männlich ist die Wissenschaft?, Frankfurt a. M. 1986
Hiery, Hermann Joseph: Angst und Krieg. Die Angst als bestimmender Faktor im Ersten Weltkrieg, in: Franz Bosbach (Hrsg.), Angst und Politik in der europäischen Geschichte, Dettelbach 2000, S.167-224
Hengartner, Thomas: Forschungsfeld Stadt. Zur Geschichte der volkskundlichen Erforschung städtischer Lebensformen, Berlin u.a. 1999
Heresch, Elisabeth: Geheimakte Parvus. Die gekaufte Revolution, München 2000
Hitzer, Friedrich: Lenin in München. Dokumentation und Bericht, München 1977
Höpfner, Christa/Schubert, Irmtraud: Lenin in Deutschland, Berlin (Ost) 1980
Hoesch, Kristin: Die Kliniken weiblicher Ärzte in Berlin 1877-1933, in: Eva Brinkschulte (Hrsg.), Weibliche Ärzte, Berlin 1993, S.44-55
Holis, Patricia: Ladies Elect. Woman in English Lokal Government 1865-1914, Oxford 1987
Honeycott, Karen: Clara Zetkin. A left-wing Socialist and Feminist in Wilhelmian Germany, New York (Columbia Press) 1975
Huerkamp, Claudia: Der Aufstieg der Ärzte im 19. Jahrhundert. Vom gelehrten Stand zum professionellen Experten. Das Beispiel Preußen, Göttingen 1985
Dies.: Medizinische Lebensformen im späten 19. Jahrhundert. Die Naturheilbewegung in Deutschland als Protest gegen die naturwissenschaftliche Universitätsmedizin, in: Vierteljahreshefte für Wirtschafts- und Sozialgeschichte, 73 (1986) S.158-182
Dies.: Frauen im Arztberuf im 19. und 20. Jahrhundert. Deutschland und die USA im Vergleich, in: Manfred Hettling u.a. (Hrsg.), Was ist Gesellschaftsgeschichte? Positionen, Themen, Analysen, München 1991, S.135-145
Dies.: Bildungsbürgerinnen. Frauen im Studium und in akademischen Berufen 1900-1945, Göttingen 1996
Hummel, Eva: Zur Prägung der sozialen Rolle der weiblichen Krankenpflege bis zum Ende des Ersten Weltkrieges in Deutschland, in: Alfons Labisch/Reinhard Spree (Hrsg.), Medizinische Deutungsmacht im sozialen Wandel des 19. und 20. Jahrhunderts, Bonn 1989, S.141-156
Jäger, Jens: Photographie: Bilder der Neuzeit. Einführung in die Historische Bildforschung, Tübingen 2000
Janssen-Jurreit, Marielouise: Sexualreform und Geburtenrückgang – über die Zusammenhänge von Bevölkerungspolitik und Frauenbewegung um die Jahrhundertwende, in: Annette Kuhn/Gerhard Schneider (Hrsg.), Frauen in der Geschichte: Frauenrechte und die gesellschaftliche Arbeit der Frauen im Wandel, Düsseldorf 1979, S.56-81
Dies. (Hrsg.): Frauen und Sexualmoral, Frankfurt a.M. 1986
Johnson, Dale: The Changing Shape of English Nonconformity 1825-1925, London u.a.1999
Jütte, Robert: Geschichte der Abtreibung. Von der Antike bis zur Gegenwart, München 1993
Ders. (Hrsg.): Geschichte der deutschen Ärzteschaft. Organisierte Berufs- und Gesundheitspolitik im 19. und 20. Jahrhundert, Köln 1997
Kaiser, Gisela: Spurensuche. Studentinnen und Wissenschaftlerinnen an der Julius-Maximilians-Universität Würzburg, Würzburg 1995

Karch, Heidi: Das München-Bild und seine Vermarktung, in: Friedrich Prinz/ Marita Krauss (Hrsg.), München – Musenstadt, München 1988, S.316-323

Kaufmann, Doris: Eugenik, Rassenhygiene, Humangenetik. Zur lebenswissenschaftlichen Neuordnung der Wirklichkeit in der ersten Hälfte des 20. Jahrhunderts, in: Richard van Dülmen (Hrsg.), Erfindung des Menschen. Schöpfungsträume und Körperbilder 1500-2000, S.347-367

Kessemeier, Gesa: Sportlich, sachlich, männlich. Das Bild der »Neuen Frau« in den 20er Jahren. Zur Konstruktion geschlechtsspezifischer Körperbilder in der Mode der Jahre 1920 bis 1929, Frankfurt a. M. 1999

Kirschstein, Christine: »Fortgesetzte Verbrechen wider das Leben«. Ursachen und Hintergründe des 1914 nach § 219 RSTGB eingeleiteten Untersuchungsverfahrens gegen die Münchner Ärztin Dr. Hope Bridges Adams Lehmann, Frankfurt a. M. 1992

Kiss, Endre: Franz Blei als Repräsentant der europäischen Moderne, in: Internet-Zeitschrift für Kulturwissenschaften, Nr. 4, Oktober 1999, S. 1-14, http://www.inst.at/trans/4Nr./kiss4.htm

Klausmann, Christina: Politik und Kultur der Frauenbewegung im Kaiserreich. Das Beispiel Frankfurt a. Main, Frankfurt a. M. 1997

Kluckert, Hans-Georg: Nordrach als ehemaliger Lungenkurort, in: Die Ortenau (1992), S.250-269

Knauer-Nothaft, Christl: Frauen unter dem Einfluß von Kirche und Staat. Höhere Mädchenschulen und bayerische Bildungspolitik in der ersten Hälfte des 19. Jahrhunderts, München 1995

Dies.: »Wichtige Pionierinnen der einen oder anderen Weltanschauung«. Die Gymnasiallehrerin, in: Hiltrud Häntzschel/Hadumod Bußmann (Hrsg.), Bedrohlich gescheit, München 1997, S.152-163

Krauss, Marita: »Man denke sich nur die junge Dame im Seziersaal, vor der gänzlich entblößten männlichen Leiche«. Sozialprofil und Berufsausübung weiblicher Ärzte zwischen Kaiserreich und Weimarer Republik, in: Hiltrud Häntzschel/Hadumod Bußmann (Hrsg.), Bedrohlich gescheit, München 1997, S.139-151

Dies: Wirtshaus und Politik, in: Pasinger Fabrik (Hrsg.), Wirtshäuser in München um 1900, München 1997, S.157-164

Dies.: Herrschaftspraxis in Bayern und Preußen im 19. Jahrhundert. Ein historischer Vergleich, Frankfurt a. M. 1997

Dies.: Banken, Sparer, Spekulanten. München als Finanzplatz, in: Friedrich Prinz/Marita Krauss (Hrsg.), München – Musenstadt, München 1988, S.26-34

Dies.: Schwabingmythos und Bohemealltag. Eine Skizze, in: Friedrich Prinz/ Marita Krauss (Hrsg.), München – Musenstadt, München 1988, S.292-294

Dies.: »Ein voll erfülltes Frauenleben. Die Ärztin, Mutter und Zionistin Rahel Straus (1880-1963)«, in: Hiltrud Häntzschel/Hadumod Bußmann (Hrsg.), Bedrohlich gescheit, München 1997, S.236-241

Dies.: Es geschah im Fotoatelier Elvira. Emanzen in München um 1900, Sendung des Bayerischen Rundfunks am 9.5.2002

Dies.: William Bridges Adams – Erfinder, Nonkonformist, Publizist (demnächst)

Dies./Beck, Florian (Hrsg.): Leben in München von der Jahrhundertwende bis 1933, München 1990

Kühl, Stefan: Die Internationale der Rassisten. Aufstieg und Niedergang der internationalen Bewegung für Eugenik und Rassehygiene im 20. Jahrhundert, Frankfurt a. M. u.a. 1997

Labisch, Alfons: Die gesundheitspolitischen Vorstellungen der deutschen Sozialdemokratie von ihrer Gründung bis zur Parteispaltung (1863-1917), in: Archiv für Sozialgeschichte 16 (1976), S.325-370

Ders.: Zur Sozialgeschichte der Medizin. Methodologische Überlegungen und Forschungsbericht, in: Archiv für Sozialgeschichte 20 (1980), S.431-470

Ders.: »Hygiene ist Moral – Moral ist Hygiene« – soziale Disziplinierung durch Ärzte und Medizin, in: Christoph Sachßse/Florian Tennstedt (Hrsg.), Soziale Sicherheit und soziale Disziplinierung, Frankfurt a. M. 1986, S.265-285

Ders.: Homo Hygienicus: Gesundheit und Medizin in der Neuzeit, Frankfurt a. M. 1992

Ders.: Stadt und Krankenhaus. Das Allgemeine Krankenhaus in der kommunalen Sozial- und Gesundheitspolitik des 19. Jahrhunderts, in: Alfons Labisch/ Reinhard Spree (Hrsg.), Zur Sozialgeschichte, Frankfurt a. M. u.a. 1995, S. 253-296

Ders./Spree, Reinhard (Hrsg.): »Einem jeden Kranken in einem Hospitale sein eigenes Bett«. Zur Sozialgeschichte des Allgemeinen Krankenhauses in Deutschland im 19. Jahrhundert, Frankfurt a. M. u.a. 1995

Large, David Clay: Hitlers München. Aufstieg und Fall der Hauptstadt der Bewegung, München 1998

Leitner, Ingrid: Die Attentäterin Vera Zasulic, Freiburg 1995, S.204-208

Ludwig, Svenja: Dr.med. Agnes Bluhm (1862-1943). Späte und zweifelhafte Anerkennung, in: Eva Brinkschulte (Hrsg.), Weibliche Ärzte, Berlin 1993, S.84-92

Martin, Jane: Entering the public arena: the female members of the London School Board, 1870-1904, in: History of Education 22 (1993), S.225-240.

Dies.: Woman and the Politics of Schooling in Victorian and Edwardian England, London u.a. 1999

Meister, Monika: Über die Anfänge des Frauenstudiums in Bayern, in: Hiltrud Häntzschel/Hadumod Bußmann (Hrsg.), Bedrohlich gescheit, München 1997, S.35-56

Metz-Becker, Marita: Der verwaltete Körper. Die Medikalisierung schwangerer Frauen in den Gebärhäusern des frühen 19. Jahrhunderts, Frankfurt a. M. 1997

Müller-Windisch, Manuela: Aufgeschnürt und außer Atem. Die Anfänge des Frauensports im Viktorianischen Zeitalter, Frankfurt a. M. 1995

Neumeier, Gerhard: Königlich bayerisch Wohnen?, in: Friedrich Prinz/Marita Krauss (Hrsg.), München – Musenstadt, München 1988, S.119-123

Niggemann, Heinz (Hrsg.), Frauenemanzipation und Sozialdemokratie, Frankfurt a. M. 1981, S. 303

Ders.: Emanzipation zwischen Sozialismus und Feminismus. Die sozialdemokratische Frauenbewegung im Kaiserreich, Wuppertal 1981

Planert, Ute: Antifeminismus im Kaiserreich. Diskurs, soziale Formation und politische Mentalität, Göttingen 1998

Plößl, Elisabeth: Weibliche Arbeit in Familie und Betrieb. Bayerische Arbeiterfrauen 1870-1914, München 1983

Pohl, Karl Heinrich: Hope Bridges Adams Lehmann und die Frauenemanzipation. Zur Person, Vorstellungswelt und politischen Tätigkeit einer Münchner Sozialdemokratin und Frauenrechtlerin im Wilhelminischen Deutschland, in: Internationale Wissenschaftliche Korrespondenz 24 (1988), S.295-307

Ders.: Sozialdemokratie und Bildungswesen: Das »Münchner Modell« einer sozialdemokratisch-bürgerlichen Schulpolitik und die Entwicklung der Volks- und Fortbildungsschulen im Bayern der Jahrhundertwende, in: ZbLG 53 (1990), S.79-101

Ders.: Die Münchener Arbeiterbewegung. Sozialdemokratische Partei, Freie Gewerkschaften, Staat und Gesellschaft in München 1890-1914, München 1992

Ders.: Der »Münchner Kreis«. Sozialdemokratische »Friedenspolitik« als Geheimdiplomatie, in: Bernd Florath u.a. (Hrsg.), Die Ohnmacht der Allmächtigen. Geheimdienste und politische Polizei in der modernen Gesellschaft, Berlin 1992, S.68-99

Ders.: Adolf Müller. Geheimagent und Gesandter in Kaiserreich und Weimarer Republik, Köln 1995

Ders.: Katholische Sozialdemokraten oder sozialdemokratische Katholiken in München: Ein Identitätskonflikt?, in: Olaf Blaschke/Frank-Michael Kuhlemann (Hrsg.), Religion im Kaiserreich: Milieus – Mentalitäten – Krisen, Gütersloh 1996, S.233-254

Prinz, Friedrich/Krauss, Marita (Hrsg.): München – Musenstadt mit Hinterhöfen. Die Prinzregentenzeit 1886-1912, München 1988

Radcliffe, S.K.: From the Story of South Place, o.O. o.J., in: http://www.rosslynhillchapel.com./services/fox/fox.doc.

Rendall, Jane: The Origins of Modern Feminism, London 1985

Reulecke, Jürgen: Regionalgeschichte heute. Chancen und Grenzen regionalgeschichtlicher Betrachtungsweise in der heutigen Geschichtswissenschaft, in: Karl Heinrich Pohl (Hrsg.), Regionalgeschichte heute. Das Flüchtlingsproblem in Schleswig-Holstein nach 1945, Bielefeld 1997, S.23-32

Ders./Gräfin zu Castell Rüdenhausen, Adelheid (Hrsg.): Stadt und Gesundheit. Zum Wandel von »Volksgesundheit« und Kommunaler Gesundheitspolitik im 19. und frühen 20. Jahrhundert, Stuttgart 1991

Roberts, Shirley : Sophia Jex Blake. A Woman Pioneer in Nineteenth Century Medical Reform, London/New York 1993

Rogger, Franziska: Der Doktorhut im Besenschrank. Das abenteuerliche Leben der ersten Studentinnen – am Beispiel der Universität Bern, Bern 1999

Rohner, Hanni: Die ersten 30 Jahre Frauenstudium an der Universität Zürich 1867-1897, Diss. Zürich 1972

Sachße, Christoph/Tennstedt, Florian (Hrsg.): Soziale Sicherheit und soziale Disziplinierung. Beiträge zur historischen Theorie der Sozialpolitik, Frankfurt a. M. 1986

Saint-Gille, Anne-Marie: Die Deutsch-Französin und die Politik, in: Sigrid Bauschinger (Hrsg.), Ich habe etwas zu sagen. Annette Kolb1870-1967, S.44-49

Sarasin, Philip: Reizbare Maschinen. Eine Geschichte des Körpers 1765-1914, Frankfurt a. M. 2001

Saville, John/Bellamy, Joyce (Hrsg.): Dictionary of Labour Biographie, Bd.6

Scharlau, Winfried B./Zeman, Zbynek A.: Freibeuter der Revolution. Parvus-Helphand. Eine politische Biographie, Köln 1964

Schenk, Herrad: Die feministische Herausforderung. 150 Jahre Frauenbewegung in Deutschland, München 1992

Schmiedebach, Heinz-Peter: Sozialdarwinismus, Biologismus, Pazifismus – Ärztestimmen zum Ersten Weltkrieg, in: Johanna Bleker/Heinz-Peter Schmiedebach (Hrsg.), Medizin und Krieg. Vom Dilemma der Heilberufe 1865 bis 1985, Frankfurt a. M. 1987, S. 93-121

Schoßig, Bernhard: Konsumgenossenschaften zwischen ›Selbsthilfe der kleinen Leute‹ und Modernisierung des Handels, in: Friedrich Prinz/Marita Krauss (Hrsg.), München – Musenstadt, München 1988, S.181-182

Schulte, Regina: Ein Dorf im Verhör. Brandstifter, Kindsmörderinnen und Wilderer vor den Schranken des bürgerlichen Gerichts. Oberbayern 1848-1910, Hamburg 1989

Shorter, Edward: Heilanstalten und Sanatorien in privater Trägerschaft, 1877 bis 1933, in: Alfons Labisch/Reinhard Spree (Hrsg.), Zur Sozialgeschichte, Frankfurt a. M. u.a. 1995, S.320-333

Spree, Reinhard: Soziale Ungleichheit vor Krankheit und Tod: Zur Sozialgeschichte des Gesundheitsbereichs im Deutschen Kaiserreich, Göttingen 1981

Starl, Timm: Knipser: Die Bildgeschichte der privaten Fotografie in Deutschland und Österreich von 1880-1980, München 1995

Staupe, Gisela/Vieth, Lisa (Hrsg.): »Unter anderen Umständen«. Zur Geschichte der Abtreibung. Ausstellungskatalog des Deutschen Hygiene-Museums, Dresden u.a. 1993

Stephen, Leslie: Dictonary of National Biography

Stollberg, Gunnar: Zur Geschichte der Pflegeklassen in deutschen Krankenhäusern, in: Alfons Labisch/Reinhard Spree (Hrsg.), Zur Sozialgeschichte, Frankfurt a. M. u.a. 1995, 374-398

Taylor, Barbara: Eve and the New Jerusalem. Socialism and Feminism in the Nineteenth Century, New York 1985

Tennstedt, Florian: Vom Proleten zum Industriearbeiter. Arbeiterbewegung und Sozialpolitik in Deutschland 1800-1914, Köln 1983

Timmermann, Johannes: Schule und Jugend in der Trümmerzeit, in: Friedrich Prinz (Hrsg.), Trümmerzeit in München. Kultur und Gesellschaft einer deutschen Großstadt im Aufbruch 1945-1948/49, München 1984, S.168-172

Uhlmann, Gordon: Leben und Arbeiten im Krankenhaus. Die Entwicklung der Arbeitsverhältnisse des Pflegepersonals im späten 19. und frühen 20.Jahrhundert, in: Alfons Labisch/Reinhard Spree (Hrsg.), Zur Sozialgeschichte, Frankfurt a. M. u.a. 1995, S. 399-419

Usborne, Cornelie: »Pregnancy is the woman's active service.« Pronatalism in Germany during the first Wold War, in: R. Wall/J. Winter (Hrsg.), The Upheaval of War, Cambridge 1988, S.386-416

Dies.: The Politics of the Body in Weimar Germany. Woman's Reproductive Rights and Duties, Ann Arbor 1992

Verein für Fraueninteressen (Hrsg.): 100 Jahre Verein für Fraueninteressen, München 1994

Vögele, Jörg/Woelk, Wolfgang (Hrsg.): Stadt, Krankheit, Tod. Geschichte der städtischen Gesundheitsverhältnisse während der Epidemologischen Transition (vom 18. bis ins frühe 20. Jahrhundert), Berlin 2000

Vogt, Beate: Erste Ergebnisse der Berliner Dokumentation Deutsche Ärztinnen im Kaiserreich, in: Eva Brinkschulte (Hrsg.), Weibliche Ärzte, Berlin 1993, S.159-167

Walter, Uli: Zwischen Heimatstil und Funktionalismus. Fabrikbau in München, in: Friedrich Prinz/Marita Krauss (Hrsg.), München – Musenstadt, München 1988, S.114-118

Weber-Kellermann, Ingeborg: Frauenleben im 19. Jahrhundert, München 1991

Weindling, Paul: Health, race und German politics between national unification and Nazism 1870-1945, Cambridge u.a. 1989

Weller, Katja: Gemäßigt oder radikal? Eugenische Tendenzen in den Flügeln der Frauenbewegung, in: Gabriele Boukrif u.a. (Hrsg.), Geschlechtergeschichte des Politischen. Entwürfe von Geschlecht und Gemeinschaft im 19. und 20. Jahrhundert, Hamburg 2002, S.51-82

Weyer, Johannes (Hrsg.): Soziale Netzwerke: Konzepte und Methoden der sozialwissenschaftlichen Netzwerkforschung, München 2000

Wiltsher, Anne: Most dangerous Women, London 1985

Witzler, Beate: Großstadt und Hygiene. Kommunale Gesundheitspolitik in der Epoche der Urbanisierung, Stuttgart 1995

Wobbe, Theresa: Gleichheit und Differenz. Politische Strategien von Frauenrechtlerinnen um die Jahrhundertwende, Frankfurt a. M. u.a.1989

Ziegler, Beate: »Zum Heile der Moral und der Gesundheit ihres Geschlechtes...« Argumente für Frauenmedizinstudium und Ärztinnen-Praxis um 1900, in: Eva Brinkschulte (Hrsg.), Weibliche Ärzte, Berlin 1993, S.33-43

Register

(Hope Bridges Adams Lehmann wurde nicht in das Register aufgenommen)

Abt, Max 101
Adams-Place, Elisabeth 14, 17
Adams, Ellen 13, 17
Adams, Mary Bridges 19
Adams, Walter Bridges 15, 19
Adams, William Alexander 13
Adams, William Bridges 13-15, 18 f.
Adler, Friedrich 106
Albrecht, Hans 150
Allison, Miriam 134 (Abb.), 135, 178
Amann, Joseph Albert 151
Angell, Norman 174 f.
Ansprenger, Alois 112
Antrick, Otto Friedrich Wilhelm 129
Auer, Amalie von 111
Auer, Erhard 118
Aufhäuser, Rosa 111
Augspurg, Anita 78-80, 85, 89, 101, 165
Auguste Victoria, Deutsche Kaiserin 31

Bauer, Friedrich 108 f., 111
Bäumer, Gertrud 66 f., 78
Bebel, August 26, 38 f., 42-44, 46, 75, 87, 101 f., 106
Bebel, Frieda 42, 44
Bechtler, Leo Severin (Pater Leo) 114-116 (Abb.), 118, 122
Beesly, Mr. 16
Belli, Joseph 42
Bernhardt, Victor 111
Birk, Georg 111
Bischoff, Theodor 22
Blackwell, Elizabeth 20
Blei, Franz, 43 (Abb.), 85, 101, 106, 115, 118, 180
Blei, Maria (Marie) 43 (Abb.) 80, 85, 101, 106, 118

Bluhm, Agnes 147
Böhm, Rosa 111
Borscht, Wilhelm von 111
Braunmühl, Franziska von 111
Brentano, Lujo 101, 112 f.
Browning, Robert 15
Brückl, Hans, 133
Bruner, Karl 149, 156

Chadwick, Sir Edwin 14
Castell-Castell, Gräfinnen von 112
Cramer Klett, Theodor, Freiherr von 111

Danner, Therese 112
Debschitz, Wanda von 112
Democh Maurmeier, Ida 111
Diefenbach, Hans 46, 101
Döderlein, Hans 147, 158
Dreesbach, August 42

Eberle, Hans 149, 156
Ehrhart, Franz-Joseph 42, 101
Eisner, Kurt 75, 170
Ellis, Havelock 64
Endell, August 79
Engels, Friedrich 39, 103
Epstein, Mieczyslaw 51, 54, 56, 95, 101, 107 f. (Abb.), 109, 111 f., 156
Ernst, Maximin 111

Faltin, Hermann 109, 112
Farey, John 13
Faulhaber, Michael 151
Fawcett, Millicent Garrett 173
Federschmidt, Friedrich 158
Fendrich, Anton 40, 41, 42
Fischer, Karl von 86
Fischer-Dückelmann, Anna 59, 69, 127
Flower, Benjamin 15
Flower, Eliza 15
Flower, Sarah 15

Fontane, Theodor 65
Fox, William Johnson 14
Frank, Alois 112
Freudenberg, Ika 78 f., 112

Ganghofer, Ludwig 105
Gardiner, Samuel Rawson 16
Garrett, Elizabeth 19 f.
Geck, Adolf 39, 42-44, 96, 180
Geck, Eugen 40, 44
Geck, Josef 42
Geck, Oskar 40
George, Stefan 83
Gerber, J.W. von 30
Giehrl, Ludwig 112
Goergen, Fritz 101
Goldschmit, Friedrich 112
Götz, Zentrumsabgeordneter 145
Goudstikker, Sophia 78, 89, 90
Gradnauer, Georg 102
Grey, Sir Edward 173
Grillenberger, Karl 42
Grotjahn Alfred 51
Gruber, Max von 144, 146 f.
Gulbransson, Olaf 84

Haase, Hugo 178
Hagen, Mathilde 26
Hahn, Martin 109, 112, 131
Halbe, Max 113
Hales, Mr. 16
Heim, Georg 112
Heine, Th. Th. 84
Heine, Wolfgang 178
Heinsfurter, Ignaz 105, 165 f.
Helphand, Israil Lasarewitsch (Alexander Parvus) 95, 101, 103-106, 165 f.
Hengge, Anton 56, 101, 131, 156 f.
Herzog, Wilhelm 168
Heymann, Lida Gustava 10, 78, 81, 101, 112, 165, 168, 178
Heyse, Paul 84
Hildebrand, Adolf von 84
Hirsch, Rudolf von 112
Hirsch, Theodolinde 113
Hirst, Francis Wrigley 171
Hirth, Georg 84, 111

His, Wilhelm 32
Hohmann, Georg 101
Horch, Hermann 160
Humes, Joseph 13

Jacobsen, Friedrich 112
Jex-Blake, Sophia 19, 21, 31

Kachel, Mally 52, 111
Kampffmeyer, Margarethe 111, 134
Kampffmeyer, Paul 108, 111
Kautsky, Karl 102
Kautsky, Luise 101
Kegel, Max 101, 108 (Abb.)
Kempf, Rosa 112
Kerschensteiner, Georg 101, 112, 132, 134, 137 f.
Kerschensteiner, Hermann, 131, 151, 153, 157
Key, Ellen 64
Kirchoff, Arthur 21
Kißkalt, Wilhelm 119
Klages, Ludwig 83
Klein, Gustav 54, 101, 112, 131, 156
Kofler, Johann 115
Kofler, Margit 115
Kolb, Annette 170
Krüger, Luigi 91
Kupferschmid, Margarethe 113

Lange, L. von 30
Lange, Helene 78
Langen, Albert 84
Lehmann, Carl (Karl) 8 (Abb.), 9 (Abb.), 10 f., 40 f. (Abb.), 42 f. (Abb.), 44 f. (Abb.), 46, 48, 51, 53 f., 85 f., 89 f. (Abb.), 91, 95, 100 (Abb.), 102-107, 109, 113-119, 151, 165, 167 (Abb.), 168, 178 f. (Abb.), 180
Lehmann, Roman 45
Lehmus, Emilie 125
Lenbach, Franz von 84
Lenin (Uljanow), Wladimir Iljitsch 83, 91, 100, 105-107, 166
Liebknecht, Wilhelm 38, 42
Linde, Karl von 112
Lipps, Theodor 113

Lord, Frances 18
Ludwig Ferdinand, Herzog in Bayern 151
Lutz, Rolf 149, 156
Luxemburg, Rosa 46, 101, 103, 165, 181

Macdonald, Ramsay 171, 174
Maggiolo, Angel Carlos 46
Malthus, Thomas Robert 144, 160
Mann, Thomas 84
Marchlewski, Julian 102
Marholm, Laura 64, 99
Maria de la Paz, Prinzessin von Bayern 151
Martineau, Harriet 15
Marx, Karl 106
McMillan, Alexander 18
Mill, John Stuart 15, 39
Möbius, Paul 22
Mohr, Martin 113
Morel, D. E. 174
Morris, William 139
Motteler, Julius 42
Müller, Adolf 89, 91, 97, S. 100 (Abb.), 101, 105-108 (Abb.), 111, 113, 115 f., 118, 139, 165, 167-171, 181
Müller, Fanny 91 (Abb.), 100 (Abb.)
Musil, Robert 180

Nacken, Amalie 109, 111
Nietzsche, Friedrich 171
Nordhoff, Sophie 51

Obermeier, Otto 89, 101
Obrist, Hermann 79
Oertel, Marie von 20, 25-27
Opificius, Ludwig 38
Oréans, Bertha 43 (Abb.)
Oréans, Elisabeth 43 (Abb.),118
Orterer, Georg von 112
Orth, Johannes 21
Owen, Robert 13, 19

Pailler, Karl 111
Panizza, Oscar 80
Parvus s. Helphand
Paxton, Sir Joseph 14

Peschkow, Maxim (alias Maxim Gorkij) 104
Pfülf, Toni 180
Pickelmann, Ludwig 111
Podewils, Clemens, von 32, 111, 125
Ponsonby, Arthur 174

Quidde, Ludwig 105, 165, 168

Rauhenzahner, Barbara 148
Rauscher, Ulrich 105
Reding-Biberegg, Martha von 111
Rendall (Randall), Athelstan 13, 17, 173
Rendall, Elizabeth 13
Reventlow, Franziska Gräfin von 80 f., 91
Runge, Prof. 98
Russel, Bertrand 171, 175

Sachsen-Coburg-Gotha, Herzog von 114
Sassulitsch, Vera 105
Scharre, Max 113
Scheib, Ria 73 (Abb.), 117 (Abb.)
Scheidemann, Philipp 118
Schmid, Eduard 92, 101, 111, 118
Schneppenhorst, Ernst 146
Schoenflies, Rosalie 109, 111
Schollenbruch, Rudolf 54, 101, 156
Sckell, Friedrich Ludwig von 86
Shaw, George Bernhard 171, 175
Siebertz, Paul 113
Singer, Karl 109
Singer, Paul 42
Smillie, Robert 171
Springer, Jenny 59, 69
Stauber, Oberlandgerichtsrat 159
Stöcker, Helene 66 f., 144, 165
Straus, Rahel 52, 53, 59, 111
Stuck, Franz von 84
Süßheim, Max 105, 145

Tann, Georg von der 113
Taylor, Harriet 15
Thieme, Carl (Karl) von 79, 111
Thieme, Else 111
Thoma, Ludwig 84, 92, 105, 113

Tiburtius, Franziska 29, 125
Timm, Johannes 101, 105, 111, 118, 165-167 (Abb.)
Toerring-Jettenbach, Hans und Sophia zu 112
Trefz, Friedrich 113
Treitschke, Heinrich von 171
Trevelyan, Charles 174
Trotzki, Leo 166

Uhde, Fritz von 113

Vollmar, Georg von 26, 97, 101 (Abb.), 101, 105
Vollmar, Julie von 18, 101 (Abb.)

Walker, Jane 40
Walther, Friedrich 39
Walther, Gerda 37, 42, 46
Walther, Heinz 8 (Abb.), 38, 46 f. (Abb.), 87, 117, 135, 178
Walther, Mara 8 (Abb.) 38, 46 f. (Abb.), 48, 87, 117, 178

Walther, Otto 11, 31, 37, 39, 42 f., 46
Weber, Marianne 66
Weber, Max 66
Wedekind, Frank 84
Wehner, Anton von 124
Wildt, Karl 111
Willich, Lotte 112
Wilmersdoerffer, Theodor 111
Winckel, Franz von 28 f., 32, 51, 85, 124, 158
Witti, Sebastian 111
Wolzogen, Ernst von 79 f.
Würtzburg, Ludwig Frhr. von 112

Zetkin, Clara 40, 42, 75, 87, 95 f. (Abb.), 97-99, 101 f., 165
Zetkin, Costia (Kostia) 42, 87, 91, 101, 117, 136
Zetkin, Maxim 42, 87, 91 (Abb.), 101, 117, 136